Der Theologischen Fakultät der Universität Neuchâtel
als Dank für die Verleihung des Grades eines Ehrendoktors
gewidmet

Gerd Theißen

Zeichensprache des Glaubens

Chancen der Predigt heute

Chr. Kaiser
Gütersloher
Verlagshaus

Die Deutsche Bibliothek – CIP-Einheitsaufnahme

Theißen, Gerd:
Zeichensprache des Glaubens : Chancen der Predigt heute /
Gerd Theißen. –
Gütersloh : Kaiser ; Gütersloh : Gütersloher Verl.-Haus, 1994
ISBN 3-579-02068-4

ISBN 3-579-02068-4

Umschlaggestaltung: Ingeborg Geith, München
unter Verwendung des Motivs von Robert Delaunay, Die Luftschraube, 1923, Paris,
© VG Bild - Kunst, Bonn 1994
Satz: Weserdruckerei Rolf Oesselmann GmbH, Stolzenau
Druck und Bindung: Druckerei Sommer GmbH, Feuchtwangen
Printed in Germany

Inhaltsverzeichnis

Vorwort

Dies Buch ist eine kleine Homiletik, geschrieben von jemandem, der kein Homiletiker ist. Am Anfang stand die Einladung, im Rahmen einer Fortbildungsveranstaltung der Theologischen Fakultäten der Suisse romande über das Verhältnis von Exegese und Homiletik zu referieren. Aus dem vereinbarten Vortrag wurden vier. Sie wurden am 1. und 2. März 1993 in Fribourg gehalten. In ihnen versuchte ich, mir Rechenschaft darüber abzulegen, was ich beim Predigen tue, was ich intendiere und was nicht in meiner Hand liegt. Mit anderen Worten: Ich versuchte, mir die implizite Homiletik meiner eigenen Predigten bewußt zu machen. An homiletischer Literatur benutzte ich bei der Vorbereitung nur die ausgezeichnete Anthologie von F. Wintzer (Hg.), Predigt (1989), und mit viel Gewinn die entsprechenden Abschnitte in den Handbüchern der praktischen Theologie von G. Otto und D. Rößler. Aus den Diskussionen in Fribourg habe ich viel gelernt. Dafür danke ich allen Teilnehmern, den Doktoranden und Doktorandinnen, Pastoren und Pastorinnen des »troisième cycle théologie pratique«, insbesondere meinen Kollegen M. Douze (Fribourg), P.L. Dubied (Neuchâtel), H. Mottu (Genève) und B. Reymond (Lausanne). Ihre Kritik und weiterführenden Gedanken haben mir geholfen, meine eigene Predigterfahrung in einen breiteren Erfahrungs- und Reflexionsstrom einzuordnen. Die überarbeiteten Vorträge erschienen in französischer Sprache im Verlag Labor et Fides.[1]

Die deutsche Ausgabe ist eine überarbeitete Fassung dieser Vorträge. Ergänzt wurde das zweite Kapitel über exegetisch-homiletische Grundsatzfragen. Die anderen Kapitel wurden überarbeitet und durch Anmerkungen ergänzt – vor allem aufgrund einer Beschäftigung mit der homiletischen Fachliteratur. Was ich der Lektüre von R. Bohren, K.F. Daiber, H.W. Dannowski, A. Denecke, W. Engemann, O. Fuchs, A. Grözinger, M. Josuttis, K. Meyer zu Uptrup, E. Lange, G. Otto, D. Rößler, – um nur einige zu nennen –, gelernt habe, kommt in den Anmerkungen oft nur unzureichend zur Geltung. Nicht jedes Aha-Erlebnis beim Lesen, Schmökern und Blättern hat sich dort niedergeschlagen. Ich wollte ja keine Ho-

1. G.Theissen et alii, Le défi homilétique. Exégèse au service de la prédication, Genève 1994.

miletik schreiben, in der ich alle Probleme systematisch behandle oder den ganzen Reflexionsstand der Wissenschaft von der Predigt wiedergebe. Dazu sind andere kompetenter als ich.

Mir lag vor allem daran, zu zeigen, daß die Predigt viel größere Chancen hat, als ihr heute oft eingeräumt werden. Ich bin bedrückt, wenn ich Pfarrer und Pfarrerinnen treffe, die ihren Predigten einen geringen Stellenwert zuschreiben. Ich respektiere die Erfahrungen, die zu solcher Resignation geführt haben. Aber ich kann mich mit den Folgerungen nicht abfinden, zumal ich auch andere Erfahrungen habe. Beim Schreiben hatte ich die vielen Theologen und Theologinnen vor Augen, die ich ausbilde. Ich würde sie gerne zur Predigt motivieren – vor allem um der Gemeinden willen. Diese spüren, ob man zum Predigen motiviert ist oder nicht, ob man die Predigt mit Liebe oder mit innerem Widerwillen vorbereitet. Aber es geht mir auch um die Prediger und Predigerinnen selbst. Ort und Zeit der Predigtvorbereitung sind im Leben protestantischer Theologen das Zentrum ihrer »Spiritualität«. Sie sind eine Chance für die Entwicklung der eigenen Theologie und die Arbeit an der eigenen christlichen Identität. So richtig es ist, daß man vor vielen Predigten durch eine Phase von Irritation, Unruhe, Niedergeschlagenheit oder Depression hindurch muß, so richtig ist auch: Theologinnen und Theologen können hier eine Motivationsquelle für ihr ganzes Handeln finden. Die Erfahrung, daß trotz der Entfremdungserfahrungen gegenüber biblischen und religiösen Traditionen immer wieder ein Funke vom Text ins Leben springt, kann zum inneren Halt einer theologischen Existenz werden.

Ein Einwand ist freilich ernst zu nehmen: Ich predige in der Regel im Universitätsgottesdienst. Ich kann meine Arbeitszeit so organisieren, daß ich mich in Ruhe auf diese Predigten vorbereiten kann. Der Sitz im Leben meiner Predigterfahrung ist von dem einer normalen Gemeindepraxis verschieden. Und so stellt sich die Frage, ob sich die hier entwickelten Vorstellungen von Predigt überhaupt übertragen und realisieren lassen. Ich will mich nicht damit herausreden, daß homiletische Fachliteratur dasselbe Problem hat, entsteht sie doch in der Regel in einem akademischen Milieu – fernab der Gemeindepraxis. Drei Punkte seien zu diesem Problem angeführt.

Zunächst einmal habe ich die erste Fassung des Buches an mir bekannte jüngere Pfarrer und Pfarrerinnen geschickt, die unter »Normalbedingungen« predigen. Für ein kritisches Echo danke ich insbesondere Petra v. Gemünden, Andreas Feldtkeller, Gudrun Ortwein und Helmut Schwier. Besonders gefreut habe ich mich natürlich, wenn mir jemand schrieb, er oder sie habe für die nächste Predigt einige Anregungen »verwerten« können.

Ferner wurden im Anhang des Buches fünf Predigten wiedergegeben, von denen nur eine in einem Universitätsgottesdienst gehalten wurde. Vier Predigten stammen von Petra v. Gemünden. Sie entstanden in Gemeinden in München und Coburg – unter den »normalen« Bedingungen einer Gemeindepraxis. Sie wurden nicht im Hinblick auf eine Veröffentlichung geschrieben. In ihnen finde ich Predigten, wie sie mir beim Niederschreiben dieses Buches vor Augen standen. Petra v. Gemünden danke ich für die Erlaubnis, sie abdrucken zu dürfen.

Schließlich habe ich aufmerksam die Ergebnisse der empirischen Predigtforschung zur Kenntnis genommen. Ich habe nicht beabsichtigt, diese Ergebnisse zusammenzufassen. Es war für mich aber wichtig, meine eigene Erfahrung an ihnen zu kontrollieren.

Der Titel des Buches mag für eine homiletische Arbeit ungewöhnlich sein. Mir ist bewußt, daß »die Zeichensprache des Glaubens« nicht nur die Predigt umfaßt. Zu ihr gehören Liturgie und Sakramente, Kirchenarchitektur und Kirchenmusik, Bücher und Bilder. In der protestantischen Tradition aber ist die Predigt das Zentrum der Zeichensprache christlichen Glaubens. Das Buch vertritt die Auffassung, daß die Bibel Basis einer Zeichensprache ist, die Menschen auch heute die Chance gibt, den Dialog mit einer letztgültigen Wirklichkeit aufzunehmen. Die Predigt hat die Aufgabe, diese Zeichensprache neu zu verlebendigen, um diese Chance zu verwirklichen. Unter allen Chancen der Predigt ist dies die entscheidende. Daran hat sich nichts geändert, seitdem überhaupt gepredigt wird.

Die Entstehung dieses Buches ist eng mit der Suisse romande verbunden. Daher widme ich es der Theologischen Fakultät der Universität Neuchâtel, die mir im Jahre 1989 den Grad eines Ehrendoktors verliehen hat.

Am Schluß ein Dank an alle, die bei der Vorbereitung dieses Buches geholfen haben: an Herrn Manfred Weber vom Chr. Kaiser/Gütersloher Verlagshaus, der das Projekt von Anfang an betreut hat, Frau Annette Merz, die das Manuskript kritisch durchgelesen hat, Frau Helga Wolf und Frau Wega Schmidt-Thomée für die Anfertigung des Manuskripts in seinen verschiedenen Fassungen, vor allem aber denen, die auf meine Predigten ein kritisches Echo gaben – zuallererst einer sehr kritischen Hörerin: meiner lieben Frau.

Heidelberg, Ostern 1994 *Gerd Theißen*

Einleitung: Dimensionen der Predigt

Jede Predigt legt die biblische Tradition für die Gegenwart aus. Exegese und Homiletik wirken dabei zusammen. Die Exegese bestimmt den Sinn des Bibeltextes, den er einmal in seiner Entstehungszeit gehabt hat. Die Homiletik will dazu beitragen, diesen vergangenen Sinn durch die Predigt in Motivation für gegenwärtiges Erleben und Verhalten zu verwandeln. Exegese und Predigt scheinen dabei fast entgegengesetzte Aufgaben zu haben: Exegese gewinnt ihre Ergebnisse streng »historisch-kritisch« – unabhängig davon, ob sie in der Gegenwart nützen oder schaden, ob sie brauchbar sind oder unbrauchbar. Die Predigt aber will zu gegenwärtigen Menschen sprechen und ihnen Lebensorientierung geben. Alles, was nur in der Vergangenheit von Bedeutung war, ist für sie uninteressant. Sieht man das Verhältnis von Exegese und Predigt nur in dieser Weise, so gelangt man zu einem Gegensatz von Vergangenheit und Gegenwart, Exegese und Applikation, historischem Sinn und aktueller Bedeutung.

Dennoch gibt es eine Kontinuität zwischen Exegese und Predigt. Die Exegese zeigt bei jedem Text: Er ist in sich schon das Ergebnis eines Traditionsprozesses. In jedem Text sind traditionelle Größen wirksam: Quellen, vorgegebene Vorstellungen, Bilder und Wörter. Der Autor hat sie neu organisiert und für seine Gegenwart reaktualisiert. Insofern setzt jede Predigt fort, was schon im Text begonnen wurde: In jeder Predigt werden aus der Vergangenheit stammende Texte für die Gegenwart reaktualisiert. Wenn nun die Exegese ein grundsätzlich neues Verständnis des historischen Traditionsprozesses in der Bibel gewinnt, so hat das Folgen für das Verständnis der Predigt. Denn die Aktualisierungen von Texten in der Bibel sind Vorbilder für Aktualisierung der Bibel in der Gegenwart. Das Verhältnis der biblischen Autoren ihren Traditionen gegenüber ist ein Modell für das Verhältnis des gegenwärtigen Predigers gegenüber dem Bibeltext.

Nun wurde in der Tat in den letzten 25 Jahren ein neues Verständnis von Traditionsprozessen in der Bibel erarbeitet.[1] Überliefern wurde als

1. Die Wende zu einem neuen Verständnis des Traditionsprozesses wurde in der neutestamentlichen Exegese eingeleitet durch E. Güttgemanns, Offene Fragen zur Formgeschichte des Evangeliums, BEvTh 54, München 1970. Sein Programm wird gut zusammengefaßt in E. Güttgemanns, »Generative Poetik« – Was ist

generativer Prozeß bestimmt. Die Wiederholung des Textes beim Tradieren ist in Wirklichkeit eine Neuschöpfung. Dies gilt besonders für mündliches Tradieren. Die Tradenten haben die wichtigsten Gattungs-, Erzähl- und Bildstrukturen der Texte internalisiert, so daß sie fähig sind, diese Texte aufgrund der in ihnen enthaltenen Strukturen neu zu »schaffen«.

Das alte und das neue Verständnis des Traditionsprozesses kann man vereinfacht so kontrastieren: Nach herkömmlichem Verständnis übernimmt ein Autor eine Tradition aus der Vergangenheit. Im Blick auf seine eigene Situation modifiziert er diese Tradition durch Weglassungen, Hinzufügungen, Abwandlungen – kurz durch Redaktion. Aus diesen Änderungen läßt sich die »Intention« des Autors erschließen. Er wurde verstanden von seinen Adressaten, wenn sie diese Intention erfaßten – wozu »Einfühlung« in den Autor gehört; denn eine »Intention« ist immer eine innere Realität. Wir finden also drei zeitlich aufeinander folgende Stufen:

Tradition →	**Redaktion** →	**Rezeption**
Überlieferung von Quellen, mündlichen Texten, Vorstellungen	Änderungen der Tradition als Ausdruck der Intention des Autors	Verstehen als Erfassen der Intention des Autors

Das neue Bild des Traditionsprozesses betont dagegen, daß Tradition, Redaktion und Rezeption in gleicher Weise Produkte einer gemeinsamen Textwelt sind, die von Tradenten, Redaktoren und Rezipienten »bewohnt« wird.[2] Deren Lebenswelt schlägt sich in den Strukturen der Textwelt nieder. Diese ist eine Art »langue« (mit grammatischen Regeln und verschiedenen Elementen), zu denen sich Tradition, Redaktion und Rezeption wie verschiedene »paroles« verhalten. Das Überliefern gelingt dort, wo Tradenten und Redaktoren eine gemeinsame Welt von Bedeutungen, Formen und Motiven teilen. Entsprechend gelingt Verstehen dort, wo alle eine gemeinsame »Sprache« sprechen, d.h. an einem kollektiven Zeichensystem teilhaben, seine Regeln beherrschen und seine Elemente einsetzen können. Unser Schema muß dann so verändert werden:

das?, in: H. Fischer (Hg.), Sprachwissen für Theologen 1974, 97-113. Vgl. ferner A. Stock, Umgang mit theologischen Texten. Methoden. Analysen, Vorschläge, Zürich/Einsiedeln/Köln 1974.

2. Den Vorrang der Textwelt vor der subjektiven Intention des Autors und der Entscheidung des Lesers hat insbesondere P. Ricoeur herausgearbeitet; vgl. u.a. Philosophische und theologische Hermeneutik, in: P. Ricoeur/E. Jüngel, Metapher, München 1974, 24-45.

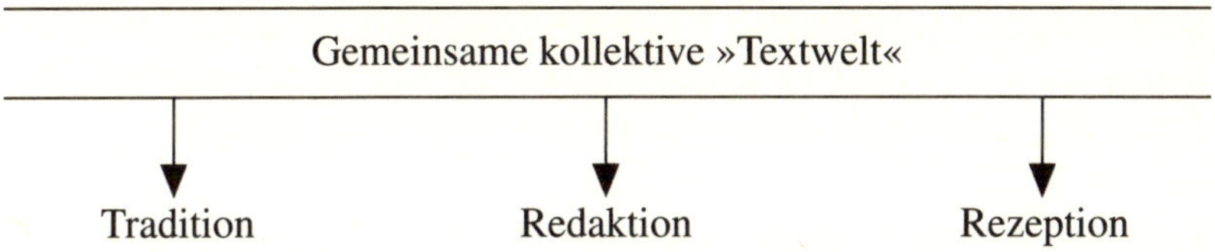

Während Tradition, Redaktion und Rezeption zeitlich aufeinander folgen (sie sind einander diachron zugeordnet), ist die ihr zugrundeliegende kollektive Textwelt mit allen Stufen gleichzeitig: Sie ist den Phasen von Tradition, Redaktion und Rezeption »synchron«. Sie »generiert« aus sich heraus die verschiedenen Phasen des Traditionsprozesses.[3]

Dies neue Modell des Traditionsprozesses wurde durch die Intertextualitätsforschung noch einmal weiterentwickelt.[4] Was in dem oben dargestellten Modell »Tradition« genannt wird, kann danach in viele (prinzipiell unbegrenzte) Prätexte aufgelöst werden, die alle bei der Textentstehung (der Redaktion) mitklingen. Oft klingen sie nur undeutlich mit, so daß man von einem »intertextuellen Rauschen« spricht. Aber auch als solches nur mit-wahrgenommenes »Rauschen« ist es bei der Lektüre des Textes präsent. Intertextualitätsforschung hat uns dafür sensibel gemacht, daß die Bezugnahme eines Textes auf seine Prätexte sehr verschiedene Formen annehmen kann: vom expliziten Zitat über die Anspielung bis hin zur impliziten Anwesenheit eines Prätextes im Text. Intertextualitätsforschung macht gewissermaßen aus diffusem »Rauschen« ein artikuliertes Mitklingen. Drei große Gruppen von intertextuellen Bezügen lassen sich dabei unterscheiden.

1. Intendierte und markierte Intertextualität.
Sie liegt dann vor, wenn ein Autor (oder Tradent) in seinem Text bewußt Bezug auf einen vorhergehenden Prätext nimmt und diese Bezugnahme explizit deutlich macht. Die deutlichste Form intendierter und markierter Intertextualität ist das Zitat mit ausdrücklicher Zitationsformel. Der Autor markiert so seinen Bezugstext (Referentialität), teilt diese Bezugnahme seinem Leser mit (Kommunikativität) und kennzeichnet in der Zitationsformel selbst den Stellenwert des Prätextes, wenn er z.B. von der »heiligen

3. Ich habe dies anhand der Tradierung von Wundergeschichten versucht zu zeigen. G. Theißen, Urchristliche Wundergeschichten. Ein Beitrag zur formgeschichtlichen Erforschung der synoptischen Evangelien, StNT 8, Gütersloh 1974 [6]1990.
4. Vgl. U. Broich/M. Pfister (Hg.), Intertextualität. Formen, Funktionen, anglistische Fallstudien, Tübingen 1985; darin bes. M. Pfister, Konzepte der Intertextualität, 1-30.

Schrift« spricht (Autoreflexivität). An die Stelle der Zitationsformel können andere Formen der Markierung treten, z.B. die Kommentierung eines Satzes, die diesen Satz als vorgegebenen Prätext herausstellt.

2. Intendierte Intertextualität kann jedoch auch vorliegen, wenn die Bezugnahme auf den Prätext (oder die Prätexte) nicht ausdrücklich markiert ist. Dann kann der (mit der Textwelt vertraute) Leser und Hörer die Bezugnahme auf Prätexte an übereinstimmenden Mustern in den Texten, an Bild-, Wort- und Motivfeldern entdecken (Strukturalität als Merkmal von Intertextualität). Oder es werden aus den Prätexten besonders prägnante Elemente ausgewählt (Selektivität). Schließlich kann auch durch den Umgang mit dem Prätext (durch ironische Anspielung, autoritative Feierlichkeit, Verfremdung usw.) deutlich gemacht werden, daß der Text intertextuelle Bezüge aufweist. Er tritt in einen Dialog mit dem Prätext. Daher ist »Dialogizität« ein weiteres Merkmal von Intertextualität.

3. Nicht intendierte und nicht markierte Intertextualität liegt darüber hinaus aber in allen Texten vor, sofern sie überhaupt an einer gemeinsamen Textwelt partizipieren. Alle Texte dieser Textwelt »rauschen« sozusagen mit, wenn der eine Text verstanden wird.

Für die biblische Exegese ist das Phänomen der Intertextualität nichts Neues. Jeder Bibelleser merkt bald, wie viele Beziehungen zum »Alten Testament« im Neuen Testament vorliegen – und wie mannigfach diese Bezugnahmen sind: Vom expliziten Zitat über Anspielungen bis hin zu Texten in alttestamentlicher »Sprache«, vom Weissagungsbeweis über die Typologie und Allegorie bis hin zur zeitlos-autoritativen Anführung. Die Exegese hat darüber hinaus viele intertextuelle Beziehungen zwischen den einzelnen Schriften aufgedeckt: gemeinsame Gattungen, Traditionen, Topoi, Bildfelder und Bildtraditionen, Wortfelder, Formeln usw. Für die Predigt ist diese Mannigfaltigkeit intertextueller Bezüge wichtig, weil die Predigt durch biblische Intertextualität konstituiert wird – durch Bezugnahme auf einen Einzeltext (bei der Textpredigt) und auf Teile des »Gesamtsystems« von Texten (bei der Themapredigt). Wenn nun innerhalb der Bibel schon mannigfache Bezugnahmen von Texten zu ihren Prätexten vorliegen, so darf auch die Predigt mit einer größeren Mannigfaltigkeit von Textbeziehungen experimentieren.

Wenn wir das oben dargestellte Modell des Traditionsprozesses noch einmal um die Mannigfaltigkeit intertextueller Beziehungen erweitern, gelangen wir zu folgendem Bild:

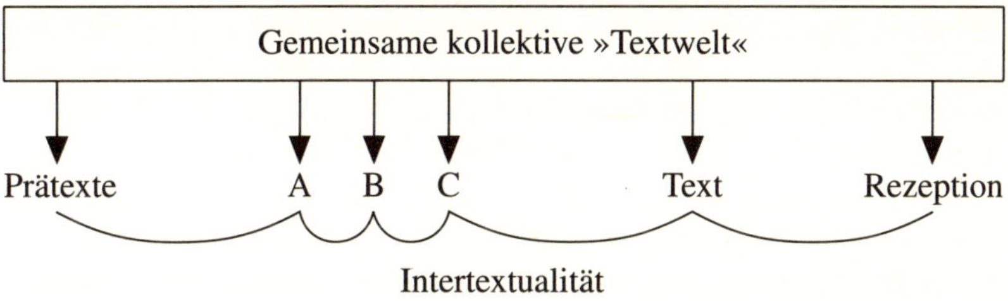

Aber auch dies Modell ist noch etwas zu einfach: Stimmt es denn, daß die kollektive »Textwelt«, aus der heraus die Einzeltexte »erzeugt« werden, zeitlos über den verschiedenen Prätexten und der Folge von Text und Rezeption steht? Nein! Auch die kollektive Textwelt ist geschichtlich. Auf der Ebene der Textwelt vollziehen sich langfristige Änderungen, auf der Ebene konkreter Texte kurzfristige Änderungen. Die biblische Textwelt ist unterschieden von der Welt von Bedeutungen, in denen moderne Menschen leben. Man könnte nun sagen: Eben darin läge der entscheidende Unterschied zwischen den Traditionsprozessen in der Bibel und der Tradition der Bibel in der modernen Welt: Damals bewegte sich alles in einund derselben Sinnwelt; heute müssen wir eine Übertragungsleistung vollbringen – und die vergangene biblische Textwelt erst rekonstruieren, um Verstehen zu ermöglichen. Aber das wäre ein Irrtum: Innerhalb des biblischen Traditionsprozesses haben sich neue Textwelten gegenüber alten oft mühsam durchgesetzt. Der Monotheismus hat ältere Religionsformen im Alten Testament abgelöst. Die christliche Botschaft wurde im Urchristentum an Heiden vermittelt, die wesentliche Verstehensvoraussetzungen (wie den Monotheismus) nicht teilten. Auch damals also konnte die gemeinsame Textwelt nicht schon immer vorausgesetzt werden, sie mußte oft erst »konstruiert« werden. Diese gemeinsame Textwelt (gleichgültig, ob sie vorausgesetzt wurde oder erst errichtet werden mußte) liegt dem Übergang von Tradition zur Redaktion ebenso zugrunde wie dem Übergang von Redaktion zur Rezeption.

Wer im Urchristentum eine Wundergeschichte tradierte, wiederholte natürlich jene Geschichte, die er einmal gehört hatte. Aber wenn er ein guter Erzähler war, kannte er die Aufbaumuster von Wundergeschichten, die typischen Motive und Themen. Deshalb schuf er bei jeder »Wiederholung« der alten Wundergeschichte aufgrund dieser Kenntnisse jeweils eine neue Geschichte – mit kleinen Abänderungen, die in seinen Augen keine Abänderungen waren. Denn sie basierten ja auf dem kollektiv vorgegebenen Schatz von Motiven und Themen. Tradition und Redaktion sind hier jeweilige Neuschöpfungen aufgrund desselben kollektiven Vorrats an Textmöglichkeiten. Anders als beim herkömmlichen Bild des Traditionsprozesses werden Abänderungen der vorgegebenen Tradition nicht nur an der »Vorlage« gemessen, sondern an dem virtuellen Vorrat aller Textmöglichkeiten. Jedes konkrete Motiv in einer Wundergeschichte ist immer eine Selektion unter anderen möglichen Motiven. Tradieren und Redigieren bedeutet: an einer gemeinsamen Textwelt partizipieren.

Ein Beispiel möge diesen Gedanken veranschaulichen. Aufgrund meiner Vertrautheit mit den Motiven und Aufbaumustern urchristlicher Wundergeschichten erzähle ich eine neue Wundergeschichte. Aus zehn markinischen Wundergeschichten komponiere ich eine neue:[5]

5,1 Und sie kamen ans jenseitige Ufer des Sees in das Land der Gerasener. 7,24 Und er ging in ein Haus und wollte nicht, daß es jemand erführe. Und er konnte nicht verborgen bleiben. 7,32 Und sie brachten einen Tauben zu ihm. 2,3 Und da sie ihn wegen des Volkes nicht zu ihm bringen konnten, deckten sie das Dach ab, wo er war, und nachdem sie es durchbrochen hatten, ließen sie ihn hinab. 10,47 Und er fing an zu schreien: Sohn Davids, Jesus, erbarme dich meiner. 1,41 Da hatte er Erbarmen mit ihm. 8,23 Und nachdem er ihn (in die Ohren) gespien und ihm die Hände aufgelegt hatte, fragte er ihn: (Hörst) du etwas? 7,35 Da taten sich seine Ohren auf (...) und er (hörte) richtig. 5,34 Er aber sprach zu ihm: Mein (Sohn), dein Glaube hat dich gerettet. Geh hin in Frieden und sei von deiner Plage gesund. 5,43 Und er gebot ihnen ernstlich, daß niemand dies erfahren solle. 5,20 (Der aber) ging hinaus und fing an, im Gebiet der zehn Städte zu verkündigen, was Jesus ihm Großes getan hatte. 1,27 Und sie erstaunten alle, so daß sie sich besprachen und sagten: Was ist das? Eine neue Lehre voll Gewalt.

Partizipation an einer gemeinsamen Textwelt, hier an der »Welt« der Wundergeschichten, ermöglicht den Überlieferungsprozeß. Dasselbe gilt für das Verstehen. Es richtet sich nicht nur auf die individuelle Intention des Autors, sondern auf die gemeinsame Textwelt, die der einzelne Autor in seinem konkreten Text aktualisiert, aufbaut oder verändert. Seine »Intention« ist mehr als die (unbestreitbar vorhandene) subjektive Absicht bei der Formulierung eines Textes, sie ist Beitrag zur Konstruktion einer überindividuellen Textwelt – und läßt sich als solch ein Beitrag objektiv würdigen, ohne daß wir in die innere Welt des Autors eindringen müssen.

Fassen wir unseren ersten Gedanken zusammen: Die biblische Einzeltradition, die in der Regel Gegenstand einer Predigt ist, ist immer auf dem Hintergrund einer biblischen Textwelt zu sehen. Sie verhält sich zu ihr wie eine »parole« zur »langue«, wie ein Sprechakt zu einem kollektiven Sprachsystem. Die Tradierung eines Einzeltextes ist daher jeweils ein

5. Vgl. G. Theißen, Synoptische Wundergeschichten im Lichte unseres Sprachverständnisses. Hermeneutische und didaktische Überlegungen, WPKG 65 (1976) 289-308, dort S. 298f.

generativer Prozeß, der die Möglichkeiten des Zeichensystems neu aktualisiert.

Hinzu kommt ein zweiter Gedanke.[6] Er betrifft nicht das Verhältnis von Zeichensystem und konkretem Text, sondern das Verhältnis von Zeichenträger und Zeichenbedeutung oder von Signifikant und Signifikat. Wir hatten gesehen: Überlieferung gelingt dort, wo Texte auf dem Hintergrund desselben kulturellen Zeichensystems gelesen werden. Dies Zeichensystem enthält den Kode, nach dem den Zeichenträgern (also den Mustern optisch sichtbarer Buchstaben bzw. akkustisch hörbarer Schallwellen) Inhalte zugeordnet werden. Die Zuordnung ist sowohl beim Autor (dem Sender der Botschaft) wie beim Adressaten (dem Empfänger) ein Deutungsakt. Sie ist nicht »von Natur« vorgegeben, sondern durch Konvention geschaffen. Die sprachlichen Signifikanten werden so mit Signifikaten verbunden, die wiederum auf die außersprachliche Realität (auf den Referenten) verweisen. Verstehen vollzieht sich also durch zuordnende Deutungen aufgrund eines im kollektiven Zeichensystem vorgegebenen Kodes. Es entsteht dabei ein semiotisches Dreieck:

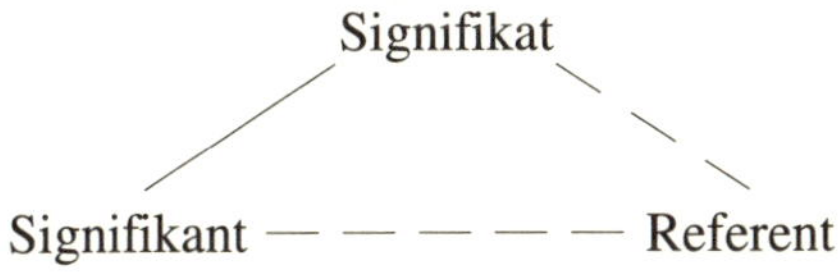

Wie bei allen nicht von Natur vorgegebenen Zuordnungen, die auf menschlicher Konvention basieren, sind Abweichungen möglich, Störungen der Zuordnung von Signifikant und Signifikat. Ein Wort kann abweichend vom üblichen Sprachgebrauch übertragen gebraucht werden. Das Phänomen gehört zur Alltagssprache, tritt aber konzentriert in religiösen und poetischen Texten auf. In ihnen werden semantische Störungen bewußt provoziert, um die Wirklichkeit anders als bisher wahrzunehmen – ja, um auf das »Ganz Andere« gegenüber unserer Alltagswelt aufmerksam zu machen. Daher sind Symbole und Metaphern konstitutive Merkmale religiöser und poetischer Texte. Sie haben die Fähigkeit, Neues zu sagen. Ihre semantische Kraft verblaßt, wenn auch sie zu bloßen Konventionen

6. Vgl. zum folgenden W.Engemann, Semiotische Homiletik, THLI 5, Tübingen/Basel 1993. Engemann analysiert Predigten auf die Beziehungen zwischen Signifikant, Signifikat und Referenten hin. Die semiotische Erkenntnis, daß Zeichen innerhalb eines Zeichensystems (einer langue) ihre Bedeutung gewinnen, spielt bei ihm keine Rolle. Darin unterscheiden sich die hier vorgelegten Gedanken von seiner Homiletik trotz des verwandten semiotischen Ansatzes.

werden, wenn also das Ungewöhnliche in einer Metapher nicht mehr gehört wird und es z.B. nicht mehr überrascht, daß der Erlöser als »Dieb« bezeichnet wird, der nachts in die vertraute Welt einbricht (vgl. 1 Thess 5,2; Apk 3,3; Mt 24,43).

Die Sprachkraft religiöser Texte hängt eng mit ihrem semantischen Störungspotential zusammen, d.h. mit ihrer Fähigkeit, neue Verbindungen von Signifikant und Signifikat anzuregen – und dabei neue Bedeutungen zu evozieren. Religiöse und poetische Texte sind darum mehr noch als die Texte unserer Alltagssprache »offene Texte«,[7] welche die Sinndeutungskraft des Hörers herausfordern. Auch dabei ist ein kollektives System vorgegebener Bedeutungen vorausgesetzt: Abweichungen kann es nur bei vorausgesetzten Konventionen geben.

Die Reaktualisierung von Texten im innerbiblischen Traditionsprozeß ist demnach nicht nur ein Abrufen vorhandener Möglichkeiten aus einer kollektiven Zeichensprache, sondern eine ständige semantische Störung vorgegebener Bedeutungen. Gerade die durchschlagenden »Sprachereignisse« reaktivieren das Zeichensystem durch semantische Störung. So revitalisiert die Verkündigung Jesu zwei Grundmetaphern der jüdischen Tradition, die Metapher von Gottes Königtum und von Gott als Vater. Auffällig sind dabei einige semantische Störungen gegenüber konventionellen Zuordnungen.[8] Traditionell wurde mit Gottes Königtum ein Sieg Israels über die Heiden verbunden. Bei Jesus aber strömen die Heiden von allen Himmelsrichtungen (zusammen mit den Diasporajuden?) in die Gottesherrschaft, während diejenigen hinausgeworfen werden, die sich schon in ihr glaubten (Mt 8,10f par). Diese Metapher von Gottes Königtum verbindet Jesus nun in ungewohnter Weise mit der Vatermetaphorik. Er spricht wohl von Gottes Königtum, nie aber (in den ihm zuzuschreibenden Worten) von Gott als König, d.h. er beschreibt wohl die Macht Gottes als »Königsherrschaft«, nicht aber

7. Zum »offenen Text« vgl. G.M. Martin, Predigt als »offenes Kunstwerk«? Zum Dialog zwischen Homiletik und Rezeptionsästhetik, EvTh 44 (1984) 46-58. Dazu H. Schroer, Umberto Eco als Predigthelfer? Fragen an Gerhard Marcel Martin, EvTh 44 (1984) 58-63. In der Exegese begegnet der Begriff (nicht die Sache) m.W. erst seit kurzem; vgl. F. Watson (Hg.), The Open Text. New Directions for Biblical Studies? London 1993 (non vidi!). Zur Sache vgl. schon K. Berger, Exegese des Neuen Testaments, UTB 658, Stuttgart 1977, [2]1984, 92ff.

8. Vgl. die sprachtheoretischen Überlegungen zum Thema »Religion and Change« in J. Riches, Jesus and the Transformation of Judaism, London 1980, 20-43: Religiöse Innovation erfolgt dadurch, daß Begriffe und Vorstellungen mit neuen Konnotationen verbunden werden. Sie sind deshalb noch keine Metaphern. Eine Metapher verbindet zwei Denotationen, die nach konventionellen Regeln nicht zusammengehören.

seine Person als »König«. An die Stelle der Königsmetapher tritt vielmehr die Vatermetaphorik: Gott kommt als Vater zur Macht. Darum beten die ersten Christen: »Vater unser, ..., deine Königsherrschaft komme!« In dieser ungewöhnlichen Metaphernkombination zeigt sich eine Transformation der Machtvorstellung, die wir aufgrund unserer Vertrautheit mit der Bildersprache der Bibel kaum noch wahrnehmen.

Wir haben somit ein (unvollständiges) Modell für den innerbiblischen Traditionsprozeß skizziert: Er ist eine Reaktivierung des biblischen Zeichensystems in immer neuen Texten, welche die kollektive Zeichensprache nicht einfach reproduzieren, sondern durch dosierte semantische Störungen neue Einsichten und Haltungen provozieren.

Dies Modell des innerbiblischen Traditionsprozesses wollen wir auf den in gegenwärtigen Predigten sich vollziehenden Traditionsprozeß übertragen. Dazu müssen wir den Charakter des biblischen Zeichensystems genauer bestimmen. Wir haben ihn bisher nur vage mit einem linguistischen System verglichen. Das Sprachsystem des Hebräischen und Griechischen wird natürlich in der Bibel vorausgesetzt. Aber diese Sprachsysteme werden in ihr durch ein spezifisches Zeichensystem in Anspruch genommen: durch eine religiöse Zeichensprache. Was aber ist Religion? Oder: was ist eine Religion?

Ich möchte folgende Definition vorschlagen: Religionen sind geschichtliche Zeichensysteme, die menschlichen Gruppen das Bewußtsein ermöglichen, durch Übereinstimmung mit einer letztgültigen Realität Lebensgewinn zu erzielen.[9]

Im Hintergrund dieser Definition steht die anthropologische Annahme, daß der Mensch ein animal symbolicum ist: ein Lebewesen, das nicht nur in einer natürlichen Welt, sondern in einer gedeuteten Welt lebt.[10] Ohne

9. Vgl. die Definition von C.-A. Keller, Die Komplementarität von Leben und Tod im hinduistischen und im mesopotamischen Mythus, in: G. Stephenson (Hg.), Leben und Tod in den Religionen. Symbol und Wirklichkeit, Darmstadt 1985, 17-35. Er definiert »ein Religions-System als ein umfassendes, multidimensionales Zeichensystem, das die Kommunikation ermöglicht zwischen einer Religionsgemeinschaft und den in ihr sich als wirksam erweisenden höchsten, letztgültigen Realitäten.« (S.19) Diese Definition gehört zu den kulturell-linguistischen Theorien von Religion – im Unterschied zu expressiven und kognitiven Theorien, welche Religion als Ausdruck von Erlebnissen oder als Vorstellungswelt betrachten. Wenn dabei Religion nicht als Symbol-, sondern als Zeichensystem betrachtet wird, so geschieht das, weil es sich bei »Symbolen« um bestimmte Formen sehr komplexer Zeichen handelt.

10. Vgl. E. Cassirer, Was ist der Mensch? Versuch einer Philosophie der menschlichen Kultur, Stuttgart 1960; S.K. Langer, Philosophie auf neuem Wege. Das Symbol im Denken, im Ritus und in der Kunst, Frankfurt 1965.

Verwandlung der natürlichen Welt in eine Zeichenwelt könnte er so wenig leben, wie er ohne technische Verwandlung der Umwelt überleben könnte – also ohne Kleider, Häuser, Handwerkszeug. Ein Zeichensystem gewinnt dann religiösen Charakter, wenn es Kontakt mit einer letztgültigen Wirklichkeit ermöglichen und durch »Anpassung« an diese Wirklichkeit das Leben steigern und erhalten will. Die Zeichen, die eine Religion dazu »einsetzt«, sind Riten, Texte (wie Mythen und Erzählungen) und Gegenstände – also Tempel, heilige Orte und Bilder.

Im Blick auf die Bibel und die biblische Religion können wir diese allgemeine Bestimmung von Religion noch einmal konkretisieren: Die biblische Religion ist ein geschichtlich (im Verlauf von ca. einem Jahrtausend) entstandenes Zeichensystem, das Juden und Christen das Bewußtsein gibt, den Dialog mit dem einen und einzigen Gott aufzunehmen und dadurch Lebensgewinn zu erzielen. Die Bibel läßt sich danach durch fünf Funktionen charakterisieren. Sie ist

1. Basis einer Zeichenwelt,
2. Repertoire von Einzeltexten (oder: Perikopen),
3. Chance für eine Dialogaufnahme mit Gott,
4. Verheißung von Lebensgewinn und Lebensorientierung,
5. Kommunikationsmittel für Juden und Christen.

Die Bibel hat deshalb für die jüdische und christliche Religionsgemeinschaft kanonischen Charakter, weil sich aus ihren Texten immer wieder neu das ganze Zeichensystem der jüdischen und christlichen Religion rekonstruieren läßt.[11]

Eine Predigt hat den Zweck, die biblische Zeichenwelt zu reaktualisieren – und zwar in allen ihren Funktionen. Sie hat entsprechend fünf Dimensionen:

1. Sie ist Aktualisierung der biblischen Zeichenwelt. Sie muß dabei die Distanz zwischen Vergangenheit und Gegenwart überbrücken. Insofern hat jede Predigt eine *historisch-hermeneutische Dimension.*
2. Sie ist Entfaltung des Sinnpotentials des offenen Bibeltextes durch Revitalisierung seiner Sprache. Das Verhältnis der Predigt zum konkreten Bibeltext ist ihre *exegetisch-hermeneutische Dimension.*
3. Sie ist Chance für eine Dialogaufnahme mit Gott, d.h. sie ist mit der Hoffnung verbunden, daß sie die Distanz zwischen Gott und Mensch

11. Diese Aussage ist gewiß sehr »protestantisch«: Im Protestantismus gilt die Schrift als entscheidende und ausreichende Basis christlichen Glaubens (sola scriptura). De facto sind freilich immer wieder Traditionen und Bräuche hinzugewachsen.

überwinden kann. Dies ist die *theologische Dimension* der Predigt (im engeren Sinne).

4. Sie verheißt Lebensgewinn, also eine Lebensorientierung, die das Leben gelingen läßt – auch wenn sie gegen ihre Intention de facto oft anders gewirkt hat und wirkt. Sie arbeitet sich an der Distanz des Menschen zu seinem eigentlichen Leben ab, an der Alternative von Heil und Unheil. Das ist ihre *existenzielle Dimension.*
5. Sie ist eine öffentliche Rede im Rahmen eines Gottesdienstes, in der ein Mitglied der Gemeinde versucht, stellvertretend für alle die Grundlagen des gemeinsamen Lebens zu formulieren. Sie will die Distanz zwischen Menschen überbrücken. Sie hat eine *kommunikative Funktion.*

Wir können nun eine zusammenfassende Bestimmung der Predigt versuchen: Eine Predigt ist eine Rede in einem Gottesdienst, in welcher ein Gemeindeglied stellvertretend für alle die biblische Zeichensprache durch Auslegung eines Bibeltextes reaktualisiert, in der Hoffnung, durch Dialogaufnahme mit Gott Lebensgewinn zu vermitteln.

Vergleichen wir damit eine andere Definition: »Die Predigt ist die christliche Rede, die im Rahmen eines Gottesdienstes die biblische Überlieferung für den Hörer der Gegenwart auslegt, um ihm die Gewißheit im Christentum zu stärken und die Orientierung im Leben zu fördern.« (D. Rößler).[12] Hier werden drei Dimensionen der Predigt angesprochen: Die historische Dimension erscheint als Aufgabe, die biblische Überlieferung für die Gegenwart auszulegen; die existenzielle Dimension wird als Förderung von Gewißheit und Lebensorientierung zweifach betont; die kommunikative Dimension begegnet in der Bestimmung der Predigt als »Rede« im Rahmen eines Gottesdienstes. Merkwürdigerweise tritt die theologische Dimension zurück – sie wird nur implizit angesprochen. Von »Gott« ist direkt nur in dem Kompositum »Gottesdienst« die Rede, indirekt in der »Gewißheit im Christentum«, sofern sich diese Gewißheit auf Gott bezieht. Zweifellos würde jede Predigt ihr Proprium verfehlen, wenn sie nicht durch und durch von ihrer Beziehung zu Gott geprägt ist – wobei mein Begriff von Gott vielleicht etwas »weitherzig« ist (s.u.).

Ansonsten sind drei Besonderheiten meiner Umschreibung dessen, was Predigt ist (und sein soll), zu betonen; sie differenziert erstens zwischen biblischem Text und biblischem Zeichensystem. Die biblischen Texte gelten als Teile einer umfassenden »Zeichensprache«: als Ausdruck einer Religion. Nicht allein der Text, sondern das in ihm enthaltene religiöse

12. D. Rößler, Grundriß der Praktischen Theologie, Berlin 1986, 345.

Zeichensystem – die Religion in den Tiefenstrukturen des Textes – ist, wie ich noch zeigen will, für mein Verständnis der Predigtaufgabe und für die Überwindung der historischen Distanz wesentlich.

Die zweite Besonderheit liegt in der Bestimmung der existenziellen Bedeutung der Predigt: Gewißheit und Lebensorientierung sind zwar auch »Lebensgewinn«. Aber dieser letzte Begriff ist stärker. Man könnte nämlich Gewißheit und Lebensorientierung als »Daseinserhellung« verstehen – und von einer Lebensveränderung unterscheiden. Die Predigt zielt auf mehr: auf Lebensveränderung, auf ein neues Geschöpf.

Die dritte Besonderheit sehe ich in der Betonung des stellvertretenden Charakters des Predigers oder der Predigerin. Sie ist für den kommunikativen Prozeß zwischen Prediger und Gemeinde wesentlich. Predigen ist ein einseitiger Kommunikationsprozeß. Wenn gute Predigten dennoch ein Dialog mit der Gemeinde sind, so deshalb, weil der Prediger stellvertretend für sie denkt, formuliert, zweifelt, fragt.

Aber vielleicht sind Definitionen nicht entscheidend; wichtiger ist der Grundgedanke der folgenden Ausführungen zur Predigt, der Gedanke, daß das biblische Zeichensystem von wenigen Grundmotiven strukturiert wird, von »impliziten Axiomen«, wie D. Ritschl sie nennt.[13]

Was ist damit gemeint? Wir finden in vielen biblischen Texten formale Gemeinsamkeiten, die in ihnen als Gewißheiten vorausgesetzt werden. Als Beispiel sei das Grundmotiv der Weisheit genannt, d.h. die Überzeugung, daß in der Schöpfung eine überlegene Intelligenz investiert ist. Wir finden diese Überzeugung in sehr verschiedenen Gattungen, z.B. in Sentenzen, die auf regelmäßige Zusammenhänge in der Wirklichkeit aufmerksam machen, in Mahnworten, die ein Leben in Übereinstimmung mit der Ordnung der Welt fordern, und in mythisch klingenden Erzählungen von der Weisheit, die unter Menschen nach Anerkennung sucht. Das Grundmotiv ist immer dasselbe. Immer wieder wird vorausgesetzt, daß in der umgebenden Wirklichkeit eine überlegene Weisheit verborgen ist, von der menschliche Weisheit nur ein Abglanz ist. Daher kann von dieser Weisheit »objektivierend«, personifizierend und hypostasierend gesprochen werden. Sie ist Objekt menschlichen Strebens und Verlangens. Sie tritt als »Person« dem Menschen entgegen, nämlich als Imperativ und Verheißung, sie zu suchen und zu finden. Sie wird schließlich zur Hypostase

13. D. Ritschl, Die Erfahrung der Wahrheit. Die Steuerung von Denken und Handeln durch implizite Axiome, in: ders., Konzepte. Ökumene, Medizin, Ethik. Ges. Aufsätze, München 1986, 147-166. Zur Diskussion über diesen Ansatz vgl. W. Huber/E. Petzold/Th. Sundermeier (Hg.), Implizite Axiome. Tiefenstrukturen des Denkens und Handelns, München 1990.

erhoben: zu einem Teilaspekt Gottes, der sich ihm gegenüber spielerisch verselbständigt.[14]

Die Bewohner der biblischen Zeichenwelt entnehmen all diesen konkreten Aussagen weniger eine Lehre über die Wirklichkeit als ein Motiv, dieser Wirklichkeit zu begegnen. Sie dekodieren im Lichte des Weisheitsmotivs ihre Erfahrung, um immer wieder neue Entdeckungen einer überlegenen Schöpfungsweisheit zu machen – aber auch die Erfahrung, daß die »Weisheit« unter ihrem Gegenteil verborgen ist. Was von außen wie »Torheit« aussieht, kann aus anderer Perspektive überlegene Weisheit sein!

Wie wir später sehen werden, gibt es eine Fülle von solchen Grundmotiven, die wir durch das Hören biblischer Erzählungen und die Meditation biblischer Bilder in unser »Herz« aufnehmen. Sie sind gelernt, also a posteriori. Aber sie wirken, wenn sie einmal gelernt und internalisiert sind, wie ein A-priori des Denkens, Wahrnehmens, Fühlens und Handelns. Sie bilden ein Netz von Erwartungen, mit denen wir unsere Erfahrung ordnen und unser Handeln lenken!

Die Mannigfaltigkeit biblischer Grundmotive läßt sich auf ein Meta-Axiom zurückführen: auf das erste Gebot. Das ganze Zeichensystem des biblischen Glaubens hat in ihm ihr Zentrum. Von ihm her wird es organisiert, vereinheitlicht und durchgestaltet – und zwar exklusiv von ihm her. Denn das erste Gebot enthält die Absage an alle Götter und Gottheiten neben dem einen und einzigen Gott. Es enthält in sich den Anspruch, daß in der Zeichensprache biblischen Glaubens alles letztlich von ihm her bestimmt ist, so daß diese Zeichensprache eine Tendenz hat, sich als ein sich selbst-organisierendes Zeichensystem zu konstituieren.

Das Meta-Axiom biblischen Glaubens hat dabei durchgehend zwei Aspekte: Gott erscheint im ersten Gebot einerseits als der rettende Gott, der Israel aus dem Sklavenhaus Ägyptens geführt hat, andererseits als der fordernde Gott, der die Verehrung aller anderen Götter verbietet. Er begegnet als Gnade und Forderung, Indikativ und Imperativ. Für Juden ist beides in der Thora enthalten, für Christen beides in der Gestalt Christi.

Diese beiden Aspekte begegnen in allen biblischen Grundmotiven wieder. Das Schöpfungsmotiv enthält einen Indikativ: Es ist gut, daß die Welt existiert – und zugleich einen Imperativ: Der Mensch hat die Aufgabe, seine Welt zu erhalten usw. Durch die ganze biblische Zeichenwelt hin-

14. Vgl. H.v.Lips, Weisheitliche Traditionen im Neuen Testament, WMANT 64, Neukirchen 1990; ders., Christus als Sophia. Weisheitliche Traditionen in der urchristlichen Christologie, in: Anfänge der Christologie, FS F. Hahn, Göttingen 1991, 75-95.

durch geht dieser doppelte Aspekt von Sein und Sollen, Gnade und Forderung, Zuspruch und Anspruch.

Diese biblische Zeichensprache begegnet uns mit ihren mannigfachen Motiven aber nicht als ausformuliertes System, sondern in einer Fülle von Erzählungen und Bildern, in vielen konkreten Texten. Die Unterscheidung zwischen biblischen Grundmotiven und konkreten biblischen Texten ermöglicht m.E. eine Präzisierung der Predigtaufgabe in allen ihren Dimensionen. Bevor ich das im einzelnen ausführe, sei das kurz vorweg skizziert:

1. Zur historischen Dimension: Die Erkenntnis weniger Grundmotive kann dazu beitragen, die Distanz zwischen Vergangenheit und Gegenwart zu überbrücken. Denn was in der Bibel heute Geltungsansprüche erheben kann, sind m.E. vor allem diese Grundmotive, nicht aber die konkreten (oft mythischen, legendarischen) Aussagen, in denen sie formuliert wurden.

2. Zur exegetischen Dimension: Die Predigt bezieht sich auf Bibeltexte als »offene Texte«, deren Sinnpotential erst in der Vielzahl der Deutungen entfaltet wird. Diese Vielzahl der Deutungen führt jedoch nicht zur Beliebigkeit. Alle müssen sich am konkreten Text überprüfen lassen. Alle müssen im Rahmen biblischer Grundmotive vertretbar sein.

3. Zur theologischen Dimension: Wenn hinter all diesen Grundmotiven das 1. Gebot steht, so bedeutet das: In jeder Predigt kann explizit oder implizit alles auf dies Gebot bezogen werden. Wenn Predigt keine Chance zur Kontakt- und Dialogaufnahme mit Gott ist, dann ist sie eine beliebige Rede.

4. Zur existenziellen Dimension: Wenn vom Zentrum der Zeichensprache des Glaubens her alle Grundmotive als Zuspruch und Anspruch erfahren werden, so finden wir darin Lebensgewinn und Lebensorientierung, wie sie die Predigt vermitteln soll: Sie spricht dem Menschen einen unbedingten Wert als Ebenbild Gottes zu – und verpflichtet ihn zu einem Leben, das diesem Status entspricht.

5. Zur kommunikativen Dimension: Die Grundmotive sind erlernte Überzeugungen. Wir werden nicht mit ihnen geboren, sondern sind in verschiedenem Maße in sie hineingewachsen. Der Prediger gewinnt m.E. dort stellvertretende Bedeutung, wo er sein eigenes Leben und Verhalten im Lichte dieser Grundmotive wahrnimmt und deutet. Seine Subjektivität kann so stellvertretenden Charakter erhalten, auch wenn er selbst noch unfertig ist und durch Krisen hindurch im Glauben wachsen muß.

I. Predigt als Chance zur Aktualisierung der biblischen Zeichenwelt
Die historisch-hermeneutische Dimension der Predigt

Nicht nur in der Predigt geschieht Auslegung biblischer Tradition für die Gegenwart. Auslegung geschieht auch in Vorträgen, Kommentaren und Monographien. Alle diese Gattungen bemühen sich um ein Verstehen der Bibel. In der Predigt geht es um mehr. Hier soll der Hörer zu einem Einverständnis mit der Bibel gelangen: zum Glauben an das, was ihn in diesen Texten »unbedingt angeht«. Einverständnis setzt Identifikation voraus.

Dieses Einverständnis muß sich heute gegen eine vierfache Irritation durchsetzen. Es ist kein naives Einverständnis, sondern ein Einverständnis durch Unverständnis, ja durch Ablehnung hindurch. Es muß sich zunächst gegen zwei historische Vorbehalte durchsetzen:

Der erste Vorbehalt sagt: in vielen Texten wird so Unwahrscheinliches erzählt, daß es prinzipiell nicht wahr sein kann. Wir werden mit wunderhaften Ereignissen konfrontiert und mit außermenschlichen Subjekten. Engel und Dämonen intervenieren in die Geschichte. Es geht mythisch zu. Eine Stimme sagt in uns: So kann es nicht gewesen sein!

Der zweite Vorbehalt richtet sich auch gegen Texte, die durchaus glaubhaft wirken und deren Inhalt im Bereich des Plausiblen bleibt. Aber auch sie sind irrtumsfähige Quellen, von irrtumsfähigen Menschen aufgeschrieben. So ertönt in uns eine zweite Stimme. Sie sagt: Es könnte so, es könnte aber auch anders gewesen sein.

Nun enthält die Bibel nicht nur Texte, die ihrer Intention nach historisch Geschehenes berichten (obwohl zentrale theologische Aussagen an die Geschichte gebunden sind). Sie enthält auch Gleichnisse, Paränese, Argumente. Aber auch hier tauchen unwillkürlich Bedenken auf, zwei weitere hermeneutische Vorbehalte, die wir nicht unterschätzen sollten:

Der dritte Vorbehalt sagt: Die Texte stammen aus einer anderen Welt, die uns fremd ist. Ihre Vorstellungen sind antiquiert, vor allem aber begegnen wir Werten und Normen, die uns oft zuwider sind. Viele Frauen (und nicht nur sie) finden manche patriarchalische Aussagen ganz unerträglich. Wieder sagt eine Stimme des Predigthörers: Das ist doch alles sehr fremd und fern (oder: sollte uns wie im Falle patriarchalischer Aussagen fern sein).

Der vierte Vorbehalt stützt sich nicht auf die hermeneutische Distanz zwischen Vergangenheit und Gegenwart, sondern auf den hermeneutischen Konflikt zwischen einer Lektüre der Texte »von oben« und »von unten«. Findet sich nicht viel illusionärer Trost in der Bibel? In unserem Quartett von predigtbegleitenden Stimmen flüstert die letzte: Das ist doch alles kindhaftes Wunschdenken oder religiöse Kosmetik einer repressiven Wirklichkeit!

Wenn wir predigen, so sollte uns bewußt sein, daß wir unsere Stimme in ein Konzert von störenden Begleitstimmen mischen. Niemand kann in der Gegenwart diese predigtbegleitenden Stimmen einfach zum Verstummen bringen. Aber wie sollen wir auf sie eingehen?

Zwei Antworten lassen mich unbefriedigt, auch wenn sie ein Element der Wahrheit enthalten. Die erste Antwort identifiziert die hermeneutische Distanz zwischen Text und Gegenwart vorschnell mit der Distanz zwischen Gott und Mensch. Die Fremdheit des Textes (seine Unwahrscheinlichkeit, Fragwürdigkeit) müsse ausgehalten werden, weil das Kerygma selbst fremd ist: Gott ist ein totaliter aliter. Die dialektische Theologie neigte zu solch einer Antwort. Richtig ist: Wo wir auf anstößige Texte stoßen, sollten wir uns fragen, warum sind sie so anstößig? Vielleicht sagen sie uns eine unangenehme Wahrheit. Könnte z.B. der bei liberalen Protestanten verbreitete Affekt gegen die Aussagen vom stellvertretenden Sterben Christi damit zusammenhängen, daß in ihm eine allzu brutale Wahrheit zum Ausdruck kommt: Alles Leben lebt auf Kosten anderen Lebens! Wenn man so argumentiert, deckt man im Text zwar nicht die Fremdheit Gottes, wohl aber die Fremdheit des Menschen sich selbst gegenüber auf.

Die zweite Antwort geht in die entgegengesetzte Richtung, auch wenn sie oft auf dem Hintergrund einer »dialektischen Theologie« gegeben wird. Die predigtbegleitenden, skeptischen Stimmen werden verstärkt, weil der Text als historisches oder literarisches Phänomen zugrundegehen darf, damit das Wunder, daß Gott durch so fragwürdige Texte hindurch spricht, um so größer erscheint. Mit einem Satz: Der Text wird historisch-kritisch begraben, um kerygmatisch aufzuerstehen! Richtig ist: Wir sollten ernst nehmen, daß Texte, an denen Jahrzehnte historisch-kritischer Stürme und Winde genagt haben, noch immer nicht erodiert sind! Aber vielleicht sollten wir darin nicht gleich ein Wunder des Heiligen Geistes sehen, sondern uns bemühen, die Texte etwas liebevoller zu interpretieren. Vielleicht haben wir sie vorschnell historisch-kritisch beerdigt!

Beide Lösungen sind unbefriedigend: Ob sich nun das Kerygma in der historischen und hermeneutischen Fremdheit der Texte inkarniert oder paradox aus den Trümmern historischer Fremdheit aufersteht – in beiden

Fällen werden die Möglichkeiten des menschlichen Einverständnisses mit biblischen Texten unterschätzt.

Die Frage ist m.E. nicht, ob wir uns mit den biblischen Texten insgesamt identifizieren oder nicht, sondern: womit identifizieren wir uns in ihnen? Traditionelle Hermeneutik rekurriert hier gern auf die Intention des Autors – oft auf die »eigentliche« Intention des Autors im Gegensatz zu deren zeitbedingter Gestaltung im Text. Aber häufig werden wir bei biblischen Texten mit »mehreren Autoren« konfrontiert: Ein Text, der in allen drei Synoptikern vorkommt, hat bei jedem Evangelisten möglicherweise eine je eigene Intention. Da er aber in sich das Ergebnis eines längeren Überlieferungsprozesses ist, hat er viele Autoren: alle Tradenten, die in ihm ihre Spuren hinterlassen haben. Selbst bei Paulustexten ist der »Autor« nicht immer ganz eindeutig. Es könnte sein, daß Paulus selbst Fragmente seiner Briefe zu neuen Briefen zusammengestellt hat (D. Trobisch).[1] Die ursprüngliche Intention des Paulus und die des seine eigenen Briefe redigierenden Paulus müssen nicht identisch sein!

Womit können wir uns in den Texten identifizieren? Darauf möchte ich folgende Antwort geben: Wir können uns mit den Tiefenstrukturen biblischer Texte leichter identifizieren als mit ihrer jetzt vorliegenden Gestalt. Das Geheimnis der Predigt besteht darin, aus den Basisstrukturen der biblischen Religion neue Texte mit dem Material der literarischen Elemente und Strukturen zu schaffen, die wir in der Bibel finden. Solche Predigten sind nicht nur Auslegungen des biblischen Textes (eine Auslegung im klassischen Sinn wäre eher ein Grenzfall solch einer Textreproduktion), sie sind Variationen zum Bibeltext, der gewissermaßen das Thema vorgibt.[2] Doch nun zu diesen Tiefenstrukturen biblischer Texte.

A. Grundmotive biblischen Glaubens als generative Basis der Predigt[3]

Die Sprache des Christentums ist die traditionelle biblische Sprache. So wie es in der Philosophie Versuche gibt, die gewachsenen Sprachen durch eine konstruierte »ideale Sprache« zu ersetzen, die von den Mängeln der

1. Vgl. D. Trobisch, Die Entstehung der Paulusbriefsammlung. Studien zu den Anfängen christlicher Publizistik, NTOA 10, Fribourg/Göttingen 1989.
2. Vgl. den Untertitel meiner Predigtsammlung »Die offene Tür«: »Biblische Variationen zu Predigttexten« (München 1990 ^{2}1992).
3. Die folgende Skizze von Grundmotiven findet sich leicht abgeändert schon in G. Theißen, Die Bibel an der Schwelle des dritten Jahrtausend. Überlegungen zu einer Bibeldidaktik für das Jahr 1992, ThPr 27 (1992) 4-23.

Alltagssprache frei ist, so mag es auch in der Theologie eine Sehnsucht geben, die biblische Sprache durch eine gereinigte theologische Sprache zu ersetzen. Erfolg wird man damit nicht haben. Es ist aussichtsreicher, in den tatsächlich gebrauchten »Sprachen« mehr Ordnung und Logik zu entdecken, als nach einer bestimmten »Logik« neue Sprachen zu entwerfen. Jede Sprache (auch die »unordentlichen« und geschichtlich gewordenen Sprachen) werden nämlich von wenigen Regeln bestimmt, die jeder unbewußt erlernt, der an ihr teilnimmt. Nur einige »Grammatiker« heben sie ins Bewußtsein, so wie nur einige Theologen die Basisnormen der biblischen Sprache ins Bewußtsein heben. Diese Basisnormen oder Grundmotive sind in biblischen Texten enthalten. Wir internalisieren sie unbewußt, wenn wir biblische Texte hören und in »unser Herz« aufnehmen. Wer zum Glauben kommt, deutet in ihrem Lichte Leben und Wirklichkeit. Sie sind geschichtlich vermittelt, gebunden an den Buchstaben – und doch so wenig mit den Buchstaben identisch, wie eine grammatische Regel mit den konkreten Sätzen identisch ist, die mit ihrer Hilfe formuliert werden. Diese Grundmotive der biblischen Sprache – das ist der Geist der Bibel.

Im folgenden gebe ich eine offene Liste solcher Grundmotive. Sie werden nie endgültig formuliert werden.[4] Sie bilden auch kein strenges System – eher ein loses Regelgefüge mit Überschneidungen und Berührungen, einem Mobile vergleichbar, das immer in Bewegung ist und doch eine verborgene Struktur enthält.

1. Das Schöpfungsmotiv: Alles ist wie aus dem Nichts geschaffen. Alles könnte auch nicht – und anders sein. Die ex nihilo schaffende göttliche Macht ist in jedem Augenblick wirksam und tritt mitten in der Geschichte in der Auferweckung Jesu aus dem Nichts des Todes hervor.

2. Das Weisheitsmotiv: Die Welt ist durch Gottes Weisheit geschaffen, die sich in ihren unwahrscheinlichen Strukturen und ihrer Schönheit zeigt, sich oft aber unter ihrem Gegenteil verhüllt – bis hin zur »Torheit« des Kreuzes, in der Gottes Weisheit radikal verborgen ist.

3. Das Wundermotiv: Alle Geschehensabläufe in der Welt sind offen für überraschende Wendungen, nichts ist völlig determiniert. Gott und Mensch, Glauben und Gebet bewirken wunderbare Änderungen. Jesus ist Träger solcher Wundermacht.

4. Das Hoffnungsmotiv: Die Geschichte durchzieht eine wachsende Verheißung – bis hin zur Erwartung einer neuen Welt, die schon mitten in

4. Es ist nicht einmal wünschenswert, daß sie je endgültig formuliert werden. Der Prediger sollte bei der Vorbereitung seiner Predigt damit rechnen, daß er ausgehend vom konkreten Text immmer wieder neue Grundmotive entdeckt.

der alten Welt begonnen hat. Der Mensch ist seitdem Bürger zweier Welten, mit seiner »Sarx« der alten Welt verhaftet, mit dem »Pneuma« aber der neuen Welt verpflichtet, die mit Jesus begonnen hat.

5. Das Umkehrmotiv: Der einzelne Mensch hat die Möglichkeit radikaler Veränderung. Wie sich die Welt verändern muß, um Gottes Willen zu entsprechen, so auch der Mensch – er kann ein neues Leben beginnen, wenn er sich mit Christus kreuzigen läßt und mit ihm in ein neu geschenktes Leben eintritt.

6. Das Exodusmotiv: Nicht nur einzelne Menschen werden durch Gottes Ruf verändert, sondern ganze Gruppen – beginnend mit dem Auszug der Sippe Abrahams aus Mesopotamien, Israels Exodus aus Ägypten, der Rückkehr der Exilierten aus Babylon bis hin zum Aufbruch der neutestamentlichen Gemeinde in eine neue Welt in der Nachfolge Jesu.

7. Das Glaubensmotiv: Gott erschließt sich durch Menschen, denen wir vertrauen, d.h. nicht primär durch sachliche Strukturen, Institutionen oder Gedanken, sondern durch ein »Du«, zu dem wir in eine freie Beziehung des Vertrauens ohne jeden Zwang treten. Im Zentrum aller Menschen, durch die Gott zu uns spricht, steht Jesus von Nazareth.

8. Das Inkarnationsmotiv: Gott ist beim Menschen und in der Welt real gegenwärtig – in Christus, im Wort, im Sakrament und in jedem Gläubigen durch seinen Geist. Er heiligt alles durch seine Gegenwart. Die Inkarnation in Christus macht diese Nähe Gottes beim Menschen ein für allemal gewiß.

9. Das Stellvertretungsmotiv: Leben ist stellvertretendes Leben für andere: entweder unbewußt leidendes Leben, auf dessen Kosten anderes Leben sich entfaltet – oder bewußtes Leben für andere, das sich um anderer willen »aufopfert«. Die blutigen Tieropfer zeugen vom Zwang, Leben auf Kosten anderen Lebens zu steigern. Christus zeigt die Alternative: Leben als Hingabe für andere.

10. Das Positionswechselmotiv: Der Erste wird der Letzte, der Letzte der Erste sein. So sollen sich Christen in der Gemeinde verhalten. So handelt auch Gott in der Geschichte, vor allem in Christus: der Richter wird gerichtet, der Priester zum Opfer, der Weltenherr zum Sklaven. Aber der Gekreuzigte wird zum Grund neuen Lebens.

11. Das Agapemotiv: Jeder Mitmensch wird durch Liebe zu einem Nächsten – sei es durch Suche des Verlorenen, der sich aus der Gemeinschaft entfernt hat; sei es durch Aufnahme des Fremden, der uns fernsteht, sei es durch Liebe zum Feind, der uns haßt. Auch hier ist Christus das Urbild solcher Liebe: Seine Lebenshingabe ist Liebe für die, die Gottes »Feinde« waren.

12. Das Selbststigmatisierungsmotiv: Im freiwillig übernommenen oder bejahten Leiden ist eine Botschaft enthalten: ein Zeugnis für die Wahrheit, sei es durch Askese, sei es durch Übernahme verachteter Außenseiterrollen oder gar durch das Martyrium. Von den vermeintlich Unterlegenen geht eine verwandelnde Kraft aus. Christus ist das große Modell solcher verwandelnden Kraft durch freiwillige Selbststigmatisierung.

13. Das Gerichtsmotiv: Alles Leben ist selektiven Prozessen unterworfen. Nur dem Menschen ist dies bewußt: Er weiß, daß er bedroht ist – nicht nur als physisches Lebewesen, sondern als moralisch Handelnder. Er wird daran gemessen, was er getan hat – nach ethischen Maßstäben, nach denen Gott ein endgültiges Urteil über ihn fällt. Maßstab und Richter ist Jesus.

14. Das Distanzmotiv: Kein Leben entspricht der letzten Realität, die es hervorgebracht hat und erhält. Im Menschen wird diese Ferne von Gott bewußt und durch die Erfahrung von Schuld und Leid radikalisiert: Beides trennt ihn von Gott. In Christus nimmt Gott selbst an dieser Distanz teil, deckt sie auf und überwindet sie.

15. Das Rechtfertigungsmotiv: Die Legitimation des Daseins ist so unbegründbar wie die Existenz des Lebens überhaupt. Sie ist letztlich eine Schöpfung aus dem Nichts, die der Mensch genauso empfängt wie er sich zu seiner physischen Existenz rezeptiv verhält. Er hat sich selbst nicht geschaffen. Grundlage der Rechtfertigung ist das neue Schöpfungshandeln Gottes in Christus.

In solchen Grundmotiven sehe ich den »Geist« der Bibel, durch den der Glaube die Welt erhellt und der in Christus Gestalt geworden ist.[5] Von solchen Grundmotiven her wird m.E. auch ein Brückenschlag zu unserer modernen Welt möglich. Diese Motive sind zwar nicht mit den Grundmotiven eines modernen, säkularen Bewußtseins identisch, aber sie haben in ihm eine Entsprechung. Solche Entsprechungen ermöglichen die

5. R. Bohren hat in seiner beeindruckenden Homiletik, Predigtlehre, München 1971 ^{5}1986, den Geist zur entscheidenden Voraussetzung der Predigt erklärt. Mit Recht: Der »Geist« wird durch den Buchstaben der Bibel vermittelt, ohne mit ihren Texten identisch zu sein. Von diesem Geist ergriffen zu sein, d.h wenigstens einige biblische Basismotive internalisiert zu haben, so daß man in ihrem Lichte Gott, Welt und das Leben wahrnimmt, ist die entscheidende Voraussetzung des Predigens. Solch eine Internalisierung biblischer Basismotive geschieht in unverfügbaren Erschließungssituationen. Sie ist nicht methodisch planbar, läßt sich aber hermeneutisch reflektieren. Mir ist bewußt, daß meine »zeichentheoretischen« Überlegungen zur Homiletik oft in Spannung stehen zur konsequenten Fortsetzung dialektischer Theologie bei R. Bohren. Gerade deshalb sei auf die Gemeinsamkeit hingewiesen.

Interpretation der biblischen Überzeugungswelt auch für Außenstehende – nicht unbedingt mit dem Ziel, sie zu Bewohnern der biblischen Zeichenwelt zu machen. Es ist ja schon viel gewonnen, wenn Außenstehende das »Haus« der biblischen Bilder und Erzählungen wertschätzen: Verstehen ist nicht unmittelbar Einverständnis. Aber es kann jederzeit zu einem Einverständnis werden. Daher weise ich auf erstaunliche Analogien im gegenwärtigen säkularisierten Bewußtsein hin, die sich z.T. natürlich daraus erklären, daß die moderne Welt durch Judentum und Christentum nachhaltig geprägt worden ist:

Dem Schöpfungsmotiv entspricht das Bewußtsein der Kontingenz aller Dinge.

Dem Weisheitsmotiv die in allen Wissenschaften vorausgesetzte »Regelmäßigkeit« der Welt.

Dem Wundermotiv entspricht manchmal ein dezidierter »Indeterminismus«: das Vertrauen auf den entscheidenden Zufall.

Dem Hoffnungsmotiv entspricht ein utopisches Bewußtsein, das auf Veränderung der Welt drängt.

Dem Umkehrmotiv kommt ein therapeutisches Bewußtsein entgegen, das Verhaltensänderung zum Guten für möglich hält.

Das Exodusmotiv ist in verwandelter Form in den mannigfachen Befreiungsbewegungen der Moderne lebendig, z.B. in Arbeiter-, Jugend- und Frauenbewegung.

Das Glaubensmotiv hat seine Entsprechung in einer humanistischen »Begegnungskultur«.

Dem Inkarnationsmotiv entspricht das moderne Drängen auf leibsinnliche Konkretion alles Geistigen.

Das Stellvertretungsmotiv kann an das moderne Bewußtsein anknüpfen, daß alle Lebewesen am selben Lebensstrom teilhaben.

Das Positionswechselmotiv ist im antiautoritären Affekt der modernen Welt lebendig.

Dem Agapemotiv korrespondiert eine säkulare Solidarität, die bewußt die Fremden einbezieht.

Das Selbststigmatisierungsmotiv begegnet uns in den Provokations- und Demonstrationstechniken der modernen Welt.

Das Gerichtsmotiv findet einen Nachhall im Bewußtsein persönlicher Verantwortung – wenn nicht vor Gott, so doch vor dem eigenen Gewissen.

Dem Distanzmotiv korrespondiert ein grundsätzliches Absurditätsbewußtsein – bis hin zum modernen »Ekel« des Menschen vor sich selbst.

Dem Rechtfertigungsmotiv entspricht die Überzeugung von der unauslöschlichen Würde des Menschen – unabhängig von seinen Taten und seinen Vergehen.

Was diese »säkularen« Analogien zu biblischen Basismotiven von diesen unterscheidet, ist: Alle biblischen Motive sind auf Gott bezogen. Wer in ihrem Lichte Leben und Wirklichkeit erlebt und deutet, stößt in ihnen auf eine Sinnfülle, zu der sein Leben nur Echo und Antwort ist. Ein säkularisiertes Bewußtsein muß dagegen solche Grundmotive als menschliche Entwürfe verstehen, die sich allein humaner Kreativität verdanken.

Ein säkularisiertes Bewußtsein interpretiert auch »Gott« als ein Ergebnis menschlicher Kreativität – möglicherweise sogar mit einem gewissen Respekt vor der Religion: als Schrittmacherin zur größeren Affektkontrolle, Impuls zum Altruismus usw. Ein religiöses Bewußtsein wiederum interpretiert den säkularisierten Anspruch seinerseits als illusionär: Was angeblich freie Selbstentfaltung des Menschen ist, ist Antwort auf eine Herausforderung. Doch davon wird noch im Abschnitt über die theologische Dimension der Predigt die Rede sein. Hier konzentrieren wir uns auf die historische Dimension, die Überwindung des Abstandes von Vergangenheit und Gegenwart.

Der Rückgriff auf Basisstrukturen alleine genügt dazu nicht. Unsere Predigten würden langweilig, wenn sich ihr wesentlicher Inhalt in 15 Punkten wiedergeben ließe. Um noch einmal das Modell der Sprache auszuwerten: Die grammatischen Regeln einer Sprache sind begrenzt. Aber mit ihrer Hilfe können wir eine unbegrenzte Fülle von Aussagen machen – und immer wieder neue Sätze formulieren. Und sie sind das Interessante: Wer die französische Grammatik beherrscht, hat damit nicht die französische Literatur schon gelesen! Die konkreten Texte sind mehr als die ihnen zugrundeliegenden Basisstrukturen. So auch bei der biblischen »Sprache«. Die konkreten biblischen Texte sind das Material der Predigt.[6] Aus ihnen wird sie gestaltet.

6. Damit sollen Predigten über »Bilder« nicht ausgeschlossen werden. Die »Zeichensprache des Glaubens« umfaßt nicht nur Texte, sondern auch gegenständliche Bilder. Aber ich kann mir eine Predigt eigentlich nur über Bilder vorstellen, in denen biblische Motive begegnen. Etwas anderes wäre es, einen Bibeltext mit Hilfe von Bildern zu illustrieren oder zu verfremden. Das wäre dann aber keine Predigt »über« diese Bilder, sondern über Texte mit Hilfe von Bildern.

B. Konsequenzen für die Gestaltung der Predigt: Biblische Texte als Variationsfeld der Predigt

Eine Predigt will nicht nur ein »Grammatikunterricht« in biblischer Sprache sein, sondern ein Stück biblischer Sprache selbst. Um eine Sprache sprechen zu können, genügt es bekanntlich nicht, die grammatischen Regeln zu kennen, nach denen Wörter (Lexeme und Morpheme) verknüpft werden. Vielmehr muß man einen gewissen Wortschatz besitzen, mit dem man nach vorgegebenen Regeln immer wieder neue Sätze formulieren kann – wobei solch ein »Wortschatz« im weiteren Sinne nicht nur Wörter, sondern auch Wendungen, Formeln und Textmuster umfaßt. Wenn man nun Religion als eine Art »Sprache« betrachtet, d.h. als ein Zeichensystem mit einer spezifischen Grammatik, dann reicht eine Kenntnis der Basismotive weder aus, um in dieser Sprache zu leben, noch um sie neu zu beleben. Vielmehr haben wir diese »Basismotive« ja »in, mit und unter« konkreten Zeichenkomplexen kennengelernt. Wir haben sie intuitiv erfaßt – aus biblischen Erzählungen, aus Riten (wie Taufe und Abendmahl) und sakralen Gegenständen, z.B. Bildern und Gebäuden. Das religiöse Zeichensystem umfaßt sprachliche, vollziehende und gegenständliche Ausdrucksformen.[7] Und so wie man eine Sprache sehr gut sprechen kann, ohne die grammatischen Regeln bewußt formulieren zu können, so können wir auch in eine biblische Zeichensprache hineinwachsen, ohne uns über deren Basismotive klar Rechenschaft abzulegen. Jedoch ist es sinnvoll, bei Störungen der Kommunikation auf solche Basismotive zurückzugreifen – so wie wir bei sprachlichen Problemen manchmal unsere grammatischen Kenntnise reaktivieren.

Nun ist die Überbrückung des historischen Abstands zwischen Vergangenheit und Gegenwart mit Kommunikationsstörungen verbunden. Es läge daher nahe, die hermeneutische Aufgabe der Predigt in der Weise zu bestimmen, daß sie aufgrund der biblischen gleichbleibenden Basismotive neue Texte mit dem Material unserer modernen »Zeichenwelt« schafft – d.h. mit Worten, Bildern und Überzeugungen, die uns vertraut sind. Die Basismotive würden hier als zeitlose Konstanten begegnen, das konkrete Textmaterial der Gegenwart als geschichtliche Variable. Aber das trifft bei den entsprechenden Aspekten einer Sprache schon nicht zu: Die Grammatik ist nicht zeitlos, sondern ändert sich langfristig. Der Wortschatz verändert sich zwar sehr viel schneller – aber immer durch Anknüpfung

7. Vgl. F. Stolz, Grundzüge der Religionswissenschaft, KVR 1527, Göttingen 1988, 101ff.

und Weiterentwicklung des traditionellen Wortvorrats (und ebenso des traditionellen Vorrats an Textstrukturen, Textsorten und Gattungen). Ähnlich verhält es sich bei der Religion: Die Basismotive verändern langfristig ihren Charakter. Umgekehrt sind die konkreten Ausdrucksformen oft von sehr viel größerer Beharrungskraft, als viele meinen. Entscheidend ist, daß beide Änderungsprozesse in Kontinuität mit dem traditionellen Zeichensystem geschehen. Ohne das gäbe es keine christliche Identität.

Daher plädiere ich entschieden dafür, Predigten streng an biblische Texte und Bilder zu binden – aber diese Bindung zur Grundlage eines kreativen, ja spielerischen Prozesses zu machen: Die in den biblischen Texten vorhandenen »Elemente« werden aufgrund der tiefer liegenden biblischen Basismotive neu strukturiert, variiert und zu neuen Texten organisiert.

Solche Variationen biblischer Texte können besonders gut an die bildlichen und erzählerischen Aspekte biblischer Texte anknüpfen. Entsprechend zwei Grundformen religiöser Bildlichkeit unterscheide ich Metaphern- und Symbolvariationen, entsprechend zwei Aspekten narrativer Texte Rollen- und Handlungsvariationen. Schließlich ist jeder Text eine Kommunikation eines Autors mit Adressaten. Auch Autor und Adressat lassen sich variieren, d.h. spielerisch und fiktiv durch andere ersetzen. Wir erhalten demnach sechs Möglichkeiten homiletischer Variationen, ohne daß ich damit alle Möglichkeiten ausgeschöpft habe.

1. Metaphernvariationen:[8] Eine Metapher ist eine semantische Störung, d.h. eine Verbindung von Bedeutungen im Text, die von »normalen« Erwartungen entweder einmal abgewichen ist – so bei konventionalisierten Metaphern –, oder noch immer abweicht – so bei lebendigen Metaphern. Eine Metapher ist also nie ein isoliertes Wort oder eine isolierte Bedeutung, sondern sie entsteht nur durch deren Kombination in einem Text. Sie ist ein Textphänomen. Das biblische Bild »Früchte der Umkehr« ist deshalb eine Metapher, weil Früchte normalerweise nur an Bäumen und Sträuchern wachsen – und wir daher entsprechende Kombinationserwartungen an einen Text haben. Diese Erwartungen werden korrigiert. Auch ein Verhalten bringt eine Frucht hervor. Der semantische Bruch zwischen »Frucht« und »Umkehr« ist zugleich ein Signal dafür, daß wir diese Wortkombination nicht wörtlich verstehen dürfen. Niemand kommt auf die

8. Zur Metapher vgl. P. Ricoeur, Die lebendige Metapher, München 1986. J.P. van Noppen (Hg.), Erinnern, um Neues zu sagen. Die Bedeutung der Metapher für die religiöse Sprache, Frankfurt 1988. A. Grözinger, Die Sprache des Menschen. Ein Handbuch. Grundwissen für Theologinnen und Theologen, München 1991, 94-129.

Idee, daß ein Mensch, der in seinem Verhalten »umkehrt«, reale Früchte der Umkehr hervorbringt – also daß ihm etwa Bananen aus der Nase wachsen!

Wir finden in der Bibel nicht nur einzelne Metaphern, sondern ganze Metaphern- und Bildfelder[9], d.h. die einzelnen Metaphern sind eingebettet in sachlich verwandte Bilder, die im Text gar nicht aktualisiert werden, wohl aber als sachliche Alternativen virtuell präsent sind. Drei große Bildfelder seien kurz genannt:

a) Natur- und Vegetationsmetaphern, bei denen sich die Vegetationsmetaphern in zwei Teilbildfelder gliedern lassen – in das Bildfeld »Baum und Frucht« und das Bildfeld »Saat – Wachstum – Ernte«.[10]
b) Sachmetaphern wie »Haus«, »Gefäß«, »Schiff«, »Tempel«, also Artefakte des Menschen, die teils zum Bild für eine Gemeinschaft (»Haus Gottes«), teils zu Bildern für das Individuum werden (»Tempel des Leibes«).
c) Sozialmetaphern, die in der Bibel einen zentralen Ort einnehmen: Gott ist Vater, die Israeliten und Christen sind seine Kinder. Die »Weisheit« erscheint als Gottes Frau. Die Menschen sind Gottes Arbeiter.[11]

Weil solche Metaphern eine Fülle von sachlichen Assoziationen freisetzen (und schon in biblischer Zeit nur im Kontext solcher Assoziationen – also innerhalb ihres Bildfeldes »funktionierten«), ist es sachlich angemessen, diese Assoziationen homiletisch fruchtbar zu machen. Die »Hausmetapher« weckt mit sachlicher Notwendigkeit die Vorstellung verschiedener Räume im Haus – nur die Häuser der ganz armen Menschen hatten nur einen Raum. In den Gleichnissen vom heimkehrenden Hausherrn sind aber große Häuser mit vielen Knechten vorausgesetzt. Daher kann man diese Idee der verschiedenen Zimmer ausmalen: In ein und demselben Haus gibt es reich gedeckte Speisesäle und Folterkammern im Keller; Krankenzimmer und Festsäle; Räume, wo sich Menschen nur in Muße ergehen – und andere, wo hart gearbeitet wird. Kammern von Freude und Leid. Und alle Bewohner sind damit beschäftigt, entweder diese widersprüchlichen Teile ihres Hauses zu vergessen oder zwischen ihnen einen

9. Vgl. P. v. Gemünden, Vegetationsmetaphorik im Neuen Testament und in seiner Umwelt. Eine Bildfelduntersuchung, NTOA 18, Fribourg/Göttingen 1993.
10. So ein Ergebnis von P. von Gemünden (s.o. Anm. 9), vgl. auch ihren Art. Pflanzensymbolik, TRE (im Erscheinen).
11. Dies Bildfeld untersucht C. Hezser, Lohnmetaphorik und Arbeitswelt in Mt 20,1-16. Das Gleichnis von den Arbeitern im Weinberg im Rahmen rabbinischer Lohngleichnisse, NTOA 15, Fribourg/Göttingen 1990.

Ausgleich zu schaffen. Und alle verhalten sich dabei zu dem Herrn des ganzen Hauses, für den das Haus auch dann eine Einheit bildet, wenn seine Bewohner ihre Zusammengehörigkeit vergessen.[12]

Eine Metapher führt so durch Ausgestaltung der in ihr angelegten Elemente, durch Aktualisierung verborgener Gegensätze und durch Benutzung sachlich verbundener Bilder zu kleinen »Gleichnissen«: Erzählungen fiktionaler Art, in denen die Wirklichkeit oft treffender dargestellt wird als in abstrakten Beschreibungen. Vorausgesetzt ist dabei immer, daß die Metapher nicht wörtlich verstanden wird. Die Welt ist kein Haus. Aber die menschliche Weltgesellschaft kann mit einem Haus verglichen werden.[13]

2. Symbolvariationen:[14] Im Unterschied zu einer Metapher muß ein Symbol immer auch wörtlich verstanden werden. Es wird nur dort mißverstanden, wo ausschließlich sein wörtlicher Sinn wahrgenommen wird. So ist das »Kreuz« zunächst eine spezifische Form des »Galgens«, mit dessen Hilfe Jesus im 1. Jhdt. n.Chr. hingerichtet wurde. Aber dieses Kreuz hat einen Mehrwert an Sinn gewonnen, indem es Teil einer umfassenden Geschichte zwischen Gott und Mensch wurde als einer Geschichte von Feindschaft, Auflehnung – und Versöhnung, Frieden und Vergebung. Seinen symbolischen Mehrwert erhielt das »Kreuz« durch Einbettung in diese umfassende Geschichte. Das gilt mutatis mutandis für alle Symbole und symbolischen Ereignisse. Sie lassen sich wörtlich verstehen. Aber als Teil einer umfassenden »Story« erhalten sie einen Mehrwert an Sinn. Der verdorrte Feigenbaum vor den Toren Jerusalems hat nach Meinung der Evangelisten dort wirklich gestanden (und möglicherweise gab es einen solchen Feigenbaum, der Anlaß zu verschiedenen Erklärungen dafür gab, warum er verdorrt war). Aber im Rahmen des Evangeliums erhält er ei-

12. Vgl. auch die Variation der Hausmetapher in der Predigt von Petra v. Gemünden über Mk 13,31-37 am Totensonntag (= Predigtbeispiel 4). Mit Hilfe der Hausmetapher wird der Trauerprozeß dargestellt und kognitiv umstrukturiert: Aus dem verlassenen Haus wird ein Haus der Erwartung.
13. Homiletisch fruchtbar ist auch die bewußte Re-Metaphorisierung einer konventionellen Metapher, bei der uns durch häufigen Gebrauch die semantische Spannung zwischen Bild und Sache (oder: Bildspender und Bildempfänger) nicht mehr bewußt ist. Oben im Text habe ich so durch das wörtliche Mißverständis der Metapher »Früchte der Umkehr« eine solche Re-Metaphorisierung provoziert: Weder können Bäume »umkehren« – sie bleiben an ihrem Ort, noch können umkehrende Menschen »Früchte« im wörtlichen Sinne produzieren.
14. Zur Abgrenzung von Metapher und Symbol vgl. P. v. Gemünden, Vegetationsmetaphorik, S. 19ff.

nen symbolischen Sinn: Er weist darauf, daß die Führer Jerusalems nicht die »Früchte« bringen, die Gott von ihnen erwartet.

Symbole lassen sich somit dadurch variieren, daß man sie in neue Kontexte hineinstellt – wobei jeder Kontext in der Regel eine Erzählung ist. Solche »Erzählungen«, in die wir unser Leben einordnen, haben verschiedene Reichweite: Unser individuelles Leben ist ein Erzählkontext, die menschliche Geschichte ein ungleich größerer, das Epos der Evolution der größtmögliche Erzählkontext, den wir kennen. Der umfassendere Kontext enthält den kleineren jeweils in sich. Dasselbe Symbol kann oft in allen drei Kontexten einen Mehrwert an Sinn gewinnen.[15] Das sei am Beispiel des Sündenbocks von Lev 16 gezeigt, einem der großen Symbole der Bibel.

Der nächstliegende Kontext ist die Geschichte der Gemeinschaft: Denn als Entsühnungsritus einer Gemeinschaft begegnet uns das Ritual des Sündenbocks in Lev 16. Die Übertragung auf die Kontexte unserer gegenwärtigen Gesellschaft fällt nicht schwer: Alle Gesellschaften neigen dazu, ihre eigenen Spannungen und ungelösten Probleme auf »Sündenböcke« abzuwälzen – meist auf wehrlose Minoritäten, die für die Schattenseiten des Lebens verantwortlich gemacht werden.

Aber wir können dies Ritual auch in einen kosmischen Kontext stellen. Biologische Evolution basiert darauf, daß weniger angepaßte Lebensformen geringere Lebenschancen (d.h. geringere Überlebens- und Fortpflanzungschancen) als andere haben. Ohne das Prinzip, daß das »schwächere« Leben (»schwächer« im Sinne geringerer Fitness) »geopfert« wird, um gesteigertes Leben zu ermöglichen, wäre Entwicklung von Lebensformen nicht denkbar. Zum Sündenbockritual gelangt man, wenn Menschen das, was unbewußt in der biologischen Evolution geschieht, bewußt inszenieren – sei es in Realität (durch Vernichtung konkurrierenden Lebens), sei es in einer rituellen Darstellung solcher Vernichtung. Solange wir Sündenbockrituale inszenieren, sind wir noch in den Prinzipien der biologischen Evolution »gefangen«.

Ein dritter »narrativer« Kontext für das Symbol des Sündenbocks ist das individuelle Leben. Im Sündenbockritual werden zwei Böcke geopfert – der eine wird auf dem Altar für Gott dargebracht, der andere wird mit den Sünden des Volkes beladen in die Wüste geschickt. Ein solcher Vorgang gewinnt als Darstellung eines in jedem Menschen stattfindenden Prozesses einen zusätzlichen Symbolwert: Immer wieder sind wir damit

15. Vgl. die Variation der Wüstensymbolik in meiner Predigt über Lk 3,1-14 (= Predigtbeispiel 5).

beschäftigt, einen Teil unserer Energie für wertvolle Ziele zu opfern (Gott darzubringen im »vernünftigen Gottesdienst«), andere Teile unserer Energie aber »in die Wüste zu schicken«, d.h. zu verdrängen oder bewußt zu unterdrücken. Das Ritual stellt uns die Notwendigkeit anschaulich vor Augen, zwischen beiden Prozessen – Sublimierung und Unterdrückung – ein Gleichgewicht zu schaffen.[16]

Während also Metaphern narrativ entfaltet und dabei zu Gleichnissen des Lebens werden, werden Symbole lebendig, wenn wir sie in reale Kontexte einbetten. Oder vorsichtiger gesagt: in als real geglaubte Kontexte. Denn selbstverständlich kann ein solcher Kontext auch ein Mythos sein. Die Bewohner des Mythos halten ihn für real, andere aber betrachten ihn als Fiktion.

3. Rollenvariationen: Bilder (ob Metaphern oder Symbole) werden in erzählerischen Texten fruchtbar. Sie lassen sich in ihnen variieren. Aber auch die Grundstrukturen einer Erzählung lassen Variationen zu. So begegnet in jeder Erzählung eine Reihe von Personen oder Handlungsträgern, die meist in typischen Rollen auftreten: als Held, Gegenspieler, Begleiter, Statist. Der Erzähler selbst kann ihnen gegenüber eine verschiedene Perspektive einnehmen:[17]

- Die Perspektive des allwissenden Erzählers, der einen gleichen Abstand zu allen Personen hat – und sich in alle gleich »einfühlen« kann.
- Die Perspektive einer Person, aus der alle anderen wahrgenommen werden.
- Die Perspektive des Beobachters, der alle Personen nur von außen kennt und über ihr Innenleben nur aus deren Aussagen erfährt.

Eine beliebte Rollenvariation bei vorgegebenen Erzählungen besteht in einem Perspektivenwechsel. Dieselbe Geschichte wird aus der Perspektive eines der Beteiligten neu erzählt, z.B. Jesu Verhör und Verurteilung aus der Perspektive des Pilatus oder eines der Soldaten oder eines der anklagenden Hohenpriester. Ein solcher Perspektivenwechsel besteht darin, daß eine der verschiedenen Personen jeweils in die Rolle des »Erzählers« eintritt.[18]

16. Ich meine diese Deutung bei C.G. Jung gelesen zu haben, finde aber nicht mehr die Stelle.
17. Vgl. A. Grözinger, Sprache, 164ff.
18. Vgl. die Nacherzählung von Apg 10,1-35 durch Petra v. Gemünden (= Predigtbeispiel 1).Die Übernahme verschiedener fiktiver Perspektiven nutze ich z.B. in: »Glauben und Danken. Über die Gabe, Glück in Dankbarkeit zu verwandeln« (Lk 17,11-19), in: Die offene Tür, 102-109.

Bei solch einem Rollenwechsel kann der äußere Ablauf der Geschichte derselbe bleiben. Nichts muß sich ändern. Und doch erscheint alles in einem neuen Licht. Wie sehr solch ein Rollenwechsel zur Einsicht motivieren kann, zeigt Paulus selbst: Er bittet die korinthische Gemeinde, sich in die Perspektive eines Außenstehenden zu versetzen, der in die Gemeinde kommt und dort auf ein Gewoge unverständlicher Glossolalie trifft. Wird er nicht urteilen müssen: »Sie sind verrückt!« (vgl. 1 Kor 14,23)?

Als Beispiel für eine Rollenvariation und ihren hohen homiletischen Wert bringe ich eine Umformulierung des dunkelsten antijudaistischen Textes im Neuen Testament: Joh 8,43-44, der »Juden« als Teufelskinder bezeichnet.[19] Ich schicke zwei Überlegungen vorweg, um zu zeigen, daß meine Variation des Textes die Tiefenstrukturen dieses Textes (d.h. die impliziten Voraussetzungen in ihm) sehr ernst nimmt. Es handelt sich um eine Umformulierung der Oberflächenstruktur des Textes bei gleichbleibender Tiefenstruktur.

1. Wichtig ist, daß im Text nicht behauptet wird, die Juden *sind* Teufelskinder, sondern, daß sie es unter bestimmten Umständen *geworden* sind. Eigentlich sind sie nämlich Kinder Abrahams. Als sie aber Jesus töteten, waren sie nach dem johanneischen Text unter eine fremde Macht geraten: unter die Macht des Satans.

2. Sachlicher Grund für den Vorwurf der Teufelskindschaft ist ein bestimmtes Verhalten: die Tötung eines Boten Gottes. Die implizit vorausgesetzte Prämisse ist: Wer Menschen tötet, die die Wahrheit Gottes sagen, der vollzieht damit nicht sein eigenes Wollen, sondern das des Teufels.

Aufgrund der im Text enthaltenen Prämissen kann man also sagen: Wer Menschen tötet, die anderen die Wahrheit Gottes vermitteln, treibt das dunkle Werk des Satans und reiht sich damit in die uralte Geschichte des Mordens ein. In dem jetzt vorliegenden Johannestext wird diese implizite Prämisse explizit auf Juden angewandt, weil und sofern sie Jesus töten. Heute, nach einer langen Geschichte der Verfolgung von Juden durch Christen, müssen wir ihn mit sehr viel mehr Recht auf Christen anwenden: Christen haben immer wieder Juden getötet oder den Mord an ihnen geschehen lassen, obwohl sie wußten, daß Juden Zeugen desselben Gottes sind, an den auch sie glauben. Da nun auch der joh Text sich am An-

19. Ich habe diese »Neuformulierung« von Joh 8,43-44 vorgelegt in G. Theißen, Aporien im Umgang mit den Antijudaismen des Neuen Testaments, in: Die Hebräische Bibel und ihre zweifache Nachgeschichte. FS R. Rendtorff, Neukirchen 1990, 535-553.

fang an »Juden, die gläubig geworden sind«, richtet, läßt er sich auch auf Christen anwenden. Durch »Rollenvariation« kommen wir dann zu folgendem Text:

»Jesus spricht: ›Ich weiß, daß ihr meine Nachfolger seid. Aber ihr sucht Juden zu töten, weil das Wort Gottes keinen Fortschritt in euch macht. Ich rede, was ich beim Vater gesehen habe; ihr aber tut, was ihr von eurem Vater gehört habt.‹ Die Christen aber sagen zu ihm: ›Wir sind keine unechten Kinder Gottes. Wir haben Gott zum Vater.‹ Jesus spricht zu ihnen: ›Wenn Gott euer Vater wäre, würdet ihr die Juden lieben. Denn sie sind wie ich von Gott ausgegangen und gekommen; nicht von sich aus sind sie gekommen, sondern Gott hat ihnen einen Auftrag gegeben, ihn in der Welt zu bezeugen. Warum versteht ihr das nicht? Weil ihr diesen Auftrag nicht hören könnt. Ihr stammt vom Teufel als eurem Vater und wollt die Begierde eures Vaters tun. Der war von Anfang an ein Menschenmörder und stand nicht in der Wahrheit; denn Wahrheit ist nicht in ihm.‹«

Ein Rollenwechsel muß nicht unbedingt damit verbunden sein, daß die ganze Handlung sich ändert. Wenn aber z.B. eine Nebenperson zur Hauptperson wird, dann wird aus der Rollenvariation in der Regel auch eine Abwandlung der Handlung selbst. Damit sind wir bei einer vierten Möglichkeit der Textvariation:

4. Handlungsvariationen: Jeder kennt das intellektuelle Spiel mit der Geschichte, das fragt: Was wäre, wenn...? Was wäre, wenn Cäsar nicht den Rubikon überschritten hätte? Was wäre, wenn Pilatus Jesus nicht verurteilt hätte? Wenn Geschichte sich ereignet, ist sie offen für viele Möglichkeiten – zumindest für die Beteiligten, die nicht wissen, wie sie weitergeht. Erst im Rückblick erscheint sie oft als notwendig: »So mußte es ja kommen!« Aber auch im Rückblick hat das Spiel mit jenen Möglichkeiten, welche die Wirklichkeit umgeben, eine wichtige Funktion: Sie schärft den Blick für das, was wirklich geschehen ist und was mit ihm gemeint sein könnte. Manchmal enthalten die neutestamentlichen Texte selbst implizite Hinweise auf solche Möglichkeiten. Beim Gespräch über die Steuer werden zwei mögliche Antworten Jesu vorweggenommen: Die erste lautet: Es ist verboten, dem Kaiser die Steuern zu zahlen, weil Gott alleine Herr des Landes ist. Ihm gehören alle Erträge. Der Kaiser hat kein Recht auf sie. Die zweite mögliche Antwort könnte sein: Es ist von Gott gewollt, dem Kaiser die Steuern zu zahlen. Gott hat zugelassen, daß er über das Land regiert. Hinter seiner Regierung steht letztlich Gott selbst. Im Lichte dieser beiden Möglichkeiten, die nicht realisiert wurden, wird erst die Pointe der Antwort Jesu deutlich: »Gebt dem Kaiser, was des Kaisers ist; und Gott, was Gottes ist.« Deutlich wird, daß die weit verbreitete »konservative Lesart« dieser Maxime nicht den ursprünglichen

Sinn trifft. Es wird keine religiöse Verpflichtung zur Steuerzahlung formuliert.[20]

Handlungsvariationen sind nicht nur bei »realen« Handlungen (zu denen wir auch »Sprechakte« zählen können) denkbar, sondern ebenso bei fiktionalen Gattungen – bei Gleichnissen und Parabeln.[21] Zur Parabel vom verlorenen Sohn sind viele Handlungsvariationen denkbar. Ich nenne nur eine mögliche Variation: Der verlorene Sohn kommt in der Fremde keineswegs »auf den Hund«, sondern er schafft sich ein Vermögen. Er kommt als reicher Mann zurück – verheiratet mit einer reichen Frau, vielen Sklaven, vielen Grundstücken. Und doch ist er der »verlorene Sohn«. Denn er hat die Grundsätze verleugnet, die er im Vaterhaus gelernt hat, um an seinen Reichtum zu kommen. Er hat mit den Wölfen geheult; und keine Chance ausgelassen, um sich auf Kosten anderer zu bereichern. Solch eine Handlungsvariation paßt viel besser auf eine mitteleuropäische Gemeinde. Denn dort sitzen in der Regel relativ gut situierte Menschen. Auch ohne moralische Aggression kann man durch solche Textvariationen dem Hörer den Spiegel vorhalten – und ihn erkennen lassen: Tua res agitur. Einsichten, die auf solch indirekte Weise vermittelt werden, sitzen tiefer als Einsichten, mit denen man als fertigen Resultaten konfrontiert wurde.

5. Autor- und Adressatenvariation: Man könnte noch viele weitere Möglichkeiten von Textvariationen in der Predigt aufzählen. Ich beschränke mich auf zwei Beispiele: Jeder biblische Text hat einen Autor und eine Adressatengruppe. Am leichtesten ist das bei Brieftexten durchschaubar, aber auch bei Prophetensprüchen. Selbstverständlich kann man auch solche Autoren und Adressatenkreise variieren.

Eine Autorenvariation bestünde darin, daß man denselben Text anderen Menschen in den Mund legt. Die Maxime »Liebet eure Feinde ...!« klingt ganz anders, wenn man sie einem Mitglied der Oberschicht in den Mund legt, der von seinen Feinden nicht viel zu befürchten hat (oder durch klug eingesetzte Machtmittel selbst Feinde an seine Interessen binden kann), als wenn man sie sich im Munde eines unterlegenen kleinen Mannes vorstellt – oder gar als Aussage von Menschen, die verfolgt, geschmäht und verachtet sind![22]

20. Vgl. die Predigt von Petra v. Gemünden über Mt 22,15-22 (= Predigtbeispiel 3).
21. Als Beispiel dient die Variation der Handlung in: »Das verlorene Schaf oder: Die merkwürdige Mathematik Gottes« (Lk 15,3-7), in: Die offene Tür, 95-101.
22. Wir finden Aussagen, die der ›Feindesliebe‹ nahe kommen, tatsächlich auch im Mund von Herrschern und Mächtigen. Seneca, zeitweilig einer der mächtigsten Männer im Römischen Reich, zitiert in de benef. IV, 26,1 folgende Maxime:

Adressatenvariationen können z.B. darin bestehen, daß man den Brief des Jeremia an die Verbannten neu formuliert – jeweils an verschiedene Adressaten: an Menschen in der Gegenwart überhaupt, die sich aus einer »Geborgenheit« in der Natur verbannt wissen; an Christen, die sich in einer säkularisierten Gesellschaft in der Fremde fühlen – und an jeden einzelnen Menschen, der aus seiner Kindheit vertrieben wurde. Das Symbol des »Exils« wird hier dreifach variiert – verbunden mit einer Variation der Adressaten.[23]

Das Prinzip der Textvariation dürfte damit genügend illustriert worden sein. Immer handelt es sich dabei um ein Sprechen aus der Bibel heraus, nicht über die Bibel. Aus der Bibel heraus sprechen heißt: Biblische Grundmotive als Grammatik einer Sprache benutzen, die aus biblischen Metaphern, Symbolen, Rollen und Handlungen besteht. Die Bindung an die biblischen Grundmotive ermöglicht ein um so freieres Spiel mit der biblischen Sprache. Durch Variation dieser biblischen Sprache kann über die Gegenwart gesprochen werden, ohne daß es zu einer homiletischen Kluft zwischen damals und heute kommt und zu jener unguten Zweigliederung von Predigten in einen exegetischen Teil, in dem man auf all die Schwierigkeiten mit dem Text hinweist, und einen gegenwartsorientierten Teil, der sich weitgehend vom biblischen Text löst!

Wir können nun unsere Überlegungen zur historisch-hermeneutischen Dimension der Predigt zusammenfassen. Der Graben zwischen biblischer Vergangenheit und Gegenwart kann nicht dadurch überbrückt werden, daß man ihn theologisch zum Graben zwischen Gott und Mensch aufwertet – noch daß man ihn theologisch abwertet, indem man die archivarische Ferne des Textes freudig begrüßt, um die vergegenwärtigende Predigt als ein um so größeres Wunder begreifen zu können. In beiden Fällen wird die Distanz zwischen Vergangenheit und Gegenwart nicht mit Hilfe des biblischen Textes überbrückt, sondern trotz des biblischen Textes! Man traut den biblischen Texten nicht zu, daß sie sich bei intensivem Bemühen auch für die Gegenwart öffnen.

»Wenn du die Götter«, heißt es, »nachahmst, dann erweise auch undankbaren Menschen Wohltaten; denn auch Verbrechern geht die Sonne auf, auch Seeräubern stehen die Meere offen.« Vgl. zum sozialen Ort solcher Maximen L. Schottroff, Gewaltverzicht und Feindesliebe in der urchristlichen Jesustradition. Mt 5,38-48/Lk 6,27-36, in: Jesus in Historie und Theologie, FS H. Conzelmann, Tübingen 1975, 197-221 = Befreiungserfahrungen. Studien zur Sozialgeschichte des Neuen Testaments, München 1990, 12-35.

23. Vgl. »Briefe an Verbannte. Variationen zum Sendschreiben des Jeremia« (Jer 29,1.4-14), in: Die offene Tür, 33-40.

Hier möchte ich einen an der Bibel orientierten Weg zeigen, der nicht biblizistisch oder fundamentalistisch ist: Biblische Texte sind Ausdruck einer biblischen Zeichensprache, die von wenigen Grundmotiven als ihrer Grammatik bestimmt werden. Diese Grundmotive werden in der Regel intuitiv erfaßt. Wer sich in die Textwelt der Bibel eingelesen hat, ist mit ihnen vertraut, auch wenn er sie nicht explizit formulieren kann. Aufgabe des Theologen und Predigers aber ist es, solche Grundmotive ins Bewußtsein zu heben. Je mehr ihm diese Grundmotive zu einer Gewißheit geworden sind, die ihn beim Leben und Deuten der Welt steuern, um so freier kann er mit den Texten und Textelementen »spielen«, aus denen die biblische Zeichensprache besteht. Die Treue im Grundsätzlichen ermöglicht Freiheit in der konkreten Gestaltung der Predigt.

Ein Zeichen solcher Freiheit ist es, wenn die bildlichen und erzählerischen Elemente des Textes zum Variationsfeld der Predigt werden. Der biblische Text wird nicht einfach wiederholt – sondern mit Hilfe der in ihm vorhandenen biblischen Sprache wird aufgrund der Grundmotive biblischen Glaubens ein neuer Text formuliert. Der Prediger wird zum Ko-Autor des biblischen Textes, den er aus seinen Voraussetzungen heraus neu schafft. Er predigt aus der Bibel, nicht über sie.[24]

Zweifellos ist das ein »liberaler« Umgang mit dem Bibeltext bei gleichzeitiger Bindung an ihn. Der Prediger steht dem Buchstaben frei gegenüber, und er dokumentiert seine Freiheit dadurch, daß er ihn frei variiert. Aber alles geschieht um des Geistes willen, der aus der Bibel spricht. Dabei wird vom Prediger biblische Sprach- und Symbolkompetenz verlangt. Um biblische Texte zum Variationsfeld der Predigt zu machen, muß er fähig sein, virtuelle Bilder und Erzählelemente zu aktualisieren, die im Predigttext nur potentiell mit-gegeben sind, die aber zur biblischen Textwelt gehören.

Man könnte nun fragen: Warum soll sich der Prediger nicht mit einem ›Skopus‹ zufrieden geben? Warum nicht nur den konkreten Text, sondern seine Textwelt lebendig machen? Warum die Gemeinde in eine Welt möglicher Bedeutungen hineinführen? Darauf gibt es eine klare Antwort: Es geschieht um der Freiheit des Predigthörers willen. Er wird nicht auf einen ›Skopus‹ gelenkt, sondern ihm werden Alternativen gezeigt. Er vollzieht selbst die Entscheidung für seinen Skopus. Ihm wird bewußt, daß es eine Entscheidung ist. Wozu wir uns bewußt entscheiden, das wird tiefer in unserem Leben verankert als das, was wir uns angeeignet haben, ohne Alternativen zu kennen.

24. Vgl. das bekannte Diktum Karl Barths: »Die Predigt hat aus der Bibel, nicht über sie zu reden« in: Die kirchliche Dogmatik IV,3, Zürich 1959, 996.

Insofern kann man sagen: Die Variation von Bibeltexten ist Ausdruck eines »liberalen« Umgangs mit dem Bibeltext. Der Prediger steht dem Buchstaben frei gegenüber. Er dokumentiert seine Freiheit dadurch, daß er ihn frei variiert, und er läßt dem Hörer Freiheit, ihn in Form einer dieser Variationen anzueignen. Aber alles geschieht um des Geistes willen, der aus der Bibel spricht. Aus diesem Geist heraus wird der konkrete Bibeltext angeeignet – als Ergebnis einer freien Entscheidung sowohl beim Prediger als auch beim Hörer.[25]

25. Die Unterscheidung von biblischen Grundmotiven und Texten, von Geist und Buchstabe, kann verständlich machen, warum Prediger manchmal mit dem besten Gewissen gegen einen biblischen Text predigen: Sie können dessen Aussage von den biblischen Grundmotiven her sachlich korrigieren. Sie wissen, daß der Geist der Bibel ihnen die Freiheit gibt, den Buchstaben zu kritisieren.

II. Predigt als Chance zur Entfaltung des offenen Textes Die exegetisch-hermeneutische Dimension der Predigt

Predigten beziehen sich immer auf konkrete Bibeltexte. Diese Texte sind mehr als ein Vorrat von Bildern und Erzählmustern, mit denen der Prediger arbeiten kann. Sie sind Bezugstexte der Predigt. Man sollte daher meinen, es müsse in der Homiletik einen unangefochtenen Primat der Exegese geben.

Diesen Primat der Exegese gab es, aber es gibt ihn nicht mehr. Er wurde in der homiletischen Reflexion der letzten 30 Jahre aus verschiedenen Gründen verabschiedet.[1] Der Primat der Exegese war eng mit der Verkündigungshomiletik der Kerygmatheologie verbunden: Wenn die biblischen Texte Gottes Wort enthalten, muß die genaue Erfassung der Texte bei der Predigtarbeit vor allem anderen Vorrang haben. Mit dem Zurücktreten der Kerygmatheologie traten andere Faktoren in den Vordergrund: die homiletische Situation, die Wirkung der Predigt, ihr rhetorischer Charakter, der Prediger als Person. Die Frage ist berechtigt: Sind das nicht ebenso wichtige Faktoren für Inhalt und Form der Predigt wie der Bibeltext? Sind sie nicht entscheidend dafür, ob eine Predigt die Hörer erreicht? Muß die Exegese nicht notwendig an Bedeutung verlieren, wenn zum obersten Ziel wird, daß die Predigt Hörer findet?

Zu dieser Verlagerung des Interesses vom Bibeltext zu anderen Faktoren kamen zwei Motive für die Entthronung der Exegese in der Homiletik:

Wenn man die gegenwärtige Situation, die Hörer, ihre Reaktion usw. analysieren will, helfen die erlernten Kategorien historisch-kritischer Arbeit wenig. War es nicht näherliegend, Aufschluß durch gegenwartsorientierte Wissenschaften zu erhoffen? Durch Kommunikationstheorie, Psychologie, Soziologie usw.? Der Graben zwischen Vergangenheit und Gegenwart wurde so durch verschiedene Methoden und Kategorien vertieft. Denn hier wie dort spricht man eine andere Sprache.

1. Vgl. R. Bohren, Predigtlehre, 149: »Nachdem die Exegese in eine tiefgreifende Krise geraten ist und sich in der Homiletik Tendenzen bemerkbar machen, den Primat der Exegese zu brechen, wird es nötig sein, den Nutzen der Exegese für die Predigt zu unterstreichen.«

Ein zweiter Grund lag in der »Skopusmethode«. Durch sie nahm die Herrschaft der Exegese in der Predigt eine besonders engherzige Gestalt an: Unter dem Skopus verstand man die »Pointe« des Textes, seine zentrale Aussageabsicht. Die gängigen Anweisungen lauteten, durch Exegese diesen Skopus zu erarbeiten, ihn in einem einprägsamen Satz zu formulieren, um ihn dann homiletisch umzusetzen.[2] Der Text sollte durch den Skopus in der Predigt »herrschen«, die Exegese Instrument dieses Herrschaftsanspruchs sein – und gleichzeitig der oberste Richter. Denn sie mußte über den richtigen und falschen Skopus entscheiden.

Die homiletische Rebellion gegen den Primat einer solchen Exegese war verständlich, aber einseitig. Die Verteidiger der Exegese führten mit Recht an, daß die Exegese den Prediger vor einem anderen Herrschaftsanspruch bewahre: vor der Verführung durch das Publikum (R. Bohren).[3] Oder sie forderten aufgrund einer langen Predigterfahrung dazu auf, »biblisch« zu predigen, u.a. weil die Predigt sonst steril werde (H. Hirschler).[4]

Das alles ist richtig. Aber man sollte noch offensiver argumentieren: Solange Predigten Texte über Bibeltexte sind, hat deren Auslegung für jede Predigt eine regulative Funktion. Zu fordern ist ein neuer Primat der Exegese. Das kann keine Rückkehr zur alten Dominanz der Exegese in der Homiletik sein. Denn Bibel und Exegese haben ihre alten Herrschaftsansprüche verloren.

Die Bibel hat nicht mehr jene unbedingte Autorität wie zu Zeiten der Kerygmatheologie. Die Predigt tritt in einen Dialog mit der Bibel, sie unterwirft sich ihr nicht. Aber auch in einem Dialog kommt alles darauf an, den Gesprächspartner genau zu verstehen, sonst wird das Gespräch ein Monolog.

Nun ist die Auslegung eines vergangenen Textes nur begrenzt ein Dialog. Der Text kann sich gegen unfaire Auslegungen nicht schützen. Der Autor kann auf Unverschämtheiten seiner Ausleger nicht reagieren. Eben

2. Vgl. die aufgrund persönlicher Erinnerung gegebene Darstellung von K. Meyer zu Uptrup, Gestalthomiletik. Wie wir heute predigen können, Stuttgart 1986, 16f. Jedoch war die »Skopusmethode« umstritten. Kein geringerer als K. Barth polemisierte gegen sie. Vgl. K. Barth, Homiletik. Wesen und Vorbereitung der Predigt, Zürich 1966 (= Nachschrift des homiletischen Seminars WS 1932/SS 1933 in Bonn), 34f: »Wenn Gott allein in der Predigt sprechen will, so darf weder Thema noch Skopus dazwischentreten.« (S.34)
3. Vgl. R. Bohren, Predigtlehre, 148: »Bewahrt die Exegese den Prediger vor der Verführung durch das Publikum, so verwehrt sie dem Prediger, sich von den Ergebnissen religiöser Marktforschung dirigieren zu lassen.«
4. H. Hirschler, Biblisch predigen, Hannover [2]1988.

deshalb ist methodisch disziplinierte Exegese notwendig: Nur sie kann stellvertretend für den Text Einspruch gegen seine vorschnelle Vereinnahmung erheben.

Aber, so werden viele sagen, ist nicht das methodische Vorgehen der Exegese selbst eine Vergewaltigung des Textes? Wird er nicht oft in unerträglicher Scholastik auseinandergenommen, in Archiven der Vergangenheit abgelagert, dem lebendigen Gebrauch entzogen? Setzt die Exegese nicht die Herrschaftsansprüche der akademischen Gemeinschaft auf Verwaltung des kulturellen Erbes durch?

Welch ein Zerrbild von Exegese! Die heutige Exegese ist zur Durchführung von Herrschaftsansprüchen wenig geeignet. Immer mehr setzt sich die Erkenntnis durch, daß religiöse und poetische Texte »offene Texte« sind. Sie lassen mehrere Auslegungen zu. Sie sind vieldeutige Sinnpotentiale, die erst durch die deutende Aktivität der Leser und Hörer entfaltet werden. Es gibt nicht die una sancta interpretatio. Es gibt nicht den einen Skopus. Nicht der Primat der Exegese ist zu verabschieden, sondern der Primat des einen vom Bibeltext vorgegebenen Skopus.

Hinzu kommt, daß sich die Exegese seit langem jener Kategorien bedient, die bei der Erhellung des gegenwärtigen Predigtgeschehens verwandt werden: Kommunikationstheorie, Linguistik, Soziologie und Psychologie haben Einzug in die Exegese genommen, wenn auch in sehr verschiedenem Maße.[5] Und umgekehrt dämmert immer mehr Wissenschaftlern, daß auch die Sozialwissenschaften ein falsches Bewußtsein ihrer selbst haben, wenn sie die Geschichtlichkeit ihres Gegenstandes wie ihrer Theorien verdrängen.[6]

Für eine neue Exegese ist ein neuer Primat der Exegese einzufordern – für eine Exegese, die immer wieder neue Zugänge zum Bibeltext eröffnet. Für eine Exegese, die sich in selbstkritischer Weise der Kategorien bedient, mit denen wir auch in der Gegenwart unser Leben analysieren.

5. Einen souveränen Überblick über die Entwicklung biblischer Exegese bis hin zu textwissenschaftlichen und sozialgeschichtlichen Ansätzen gibt R. Morgan (with J. Barton), Biblical Interpretation, Oxford 1988. Weitere Einführungen in neue exegetische Ansätze bieten: K. Berger, Exegese des Neuen Testaments; H.K. Berg, Ein Wort wie Feuer, Wege lebendiger Bibelauslegung, München/Stuttgart 1991; J.C. Anderson/S.D. Moore (Hg.), Mark and Method. New Approaches in Biblical Studies, Minneapolis 1992. Seit 1993 erscheint zudem die speziell für neue Ansätze offene Zeitschrift »Biblical Interpretation. A Journal of Contemporary Approaches« (bei E.J. Brill, Leiden),
6. Vgl. G. Jüttemann (Hg.), Wegbereiter der Historischen Psychologie, München/Weinheim 1988.

Für eine Exegese von »offenen Texten«, welche die Sinndeutungsaktivität der Leser und Hörer herausfordern.

In einem ersten Abschnitt sei skizziert, worin die Offenheit des Textes besteht. Die Skizze einer »analytischen Hermeneutik« soll zeigen: Mit der Anerkennung des offenen Textes ist dessen Auslegung nicht der Willkür ausgeliefert. Im Gegenteil: Willkürlich erscheint es heute, wenn offene Texte so ausgelegt werden, als seien sie hermeneutisch voll determiniert.

In einem zweiten Abschnitt beschäftigen wir uns mit dem Pluralismus der Methoden, Lektüreformen und Zugangsweisen zur Bibel. Dieser Pluralismus ist eine Chance für die Predigt. Die alte Erfahrung von Predigern wird neu bestätigt: Daß man über dieselben Texte immer wieder predigen kann – und doch ganz anderes in ihnen entdeckt.

Abschließend dann einige Anmerkungen über die formale Gestaltung von Predigten als Texten über Texte: Homiletisches Kommentieren von Texten ist etwas anderes als wissenschaftliches Kommentieren. Wer für den Primat der Exegese eintritt, tritt damit nicht für Predigten als wissenschaftliche Miniaturexegesen ein.

A. Die Bibel als offener Text

Die Entdeckung des offenen Textes wurde durch viele Tendenzen in Exegese und Literaturwissenschaft vorbereitet. Sie ergab sich zunächst aus dem immer größer werdenden Pluralismus von Methoden und Zugangsweisen. Will man nicht einer Methode diktatorisch ein Monopol zuschreiben, drängt sich die Einsicht auf, daß die Texte divergierende Auslegungen, Methoden und Lektüreformen zulassen. Drei hermeneutische Neuansätze und Erkenntnisse haben diese Einsicht gefördert: Wirkungsgeschichte, die Aufwertungen des Lesers in modernen Lesetheorien und die gleichzeitige Relativierung der Autorenintention.

In vielen Exegesen wird die Auslegungsgeschichte als Vorgeschichte der eigenen Exegese betrachtet. Sie ist aber mehr. Wenn der Sinn eines Textes durch das Vorverständnis der Leser mit konstituiert (und nicht nur verstellt und verzerrt) wird, dann kann man die Auslegungsgeschichte auch als diachronische Sinnentfaltung des Textes betrachten – und nicht nur als Annäherung an einen Textsinn, den alle Auslegungen nur approximativ erreichen können. Die Auslegungsgeschichte wird dann zum Teil der Wirkungsgeschichte des Textes (die als ganze umfassender ist als die Geschichte der Auslegungen). Der Text entfaltet sich in ihr. Man muß sie dann konsequenterweise in die Exegese integrieren, wie dies im Evangelisch-Katholischen Kommentar zum Neuen Testament geschieht.[7] Wer aber verschiedene aufeinander folgende Auslegungen in der Vergangenheit als Sinnentfaltung des Textes anerkennt, der wird konsequenterweise auch verschiedene nebeneinander existierende Auslegungen in der Gegenwart als gleichwertige Sinnentfaltungen des Textes akzeptieren.

Gleichzeitig wurden durch moderne Lesetheorien Leserinnen und Leser aufgewertet. Ihr Vorverständnis ist für das Verstehen konstitutiv. Es verzerrt nicht nur den überlieferten Sinn, es erschließt ihn. Das Vor-Verstehen (d.h. das schon immer mitgebrachte Verstehen des Textes) beeinflußt das End-Verstehen; das Teilverstehen wirkt auf das Verstehen des Ganzen und das Verständnis des Ganzen auf das Verständnis der Teile zurück; das Verstehen des Kontextes verändert das Verstehen des Textes, der durch Einrücken in neue literarische und historische Zusammenhänge in jeweils neuem Licht erscheint. Oft wurde das Vorverständnis einseitig als geschichtliche Vor-gegebenheit betrachtet, zu der sich der Mensch passiv verhält. Der Leser erscheint hier durch seine kontingente geschichtliche Situation passiv determiniert. Die modernen Lesetheorien betonen dagegen seine Aktivität.[8] Der offene Text ist auf sein sinngebendes Handeln angewiesen, damit er verstanden wird. Der Leser wird zum Mitschöpfer des Sinns. Dabei ist offen, inwiefern der Text diese Aktivität des Lesers steuert (inwiefern er als Leser »implizit« im Text angelegt ist und in die ihm vorgegebene Rolle nur eintreten muß) oder inwiefern auch andere Faktoren die Leseaktivität beeinflussen: die Lesegemeinschaft mit ihren Traditionen und Normen, die Erfahrung des Lesers und – last not least – seine freie Einsicht und Kreativität. Wahrscheinlich sind alle vier Größen beteiligt, so daß beim Verstehen eines Textes sowohl der Text selbst als auch Tradition, Erfahrung und Einsicht mitwirken.

Dieser Aufwertung des Lesers entspricht eine gleichzeitige Relativierung des Autors. Ziel traditioneller Exegese war es, die Intention des Autors zu erfassen. Aber streng genommen kann sich das nur auf den Autor beziehen, sofern er mit seinen Intentionen in den Text eingegangen ist. In ihm ist er als »impliziter Autor« anwesend. Dieser ist vom realen Autor

7. Eine gute Einführung in das von H.G. Gadamers Hermeneutik angeregte Unternehmen, Wirkungsgeschichte von Texten in deren Exegese zu integrieren, bietet U. Luz, Das Evangelium nach Matthäus EKK I,1, Zürich/Neukirchen 1985, 78-82. Dieser Kommentar führt das Programm in überzeugender Weise durch.
8. Eine kurze Darstellung bietet W.G. Jeanrond, Text und Interpretation als Kategorien theologischen Denkens, Tübingen 1986, 104ff und ders., Theological Hermeneutics. Development and Significance, New York 1991, 93-119.

zu unterscheiden. Selbst wenn der reale Autor nachträglich sein Werk interpretiert, hat seine Interpretation nicht von vornherein größeres Gewicht als andere Interpretationen: Ein Autor kann sein eigenes Werk oft nur unvollkommen interpretieren. Das Werk hat eine relative Autonomie ihm gegenüber.[9] Diese Relativierung des Autors ist für die theologische Exegese etwas Vertrautes. In der vormodernen Bibelhermeneutik waren die menschlichen Autoren der biblischen Schriften Instrumente des Heiligen Geistes, dem eigentlichen Autor der Schrift. In moderner Bibelhermeneutik wurden die Autoren oft zu mehr oder weniger zufälligen Vermittlern uralter Traditionsströme. Was der Autor letzter Hand sagt, ist zugleich durch die vielen Autoren der ihm vorhergehenden Traditionsgeschichte bestimmt, durch tradierte Vorräte an Gattungen und Formeln, durch kollektive Wort- und Bildfelder. Insofern ist die »Entthronung« des Autors für die biblische Exegese nichts Neues. Hier muß man vielleicht umgekehrt betonen: Der implizite Autor muß etwas mit dem (uns oft unbekannten) realen Autor zu tun haben!

Entscheidend ist aber nicht, wie das Konzept des »offenen Textes« entstanden ist, sondern worin der offene Text besteht. Oder anders gesagt: Was in den Texten ist so offen, daß es durch Leseaktivität geformt werden muß, damit der Text verstanden wird? Dabei ist die alte Unterscheidung einer syntaktischen, semantischen und pragmatischen Dimension in Texte hilfreich, auch wenn sie sich nicht konsequent durchführen läßt: Ein Text ist erstens ein Gewebe aus verschiedenen Elementen, die untereinander »syntaktisch« verbunden sind. Ein Text hat zweitens eine semantische Dimension: Den Zeichenträgern des Textes (den optisch oder akustisch wahrnehmbaren physikalischen Mustern) sind Inhalte zugeordnet, die sich auf die Außenwelt beziehen. Der Text ist drittens Teil eines pragmatischen Handlungszusammenhangs: Ein Autor hat ihn für bestimmte Adressaten mit einer bestimmten Wirkabsicht formuliert.

In allen Dimensionen muß der Leser etwas »ergänzen«, damit Verstehen möglich wird. Diese Ergänzungen geschehen nicht willkürlich. Viele werden vom Text selbst gefordert – wobei diese »Forderungen des Textes« immer über soziale Konventionen und Traditionen vermittelt sind. Aber keine Konvention und Tradition ist im menschlichen Leben so determinierend, daß sie nicht Variationen zuläßt. In ihnen schlägt sich die individuelle Erfahrungsgeschichte des Lesers nieder. Hier wird er kreativ. Hier wird er zum Mit-Schöpfer des Sinns.

9. Vgl. P. Ricoeur, Philosophische und theologische Hermeneutik, 24ff.

Eine Offenheit hat der Text in seiner syntaktischen Dimension. Seine Gliederung ist selten ohne Entscheidungen durchführbar, erst recht nicht seine Einordnung in umfassende Schriften. Immer gibt es mehrere Möglichkeiten der Einteilung. Dasselbe gilt für die Auswahl von zentralen Stellen: Auch wenn der vorgegebene Text derselbe ist, so heben wir doch aufgrund unserer Aufmerksamkeitssteuerung verschiedene Abschnitte als wichtig hervor. All diese Strukturierungen des Textes (in seiner syntaktischen Dimension) sind nicht unabhängig vom Inhalt des Textes. Nehmen wir als Beispiel das Gleichnis vom verlorenen Sohn. Es hat zwei »Gipfel«, zwei Pointen. Es liegt beim Leser, ob er im Gespräch zwischen verlorenem Sohn und Vater das Zentrum sieht – oder ob er im Protest des älteren Sohnes die eigentliche Pointe erblickt! Oder ob er gar in der Relation von jüngerem und älterem Sohn eine nicht zu Ende geführte (latente) »Pointe« sieht!

In der semantischen Dimension ist jeder Text schon bei ganz Elementarem mehr oder weniger offen. Gegeben sind uns nur die physikalischen Zeichenträger. Jede Zuordnung eines Inhaltes zu ihnen, jede Verbindung von Signifikant und Signifikat wird aufgrund sprachlicher und kultureller Normen vom Hörer und Leser vollzogen. Texte lassen hier vieles offen. M. Leiner hat auf drei elementare Ergänzungen hingewiesen, die wir beim Lesen machen.[10] Wir visualisieren: Wir stellen uns vage das »erste Gewand« vor, das der verlorene Sohn nach seiner Rückkehr erhält. Vorher haben wir das Bild einer zerlumpten Gestalt vor Augen, obwohl der Text davon nichts sagt! Ferner »historisieren« wir bei erzählenden Texten, wir ergänzen Handlungsabläufe und Vorgänge, die nicht explizit im Text enthalten sind. Im Gleichnis vom verlorenen Sohn bleibt bewußt der Ausgang offen. Schließlich »psychologisieren« wir, d.h. wir legen den beteiligten Personen Motive und Gefühle zu – vielleicht sehr diffus und unklar, aber wir können nicht darauf verzichten. Es geschieht unwillkürlich. So macht es einen Unterschied, ob wir den jüngeren Sohn in ein zügelloses Leben aufbrechen sehen – oder in eine Freiheit, angesichts derer er versagt! Der Text sagt nichts über seine Motive. Er hat hier eine Leerstelle. Schließlich ist das Ganze ein Gleichnis. Bildhafte Texte fordern die Deutungsaktivität des Lesers besonders heraus. Der wörtliche Sinn des Textes ist von sprachlichen und kulturellen Normen noch relativ eindeutig vorgegeben. Der übertragene Sinn ist dagegen mehrdeutig, basiert auf einer semantischen Störung, einer dosierten Abweichung vom konventio-

10. M. Leiner, Grundfragen einer textpsychologischen Exegese des Neuen Testaments, Diss. theol. Heidelberg 1993, 3ff (erscheint ca. 1995).

nellen Sprachgebrauch. Es ist offen, was diese Abweichung sagen will; ihr Sinn muß noch gefunden werden. Symbole und Metaphern sind Impulse für den Leser, selbst herauszufinden, inwiefern das Bild mit der gemeinten Sache Übereinstimmungen hat. Inwiefern ist Gott ein Vater? Inwiefern ist er es nicht? Bilder und Symbole geben zu denken, sie nehmen dem Leser das Denken nicht ab. Darum sind sie für menschliches Leben so wertvoll.

In der pragmatischen Dimension ist es ganz unübersehbar, wie sehr wir durch interpretierende Aktivität ergänzen müssen, um verstehen zu können. Die Texte der Vergangenheit liegen uns heute in de-kontextualisierter Form vor. Der Autor ist für uns so wenig zugänglich wie die ersten Hörer. Oft wissen wir nicht einmal genau, wo und wann ein Text geschrieben wurde: Entstand das MkEv z.B. mitten im Zentrum römischer Macht, in der Hauptstadt Rom? Oder irgendwo abgelegen in der syrischen Provinz? Bis heute können wir es nicht entscheiden. Historisch-kritische Forschung besteht zu einem guten Teil darin, die im Traditionsprozeß dekontextualisierten Texte wieder zu re-kontextualisieren, d.h. Autor, Situation, Adressaten, Vorstellungen des Autors und Erwartungen der Rezipienten zu rekonstruieren. Zu dieser historischen Re-kontextualisierung aber tritt eine aktuelle Re-kontextualisierung beim Lesen: Der jetzt vorliegende Text hat Auswirkungen auf den Leser. Bei Erzählungen wird er sich immer (probeweise) mit verschiedenen Gestalten identifizieren.[11] Ob und wie er es tut, ist sein Leseverhalten. Die Texte sind hier oft offen: Sollen wir uns etwa im Gleichnis vom verlorenen Sohn mit dem Heimkehrer identifizieren? Oder mit dem Zu-Hause-Gebliebenen? Oder gar mit dem Vater, der sich gegenüber dem »Versager« fast anstößig verhält: Anstatt ihn aufzunehmen und ihm eine Chance zu geben, ehrt er ihn in einer unbegreiflichen Weise!

Bibeltexte sind offene Texte. Und anstatt darüber zu klagen, daß die Exegeten keine eindeutigen Lesarten liefern, sondern immer wieder neue Lesarten vorschlagen, sollte man darüber froh sein: Ein religiöser Text ist um so wertvoller, je größer sein Sinnpotential ist. Die Predigt lebt von der Sinnfülle biblischer Texte. Es ist daher unfair, sich über die Hypothesenhalden zu beschweren, die wir Exegeten über die Texte ausbreiten. Diese Hypothesenhalden sind Ausdruck der überwältigenden Sinnpotenz biblischer Texte – und sie enthalten vieles, was für Predigten wertvoll ist.

Wir können daher vorläufig dies Fazit ziehen: Das Faktum des offenen Textes läßt sich nicht leugnen, wobei die Texte in verschiedenem Maße

11. Vgl. M. Leiner, Grundfragen, 219ff.

»offen« sind: Ein religiöser und poetischer Text ist offener als eine Gebrauchsanweisung. Für religiöse Texte gilt: Die Suche nach der una sancta interpretatio ist vorbei. Man kann auf diese Situation verschieden reagieren. Postmoderne Hermeneutiken deuten die Loslösung der Interpretation von einem bestimmten vorgegebenen Sinn als Befreiung; am Ende ist dann alles gleich gültig – und wird gleichgültig. Die den Geisteswissenschaften implizite traditionelle Hermeneutik weigert sich oft, die Offenheit des Textes auf dessen Struktur zurückzuführen: Für sie ergibt sich das Phänomen des »offenen Textes« aus unserem unzulänglichen Wissen und unseren unvollkommenen Methoden. Von da her resultiert ein starker Impuls, neue Methoden und Verfahren zu entwickeln, um Beliebigkeit und Gleichgültigkeit zu reduzieren. Je nach philosophischer Tradition und wissenschaftsethischer Grundhaltung werden die Antworten also verschieden ausfallen. Die postmoderne Hermeneutik interpretatorischer Freiheit erzieht zur Toleranz, die traditionelle Hermeneutik motiviert zu immer weiter differenzierten Methoden des Erkenntnisgewinns. Beide haben ein Wahrheitsmoment.

Meine eigenen hermeneutischen Grundsätze sind zwischen diesen Polen angesiedelt. Sie lassen sich einer »analytischen Hermeneutik« zuordnen, wie sie M. Leiner als mögliche Grundlage einer textpsychologischen Exegese skizziert hat.[12] Dabei begnüge ich mich mit einer kurzen Skizze in Form von fünf Thesen:

1. Zum Verhältnis von Entdecken und Schaffen von Sinn beim Verstehen: Jedes Verstehen enthält ein konstruktives Element. Um zu verstehen, müssen wir in den gegebenen Text immer Nicht-gegebenes hineinlegen. Wir müssen ergänzen. Ohne solche »Inferenzen«, d.h. in den Text hineingelegte Zusammenhänge und Informationen, verstehen wir nichts. Daher ist eine Pluralität von Interpretationen, Methoden und Zugangsweisen unvermeidlich. Denn die vom Text geforderten Inferenzen sind nicht eindeutig bestimmbar.

2. Zum Verhältnis von Verstehen und Überprüfen: Keine Interpretation läßt sich »induktiv« aus dem Text ableiten, wohl aber läßt sich jede Interpretation am Text überprüfen. Mag es meist mehrere zulässige Interpretationen geben, so gibt es doch auch unzulässige Interpretationen, die man durch Konfrontation mit dem Text begründet zurückweisen kann. Interpretationen lassen sich also manchmal eindeutig falsifizieren, sind aber immer nur approximativ verifizierbar – ohne dabei alternative Interpretationen ausschließen zu können.

12. M. Leiner, Grundfragen, 130-152.

3. Zum Verhältnis von individualisierendem Verstehen und generalisierendem Erklären:[13] Verstehen richtet sich nach individuellen Sachverhalten, die nur annäherungsweise in allgemeinen Begriffen erfaßt werden können. Aber dies Verstehen ist auf Erklären angewiesen, d.h. auf die Kenntnisse der allgemeinen Regeln und Normen, die in der Kultur galten, in der der Text entstanden ist. Dies Regelwissen, also das Wissen um ethische, religiöse und literarische Normen, ist ein Wissen von allgemeinen Zusammenhängen und Normen. Im Unterschied zum Gesetzeswissen der Naturwissenschaften bezieht es sich im geschichtlichen Bereich auf einen begrenzten Geschichtsabschnitt. Vor allem werden Normen in der Geschichte nicht automatisch realisiert: Es gibt keine kulturelle Norm ohne die Möglichkeit, sie zu brechen oder zu unterlaufen.

4. Zum Verhältnis von Verstehen und Applikation:[14] Entgegen der vorherrschenden Meinung der existenzialen wie der wirkungsgeschichtlichen Hermeneutik vollendet sich Verstehen nicht in identifikatorischem Einverständnis. Wir können Texte verstehen, mit denen wir aufgrund unserer Überzeugungen und Werte nicht einverstanden sind. Wir können uns in Menschen hineinversetzen, die von anderen Axiomen als wir motiviert werden – bis zu dem Punkt, daß wir sagen: Wir hätten auch so sprechen und denken können, wenn wir ihre Welt teilten. Mit all dem machen wir uns fremde Werturteile und Überzeugungen noch nicht zu eigen. Die Kultur des Verstehens beginnt vielmehr dort, wo wir verstehen, ohne einverstanden zu sein, und wo wir das, mit dem wir einverstanden sind, auch von außen betrachten können – aus der Perspektive eines anderen. Daher gilt: Methodisches Verstehen ist applikationsfern und identitätsoffen. Methodisches Verstehen soll z.B. den Bibeltext zugänglich machen – unabhängig davon, ob jemand Christ oder Nichtchrist ist, und unabhängig davon, ob er sich die Gehalte der Bibel für seine Lebensführung aneignen will oder nicht.

5. Zum Verhältnis von Verstehen und Werten:[15] Texte haben potentiell eine transformierende Macht. Sie können Menschen verändern. Daher sind wir verpflichtet, eine Ethik des Umgangs mit Texten zu entwickeln. Wenn Texte solch große Macht über menschliches Leben gewinnen können, dann sollten wir nicht allen Texten diese Macht über uns einräumen.

13. Hier folge ich K. Hübner, Kritik der wissenschaftlichen Vernunft, Freiburg/München 1978 ^{3}1986, 404ff.
14. Mit K. Berger, Hermeneutik des Neuen Testaments, Gütersloh 1988, 108ff plädiere ich für eine Unterscheidung von Exegese und Applikation.
15. Hier folge ich W.G. Jeanroud, Text und Interpretation, 66ff und 119ff; ders., Theological Hermeneutics, 116ff.

Das Kriterium ist an einem Punkte eindeutig: Wo Texte Leid geschaffen haben, müssen wir ihre Wirkung unterbrechen. Wir können solche Texte zwar verstehen und verständlich machen – aber wir sollten ihnen widersprechen, wenn sie Einfluß auf das Leben nehmen wollen.

B. Die Vielfalt der Zugangsweisen als Entfaltung des offenen Textes

Aus der Einsicht, daß die Bibel ein »offener Text« ist, folgt die Legitimität eines pluralistischen Zugangs zur Bibel.[16] Ihr Sinnpotential kann nur durch eine Vielfalt von Zugangsweisen entfaltet werden. Trotzdem sind Interpretationen nicht beliebig. Einerseits müssen sie sich am Text überprüfen lassen und können als unbegründet zurückgewiesen werden. Andererseits haben sich innerhalb der verschiedenen Zugangsweisen methodische Verfahren entwickelt, die ein willkürliches Vorgehen einschränken. In ihnen schlagen sich längere Erfahrungen mit Bibeltexten nieder – einschließlich schlechter Erfahrungen des unsachgemäßen Umgangs mit ihnen.

Idealtypisch vereinfacht lassen sich drei Zugangsweisen unterscheiden: die Methoden wissenschaftlicher Exegese, die engagierten Lektüreformen und die praktischen Vermittlungsformen. Diese Einteilung ist kein Zufall. Sie entspricht der Dominanz der exegetischen Kompetenzen, die in der Orthodoxie als subtilitas intelligendi, applicandi und explicandi unterschieden wurden. Und sie entspricht den drei Beziehungen zwischen Text, Interpret und Interpretationsgemeinschaft. Das sei kurz erläutert.

Viele hermeneutische Reflexionen scheinen immer nur eine Zweierbeziehung vorauszusetzen: Verstehen und Interpretieren wird als Beziehung zwischen einem Text und seinem Interpreten gedeutet. Immer aber ist eine dritte Größe (wenigstens potentiell) präsent: die Interpretationsgemeinschaft, für die der Interpret tätig ist. In der Regel interpretiert man einen Text für andere Menschen – für eine Schulklasse, ein Universitätsseminar, eine Gemeinde, eine Volkshochschule. Die Adressaten der Interpretation müssen nicht immer anwesend sein. Wer am Schreibtisch für sich alleine ein interpretierendes Buch schreibt, hat dennoch immer einen bestimmten Leserkreis im Blick.

16. Im folgenden greife ich Gedanken auf aus: G. Theißen, Methodenkonkurrenz und hermeneutischer Konflikt. Pluralismus in Exegese und Lektüre der Bibel, in: Pluralismus und Identität. VIII. Europäischer Theologenkongreß Wien 1993.

In diesem Dreieck der Interpretationsbeziehungen werden die verschiedenen Interpretationsfähigkeiten in unerschiedlichem Maße herausgefordert. Zunächst einmal muß der Interpret selbst verstehen, was ein Text sagt. Hier ist seine subtilitas intelligendi gefordert. Sie dominiert in der unmittelbaren Beziehung zwischen Text und Interpret – obwohl sie durch das Gespräch mehrerer Menschen über den Text wesentlich gefördert wird. Wissenschaftliche Methoden dienen zunächst zur Förderung der subtilitas intelligendi. Sie wollen den Sinn eines Textes aufdecken. Die Interpretationsgemeinschaft aber interessiert sich meist weniger für die Subtilitäten des Verstehens, sie will wissen, was der Text pragmatisch für sie bedeutet: Welche Konsequenzen aus ihm zu ziehen sind, welche Auswirkungen er hat, welche Grenzen er setzt. Hier wird vor allem die subtilitas applicandi gefordert, d.h. die Kompetenz, einen Text so anzuwenden, daß aus vergangenem Sinn Motivation für gegenwärtiges Verhalten und Erleben wird. Alle engagierten Lektüreformen sind Ausdruck einer subtilitas applicandi. Der Exeget oder die Exegetin wird in ihnen als Mitglied einer Interpretationsgemeinschaft aktiv – weniger als ihr kritisches Gegenüber. Damit ist die dritte Beziehung im »Dreieck« der Interpretationsbeziehungen angesprochen: die Beziehung zwischen Interpret und Interpretationsgemeinschaft, für die er tätig wird. Hier ist vor allem die subtilitas explicandi gefordert, hier in dem Sinne einer Fähigkeit, eine erkannte Wahrheit für andere zu erklären, so daß sie tatsächlich »ankommt«. Die praktischen Vermittlungsformen (gleichgültig, ob sie mehr die Ergebnisse wissenschaftlicher Methoden oder die Impulse engagierter Lektüreformen vermitteln wollen) sind Ausdruck dieser subtilitas explicandi. Man kommt demnach zu folgendem Bild:

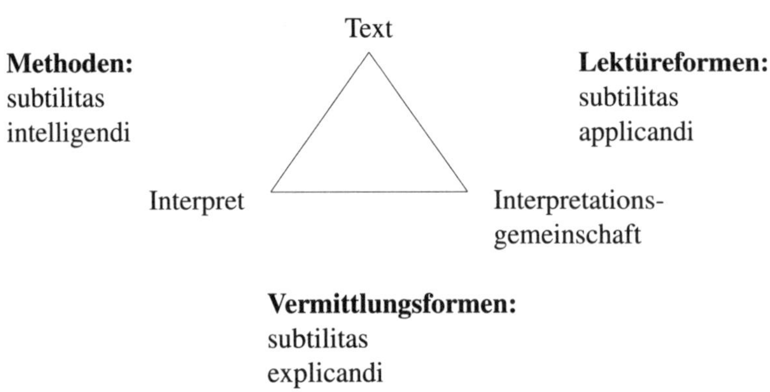

Freilich darf man dies Schema nicht pressen. Methoden dienen der sachlichen Erschließung des Textes; sind aber auch Dialogregeln für Auseinandersetzungen über Texte. Lektüreformen haben trotz ihrer applikativen Ausrichtung eine texterschließende Kraft; sie dienen auch der subtilitas intelligendi. Praktische Vermittlungsformen erläutern nicht nur, was ohne sie erkannt wurde; wo sie sich ästhetischer Gestaltungsformen bedienen, haben sie oft eine eigene sacherschließende Kraft. Sie sind ein heuristisches Reservoir für neue Erkenntnisse über die Texte und für neue Applikationsmöglichkeiten der Texte.

1. Wissenschaftliche Methoden oder: die subtilitas intelligendi

In der wissenschaftlichen Exegese wurde in den letzten 30 Jahren eine Fülle neuer Ansätze entwickelt, um biblische Texte besser zu verstehen. Zu den klassischen Methoden der Text- und Literarkritik, der Form- und Redaktionsgeschichte traten zwei Gruppen neuer Methoden: einerseits Methoden, in denen die Bibel als Text und Literatur ernst genommen wird, andererseits Methoden, in denen sie als Ausdruck und Faktor übergreifender Lebenszusammenhänge gedeutet wird: als Teil des sozialen und psychischen Lebens. Mit allen Methoden verbanden sich oft überzogene hermeneutische Hoffnungen – vor allem die Hoffnung, antike biblische Texte ihrer Vergangenheit zu entreißen und der Gegenwart nahezubringen. Schaut man näher hin, so finden wir in den meisten Ansätzen aber eine Spannung zwischen Annäherungs- und Distanzierungstendenzen, d.h. methodischen Prozeduren, die es ermöglichen, Texte in ihrem historischen Kontext zu erfassen und zu belassen, ohne sie unmittelbar in den Kontext der Gegenwart einzuordnen.

Textwissenschaftliche Ansätze sind oft von der hermeneutischen Sehnsucht des Strukturalismus geprägt, in allen Textwelten universale und gleichbleibende Strukturen zu entdecken, Strukturen, die ebenso für russische Zaubermärchen wie für den modernen Roman und für die Evangelien gelten.[17] Entweder sucht man nach fundamentalen binären Oppositionen, nach gleichbleibenden Handlungselementen (wie Test, Rettung,

17. Textwissenschaftliche Ansätze umfassen eine Fülle von methodischen Innovationen. Gemeinsam ist ihnen, daß sie alle von der Linguistik inspiriert sind. Einen wissenschaftlichen Überblick gibt K.Berger, Exegese des Neuen Testaments, 1977; eine Einführung in die exegetische Methodenlehre auf textlinguistischer Grundlage ist W. Egger, Methodenlehre zum Neuen Testament. Einführung in linguistische und historisch-kritische Methoden, Freiburg/Basel/Wien 1987 ^{3}1993. Eine strukturalistisch-semiotische Methodik für das MkEv bietet O. Davidson, The Narrative Jesus. A Semiotic Reading of Mark's Gospel, Aarhus 1993.

Katastrophe, Lösung usw.) oder wiederkehrenden Konfigurationen von Personen (z.B. Held, Opponent und Adjuvant). Entsprechend kann man einen binären, funktionalen und aktantiellen Strukturalismus unterscheiden. Hermeneutisch entscheidend ist: Trotz der inhaltlichen Distanz antiker Textwelten zu unserer modernen Lebenswelt sollen durch Rekurs auf die Tiefenstrukturen von Texten gleichbleibende oder zumindest analoge »Ordnungen« von Handlungen und Personen erschlossen werden. Jedoch muß eine von strukturalistischen Gedanken inspirierte Exegese nicht unbedingt zur Aufdeckung universaler Strukturen führen. Wertvoll wäre ja schon die Erhellung geschichtlich begrenzter Strukturen in den Texten und Überzeugungen des Neuen Testaments. Hilfreich wären schon relativ konstante Basismotive der biblischen Zeichenwelt. Diese müssen deshalb nicht als übergeschichtliche Strukturelemente verstanden werden. Im Gegenteil: Sie sind historisch geworden, werden durch kulturelle Tradition erhalten und können sich verändern. Auch die oben skizzierte Sicht des Urchristentums als einer von wenigen Basismotiven gesteuerten Zeichenwelt ist ohne den Impuls des Strukturalismus nicht vorstellbar, teilt aber nicht seine philosophischen Prämissen, d.h. die Annahme zeitloser Universalien.

Literaturwissenschaftliche Methoden[18] lassen sich von den verwandten textwissenschaftlichen Ansätzen im engeren Sinne dadurch unterscheiden, daß sie die »poetische« Qualität von Texten ernst nehmen. Zu ihnen gehören so komplexe Sachverhalte wie Fiktionalität, Bildlichkeit und Perspektivität. Bibeltexte werden hier wie literarische Werke analysiert. Solche literaturwissenschaftlichen Methoden (wie literary criticism, narrative criticism usw.) haben in einer Hinsicht einen deutlichen Vorzug vor den klassischen exegetischen Methoden: Sie untersuchen biblische Texte in ihrer Endgestalt, d.h. so wie diese Texte in der Geschichte gewirkt haben und wie sie im religiösen Leben heute noch wirken. Wer nach dem religiösen Gehalt biblischer Texte sucht, hat daher diese ganzheitlichen Zugänge oft nachdrücklich begrüßt. Das ästhetische Verhältnis zu den Texten ist dem religiösen vergleichbar – besonders dort, wo es sich um eine aufgeklärte Religiosität handelt, die in den biblischen Texten mit Fiktionalität und Dichtung rechnet. Aber auch hier gibt es in der wissenschaftlichen Auslegung eine Gegenbewegung der Distanzierung: Wir können die ganzheitliche Wirkung der Texte auf ihre Leser sowohl im Kon-

18. Vgl. E. Struthers-Malbon, Narrative Criticism: How Does the Story Mean?, in: J.C. Anderson/S.D. Moore, Mark and Method, 23-49; und R.M. Fowler, Reader-Response Criticism: Figuring Mark's Reader, ebd., 50-83.

text der Vergangenheit als auch der Gegenwart untersuchen. Beides macht einen großen Unterschied. So war für die antiken Hörer und Leser der biblische Text zweifellos keine »Dichtung«. Er war schlichte »Wahrheit«. Und die Leser antworteten auf die Texte mit elementaren Ängsten und Hoffnungen, die einer gegenwärtigen mitteleuropäischen Welt fern liegen,[19] anders als in Lateinamerika, Afrika oder Asien.

Text- und literaturwissenschaftliche Ansätze verfahren in der Regel textimmanent. Beide orientieren sich am kohärenten Text in seiner Endgestalt. Sein Werden und seine Wirkung kommen kaum in den Blick. Gerade das aber ist der Fall bei sozialgeschichtlicher und textpsychologischer Exegese. Sie gehen zwar von den Texten aus, verstehen sie aber im Zusammenhang des gesamten Lebens. Sie re-kontextualisieren den Text.

Auch in der sozialgeschichtlichen Exegese[20] ist bewußt oder unbewußt die hermeneutische Sehnsucht nach Textannäherung lebendig. Sie wurde oft weniger in der Gestalt nüchterner sozialgeschichtlicher Analysen bekannt als durch engagierte Exegesen, die in den großen religiösen Texten der Vergangenheit ein unausgeschöpftes emanzipatorisches Potential entdeckten – vorausgesetzt man liest die Texte kritisch und gegen ihren oft domestizierenden kirchlichen Gebrauch. Besonders die »sozialkerygmatische Exegese« fand in den biblischen Texten eine beeindruckende soziale Botschaft – eine Unterstützung für jedes Aufbegehren gegen Zwang und Repression.[21] Sowohl der Exodus aus Ägypten im Alten Testament wie der Aufbruch ins Reich Gottes im Neuen Testament wurden in diesem Sinne gedeutet. Aber auch hier führte die wissenschaftliche Exegese zu Distanzierungen. Von modernen Prämissen herkommend, müßten wir in einer vom Exodus geprägten Religion einen Aufschrei gegen jede Form von Sklaverei hören. Tatsache aber ist, daß Sklaverei in der Bibel wie in der ganzen Antike als selbstverständlich gilt, auch wenn sie für Israeliten auf eine vorübergehende Schuld-

19. Zum MkEv vgl. Th. Vogt, Angst und Identität im Markusevangelium. Ein textpsychologischer und sozialgeschichtlicher Beitrag, NTOA 26, Fribourg/Göttingen 1993.
20. Einen Überblick und eine Bilanz sozialgeschichtlicher Exegese bietet R. Hochschild, Geschichte der sozialgeschichtlichen Exegese. Diss. theol. Heidelberg 1993 (erscheint ca. 1995).
21. In Deutschland ist die sozial-kerygmatische Exegese in beeindruckender Weise durch L. Schottroff vertreten; vgl. dies., Befreiungserfahrungen. Studien zur Sozialgeschichte des Neuen Testaments, ThB 82, München 1990; zusammen mit W. Stegemann, Jesus von Nazareth – Hoffnung der Armen, Stuttgart 1978 ²1981. Vgl. ferner L. Schottroff/W. Stegemann (Hg.), Der Gott der kleinen Leute. Sozialgeschichtliche Auslegungen. 2 Bde, München/Gelnhausen 1979.

knechtschaft beschränkt und im Raum der christlichen Gemeinde grundsätzlich aufgehoben sein sollte (Gal 3,28).

Am wenigsten »etabliert« im Kanon der neuen wissenschaftlichen Methoden sind textpsychologische Ansätze.[22] Das ist verständlich, denn hier liegen nur wenige überzeugende Versuche vor. Und auch hier schlug zunächst einmal die hermeneutische Sehnsucht nach Annäherung an die Texte durch. Charakteristisch für sie ist die archetypische Exegese (E. Drewermann).[23] Alle biblischen Texte erscheinen in ihr als eine zeitlose Bildersprache Gottes und des Unbewußten, in denen das große Drama des menschlichen Selbst auf dem Weg zu seiner Ganzheit dargestellt wird. Der Exodus aus Ägypten wird zum Exodus aus neurotischen Zwängen! Wieder finden wir (wie im Strukturalismus) den Rückgriff auf zeitlose und universale Strukturen – diesmal nicht auf Strukturen der Texte, sondern auf »Archetypen«, d.h. Tiefenstrukturen menschlichen Verhaltens und Erlebens, die in den Bildern von Träumen, Mythen und Märchen begegnen. Aber auch hier führte die wissenschaftliche Rezeption psychologischer Fragestellungen zu neuen Distanzierungen. Es ist kein Zufall, daß einer der interessantesten Beiträge zur psychologischen Exegese unter dem Titel »Historische Psychologie des Neuen Testaments« erschien (K. Berger), und zwar mit dem Programm, zu zeigen, daß das Verhalten und Erleben der Menschen in der Antike anders war als modernes Erleben und Verhalten – und es sich dem Zugriff moderner psychologischer Methoden und Theorien entzieht.

Vergleicht man die beiden Gruppen neuer wissenschaftlicher Ansätze, so wird in der gegenwärtigen Diskussion der literaturwissenschaftliche

22. Vgl. G. Theißen, Psychologische Aspekte paulinischer Theologie, FRLANT 131, Göttingen 1983, ²1993; K. Berger, Historische Psychologie des Neuen Testaments, SBS 146/7, Stuttgart 1991; A. Bucher, Bibel-Psychologie. Psychologische Zugänge zu den biblischen Texten, Stuttgart/Berlin/Köln 1992. Grundlegend M. Leiner, Grundfragen einer textpsychologischen Exegese des Neuen Testaments, 1993 (s.o. Anm.10). Eine textpsychologische Auslegung in dem hier skizzierten Sinne bietet Th. Vogt, Angst und Identität im Markusevangelium, 1993 (s.o. Anm.19).

23. E. Drewermann, Tiefenpsychologie und Exegese, Bd.1/2, Olten 1984/85. Kritisch zu seinem Programm u.a. G. Lüdemann, Texte und Träume. Ein Gang durch das Markusevangelium in Auseinandersetzung mit Eugen Drewermann, Bensheimer Hefte 71, Göttingen 1992 und H. Raguse, Psychoanalyse und biblische Interpretation. Eine Auseinandersetzung mit Eugen Drewermanns Auslegung der Johannes-Apokalypse, Stuttgart/Berlin/Köln 1993. Eine alternative psychoanalytische Methodik bietet T. Callan, Psychological Perspectives on the Life of Paul. An Application of the Methodology of Gerd Theissen, Lewiston/Queenston/Lampeter 1990.

Ansatz oft als theologienäher erlebt. Einer dieser Ansätze nennt sich sogar »canonical approach«! Umgekehrt werden die sozialgeschichtlichen Forschungen oft als Fortsetzung historischer Fragestellung erlebt – als eine Lektüre der biblischen Texte »von unten«, die sich zu ihrer kerygmatischen Lektüre »von oben« spröde verhält. Der Schein trügt: Beide Ansätze können sich mit theologischem Engagement verbinden; beide können sich ihm gegenüber spröde verhalten. Wer biblische Texte ästhetisch genießt, kann ihren religiösen Gehalt genauso neutralisieren wie ein Atheist, der die Kantaten Bachs als Ausdruck menschlicher Emotionalität genießt. Gegenüber ästhetischer Distanzierung sind die real- und sozialgeschichtlichen Arbeiten zur Bibel eine unverzichtbare Erinnerung daran, daß diese Texte in einem Lebenszusammenhang stehen, daß in ihnen Leid und Schicksal, Konflikt und Hoffnungslosigkeit religiös bewältigt werden. Beide Methodengruppen können in beide Richtungen wirken: distanzierend und textannähernd.

Dennoch ist der Eindruck nicht ganz falsch: Soziologische und psychologische Ansätze können in einer schroffen Weise in Konflikt mit dem Selbstverständnis religiöser Texte treten, wie das bei textimmanenten und literarischen Ansätze kaum vorstellbar ist.[24] Sie bieten nicht nur eine Interpretation von Texten, sondern vor allem eine Interpretation der in diesen Texten zum Ausdruck kommenden Religion. In ihren klassischen Theorien (bei K. Marx und S. Freud) ist ein religionskritischer Impuls lebendig, der heute zum Alltagswissen gebildeter Menschen gehört. Kurz: Diese Ansätze »von unten« führen die Exegese in einen »hermeneutischen Konflikt«. Sind sie deshalb für die Predigtvorbereitung weniger wertvoll? Sollen sich Predigerinnen und Prediger mehr an literarische Interpretationen des Textes als einer eigenen Sinnwelt halten – weil sie religiösem Selbstverständnis mehr entsprechen? Darauf möchte ich mit einem klaren »Nein« antworten. Die religionskritische Distanzierung von den Basistexten unserer Religion (aber auch den Texten anderer Religionen) ist heute ein konstitutives Moment des Verstehens von Religion geworden: »Einverständnis« mit den Texten, das über ein Verstehen hinausgeht, ist immer Überwindung oder Ablehnung eines Widerspruchs zu den Texten. Es ist ein »Ja« nach einem »Nein« oder trotz eines »Neins«. Der Prediger,

24. Das große Thema der Hermeneutik P. Ricoeurs ist der Konflikt der Interpretationen; vgl. ders., Hermeneutik und Strukturalismus: Der Konflikt der Interpretationen I, München 1973; Hermeneutik und Psychoanalyse: Der Konflikt der Interpretationen II, München 1974. Er diskutiert diesen Konflikt der Interpretation vor allem anhand der Psychoanalyse in ders., Die Interpretation: Ein Versuch über Freud, Frankfurt 1974.

der im Umgang mit den biblischen Texten selbst die Macht dieses religionskritischen Neins erfahren hat, kann auch das postkritische »Ja« zu ihnen überzeugend formulieren. Er durchläuft stellvertretend für die Gemeinde die Distanzierung im religionskritischen Widerspruch bis hin zum postkritischen neuen Einverständis. Er erfährt in seiner intellektuellen Arbeit das, was halbbewußt viele seiner Predigthörerinnen und -hörer bewegt: Wer dem hermeneutischen Konflikt ausweicht, weicht der Gegenwart aus![25]

Natürlich sind sozialwissenschaftliche Ansätze auch unabhängig von ihrer »religionskritischen Brisanz« für die Predigt wichtig. Denn die Religionskritik gehört nicht notwendig zur Methodik solcher Ansätze, sondern zur Philosophie einiger ihrer Vertreter; und diese Philosophie muß man mit den von ihr inspirierten Methoden nicht übernehmen.[26] Oft sogar wird die Religionskritik erst da virulent, wo es nicht nur um Theorien und Interpretationen geht, sondern um Praxis: um soziale Zielvorstellungen (oder Utopien) und persönliche Lebensentwürfe, wie sie zweifellos in den psychotherapeutischen Schulen unseres Jahrhunderts enthalten sind. Kurz, Religionskritik wird virulent, wo aus Wissenschaft ein engagiertes Wissen wird – sei es in den Sozialwissenschaften, sei es in der Exegese.

2. Engagierte Lektüreformen oder: die subtilitas applicandi

Wir haben gesehen: Wissenschaftliche Methoden können beides bewirken, Annäherung und Distanzierung vom Text. Sofern sie textannähernde Wirkung haben, können sie sich mit engagierten Lektüreformen verbinden. Letztere unterscheiden sich dennoch von wissenschaftlichen Methoden. Bei engagierten Lektüreformen ist die Annäherung an den Text Programm. Sie wollen weder applikationsfern noch identitätsoffen sein, ihr

25. Hier ist nicht der Ort, um soziologische und psychologische Religionskritik zu diskutieren. Ich darf auf meinen Versuch hinweisen: Argumente für einen kritischen Glauben oder: Was hält der Religionskritik stand? TEH 202, München 1978 ³1988.

26. M. Leiner, Grundfragen einer textpsychologischen Exegese 1993 (s.o. Anm. 10) zeigt, S. 86ff, 153ff, daß den Tendenzen in der Psychologie, die für deren theologische Rezeption problematisch sind, in der Psychologie selbst widersprochen wird, nämlich: »1. dem Psychologismus, sofern er den umfassenden Anspruch einer Einzelwissenschaft bedeutet und den Geltungsanspruch von Erkenntis zu destruieren beansprucht, 2. dem Determinismus, sofern er die Freiheit des Menschen ablehnt, 3. dem Objektivismus, sofern er die Unverfügbarkeit und sprachliche Nichteinholbarkeit des individuellen und subjektiven Erlebens leugnet, 4. dem Dualismus, sofern er die Einheit des Menschen ablehnt, und 5. dem Übersehen der Geschichtlichkeit von Erleben und Verhalten.« (S.87)

Ziel ist es, biblische Texte für das gegenwärtige soziale und individuelle Leben fruchtbar zu machen und christliche Identität zu ermöglichen. Charakteristisch ist, daß sie potentiell alle in kritischer Distanz zu wissenschaftlichen Methoden stehen, weil sie deren distanzierende und »objektivierende« Wirkung ablehnen. Sie sind eine Quelle notwendiger Wissenschaftskritik.

Auch bei den engagierten Lektüreformen lassen sich zwei Gruppen unterscheiden. Einige sind vom Prinzip Hoffnung bestimmt: Sie suchen in der Bibel einen Verbündeten für eine befreiende Praxis. Andere sind vom Prinzip Glauben bestimmt. Hier wird in der Bibel die Basis des (rechten) Glaubens gesucht. Dieser Glauben muß nicht unbedingt der traditionelle christliche Glauben sein wie in der evangelikalen Bibellektüre. Es kann auch eine moderne Gestalt des Glaubens sein: Auch die existenziale Interpretation und ihre kerygmatheologische Deutung der Bibel sind m.E. engagierte Lektüreformen.

a) Bibellektüre im Lichte der Hoffnung

Die wichtigsten Lektüreformen entsprechen den drei in Gal 3,28 genannten polaren Gruppen: Juden und Griechen (d.h. Heiden), Freie und Sklaven, Mann und Frau. Der Unterschied von Juden und Heiden wird in der jüdisch-christlichen Bibellektüre thematisiert,[27] der Unterschied zwischen Freien und Sklaven in der befreiungstheologischen und sozialkerygmatischen Lektüreform,[28] der Unterschied zwischen Mann und Frau in der feministischen Bibellektüre.[29]

27. Zur jüdisch-christlichen Bibellektüre vgl. die seit 1986 erscheinende Zeitschrift: Kirche und Israel, Neukirchener Theologische Zeitschrift. Ferner als zusammenfassende Arbeiten F. Mußner, Traktat über die Juden, München 1979 und P.v.d. Osten-Sacken, Grundzüge einer Theologie im christlich-jüdischen Gespräch, München 1982.
28. Über die oben in Anm. 21 genannten Vertreter einer sozial-kerygmatischen Exegese in Deutschland ist hier die in romanischen Ländern entstandene »materialistische Exegese« und die »lateinamerikanische Exegese« zu nennen. Vgl. zu ihnen (mit Literatur) H.K. Berg, Ein Wort wie Feuer, 1991 (s.o. Anm. 5), 227-249; 273-300. Hinzu kommt die koreanische Minjung-Theologie, wie sie exegetisch von B.-M. Ahn vertreten wird; vgl. ders., Jesus und das Minjung im Markusevangelium, und: Das Subjekt der Geschichte im Markusevangelium, beides in: J. Moltmann (Hg.), Minjung. Theologie des Volkes Gottes in Südkorea, Neukirchen-Vluyn 1984, 110-132; 134-169.
29. Vgl. H.K. Berg, Ein Wort wie Feuer, 1991 (s.o. Anm. 5), 250-272. Ein zusammenfassendes Werk ist E. Schüssler-Fiorenza, Zu ihrem Gedächtnis. Eine feministisch-theologische Rekonstruktion der christlichen Ursprünge, München/Mainz 1988 (engl. 1983). Als eine m.E. überzeugende Einzelarbeit sei genannt: M. Fan-

Immer geht es dabei um Befreiung: Befreiung von den verhängnisvollen Traditionen des Antijudaismus, des Imperialismus, des Patriarchalismus. Hinter diesen Lektüreformen steht das Prinzip Hoffnung. Manche treten mit einer Art hermeneutischem Messianismus auf. Sie verheißen Erlösung mit der Bibel, aber auch Erlösung der Bibel aus der Hand der jeweiligen Gegner.

Die drei genannten Lektüreformen sind für die Entwicklung der Bibelhermeneutik nach dem Auslaufen der Entmythologisierungsdebatte charakteristisch. In der Entmythologisierungsdebatte ging es um die Interpretation antiker Vorstellungen für die Moderne: Glauben und Verstehen war das große Thema dieser Zeit. In den neuen Lektüreformen geht es um die Kritik biblischer Normen und Werte: Glauben und Verhalten ist das entscheidende Thema. Und das ist ein wichtiger Unterschied: Ob man den Philipperhymnus mit seinem poetischen Christusmythos wörtlich versteht oder nicht, berührt nicht unsere moralische Integrität. Wohl aber wird sie tangiert, wenn man sich in Traditionen vorfindet, von denen eine Spur bis nach Auschwitz führt. Das kann niemanden ruhig schlafen lassen. Daher werden die Debatten bei den engagierten Lektüreformen mit großem, moralischem Engagement geführt, oft sind sie moralisch überladen.

Wissenschaftliche Exegese verhält sich meist spröde gegenüber diesen Lektüreformen. Aber sie macht es sich zu einfach, wenn sie meint, die Bibel werde in ihnen nur instrumentalisiert und umfunktioniert.

Die Werte, von denen die verschiedenen Lektüreformen bestimmt sind, haben oft eine Wurzel in der Bibel: In ihr ist Gott tatsächlich Israel zugewandt; er ergreift oft die Partei der Armen. Frauen treten in ihr erstaunlich frei auf. Kein Zweifel: Manches sympathische soziale Engagement kann Teile der Bibel als Bundesgenossen für sich beanspruchen.

Ferner kommt die identitätsbegründende Funktion der engagierten Lektüreformen der ursprünglichen Funktion biblischer Texte nahe: Auch sie wollten ins Leben wirken, in Grenzsituationen stützen, Hoffnung geben und Not überwinden. Man spürt oft mehr vom Geist der Bibel in den engagierten Lektüreformen als in vielen wissenschaftlichen Exegesen.

b) Bibellektüre im Lichte des Glaubens

Die Kritik der akademischen Exegese an den engagierten Lektüreformen ist auch deshalb ungerecht, weil die etablierte Exegese selbst ein corpus

der, Die Stellung der Frau im Markusevangelium. Unter besonderer Berücksichtigung kultur- und religionsgeschichtlicher Hintergründe, MThA 8, Altenberge 1989.

mixtum aus wissenschaftlicher Exegese und einer speziellen engagierten Lektüreform ist. Sie ist eine fast zur Selbstverständlichkeit gewordene Koalition von kerygmatheologischer Lektüre mit wissenschaftlicher Methodik – eine Verbindung, die jahrzehntelang sehr fruchtbar war. Diese Verbindung ist aber keineswegs selbstverständlich. Sie ist geschichtlich geworden. Zu erinnern ist daran, daß die kerygmatheologische Lektüre am Anfang der dialektischen Theologie als Absage an wissenschaftliche Methodik erlebt wurde.[30] Ursprünglich trat sie genauso als Protestexegese auf wie die heutige judentumsnahe, sozialkerygmatische und feministische Exegese.

Die kerygmatheologische Lektüre der Bibel, wie sie seit Karl Barths Römerbriefkommentar eine Renaissance erlebte, war eine Absage an den Historismus der liberalen Theologie. Diese hatte sich damit begnügt, historisch darzustellen, was die biblischen Autoren gedacht haben und von welchen Voraussetzungen sie dabei bestimmt waren. In ihren Äußerungen gingen sie darüber hinaus. Wenigstens ist man immer wieder erstaunt, bei liberalen Theologen auf engagierte theologische Aussagen zu stoßen, die gar nicht zu ihrem angeblichen Historismus passen. Dennoch besteht kein Zweifel: Im Zentrum des Interesses stand der Bibeltext als Ausdruck menschlichen Glaubens. Die kerygmatheologische Lektüre aber wollte von diesem Text vordringen zur Sache, auf den dieser Glaube gerichtet ist. Sie interessierte nicht primär, was Paulus einst über Gott gedacht hat, sondern was man heute mit Paulus über Gott denken soll. Oder genauer: Was Gott durch die paulinischen Briefe dem Menschen heute zu sagen hat.

Dieser kerygmatheologische Ansatz ging mit der Formgeschichte ein festes Bündnis ein. In diesem Bündnis wurzelt die Stabilität der Verbindung von kerygmatheologischer Lektüreform und wissenschaftlicher Methodik. Die Formgeschichte lehrte nämlich in der von M. Dibelius vertretenen Variante, daß die neutestamentlichen Texte durch ein Predigtinteresse des Urchristentums geformt sind: Sie wollen Gottes endzeitliches Heil verkündigen.[31] Wer sie heute erneut im Hinblick auf ihren Verkündigungsgehalt liest und in ihnen nach der Botschaft Gottes sucht, entspricht demnach einer mit profanen Methoden feststellbaren Intention der Texte selbst.

30. Vgl. A. v. Harnack, Fünfzehn Fragen an die Verächter der wissenschaftlichen Theologie unter den Theologen, ChW 37 (1923) Sp. 6-8 und Karl Barths Antwort in: K. Barth, Theologische Fragen und Antworten, Ges. Vorträge Bd. III, Zürich 1957 ^{2}1986, 7-31.

31. Vgl. M. Dibelius, Die Formgeschichte des Evangeliums. Tübingen 1919 ^{2}1933, 8-34.

Kerygma und literarische Form gingen somit eine enge Symbiose im Neuen Testament ein. Dagegen spürte man um so mehr die Spannung zwischen Kerygma und mythischen Aussagen in diesen Texten. Diese Spannung führte zum Entmythologisierungsprogramm R. Bultmanns: Sollen nämlich die Texte (entsprechend ihrer ursprünglichen kerygmatischen Absicht) auch heute lebendiges Kerygma werden, so muß dies Kerygma von seiner zeitbedingten mythischen Ausdrucksform unterschieden werden.[32]

Die kerygmatheologische Exegese ist m.E. eindeutig eine engagierte Lektüreform. Sie ist nicht applikationsfern, sondern zielt auf Applikation. Sie will zeigen: tua res agitur. Sie ist nicht identitätsoffen, sondern zielt auf christliche Identität. Sie will den Menschen verwandeln, so daß er von einem uneigentlichen Leben zu einem wahren Leben gelangt.

Man müßte hier noch weitere engagierte Lektüreformen nennen. Auch die fundamentalistische und die evangelikale Lektüre[33] gehören hierhin, so merkwürdig es scheinen mag, sie neben Bultmanns existenzialer Interpretation zu nennen: Hier wie dort geht es um Bibellektüre im Dienste des Glaubens. Dort im Dienste eines modernen Glaubens, der sich in der Gegenwart verständlich machen will, indem er eine kritische Hermeneutik entwickelt. Hier im Dienste eines von der Moderne verängstigten Glaubens, der sich gegen die Anfechtungen säkularen Denkens defensiv absichert.

c) Bibellektüre im Licht der Liebe?

Aber – so wird man fragen: Gibt es überhaupt interessefreie Exegese? Gibt es eine Alternative zu einer engagierten Lektüre? Ist nicht jeder Umgang mit der Bibel in irgendeiner Weise engagiert – auch die akademische Exegese, wie soeben am Beispiel der existenzialen Interpretation gezeigt wurde?

Die Frage ist berechtigt! Aber ich möchte der naheliegenden Resignation widersprechen, Wissenschaft könne nicht zu verläßlichen Resultaten kommen, weil wir immer von Interessen und Prämissen gesteuert werden. Dabei wird unsere Chance verkannt, uns gegenüber unseren Interessen und Prämissen zu emanzipieren. Diese Chance basiert auf vier Fakto-

32. Vgl. R. Bultmann, Neues Testament und Mythologie (1941) = BEvTh 96, München 1988.
33. Beide Ansätze werden mit Recht unterschieden und in ein Gespräch mit anderen Ansätzen gebracht bei U. Luz (Hg.), Zankapfel Bibel. Eine Bibel – viele Zugänge, Zürich 1992.

ren: 1. auf der methodischen Disziplin der Wissenschaft, 2. auf hermeneutischer Reflexion, in der wir uns unsere Interessen bewußt machen, 3. auf gegenseitiger Kritik in der wissenschaftlichen Gemeinschaft: Wo man selbst einen ideologischen blinden Fleck hat, hat Kollege XY ein waches Auge! Schließlich ist 4. die Forschungsgeschichte zu nennen, die unsere Resultate mit Ergebnissen vermittelt, die unter ganz anderen geschichtlichen Konstellationen gewonnen wurden. Kein Exeget entrinnt deshalb seiner Endlichkeit. Keiner kann völlig frei von seinen Interessen und Prämissen werden. Der Strom der Geschichte treibt uns alle dahin. Aber Wissenschaft ermöglicht es, daß wir aus Schwimmern, die von der Gewalt des Stromes mitgerissen werden, zu Seglern werden, die auch gegen Strom und Wind kreuzen können – ohne die Dynamik des Stroms aufheben zu können.

Aber das ist nur der erste Teil einer Antwort. Der entscheidende zweite Teil lautet: Die wissenschaftliche Exegese sollte sich in einer Hinsicht selbst als eine engagierte Lektüreform verstehen. Sie sollte sich mit einer starken Kraft verbinden, die sich auch gegen vitale Interessen durchsetzen kann. Sie sollte eine Bibellektüre im Dienste der Liebe sein. Denn Liebe ist hermeneutisch dem Glauben und der Hoffnung überlegen.

Interpretiert man biblische Texte im Lichte des protestantischen Glaubens, so werden fast zwei Drittel aller neutestamentlichen Texte recht lieblos behandelt. Von den vier Evangelien gilt das Matthäusevangelium als allzu imperativisch, das Lukasevangelium als zu historisch, das Johannesevangelium als doketismusverdächtig. Die meisten nachpaulinischen Schriften werden als frühkatholisch abgewertet. Nur Paulus besteht vor dem kritischen Blick der Exegese; und auch er scheint nicht immer auf der Höhe seiner eigenen Einsichten zu sein. Überall, wo Exegese methodisch nur von einem Standpunkt des Glaubens getrieben wird, d.h. vom Zentrum eines Kerygmas oder von der »Mitte der Schrift« her, droht eine sublime Vergewaltigung der Texte. Ich möchte daher dafür plädieren, daß man die Texte des Neuen Testaments zunächst einmal in ihrer Widersprüchlichkeit liebt, ohne sie nach Kriterien des Glaubens zu bewerten.

Die Liebe ist hermeneutisch aber auch der Hoffnung überlegen: Wer auf eine bessere Welt hofft, in der das Gift des Antisemitismus überwunden ist, in der die Güter gerecht verteilt und die Lebenschancen von Männern und Frauen symmetrischer sind als jetzt, der kann mit dem Funken der Hoffnung viele Texte der Bibel in neuem Licht sehen und erhellen. Aber er steht in Gefahr, die dunklen Seiten der Bibel zu übersehen oder die Bibel nur noch im Lichte seiner Thematik zu lesen. Zur Liebe gehört die Fähigkeit, die vielen Seiten anderer Menschen einschließlich ihrer dunklen Seiten gelten zu lassen – auch ihre Vorurteile und Fehlleistungen, ohne sie deshalb zu billigen. Liebe rechnet mit der Begrenztheit und Endlichkeit ihres Gegenübers. Sie erträgt viel, ohne die Sympathie mit dem Text aufzukündigen. Sie erträgt auch die Widersprüche in den Texten und den Widerspruch des Textes gegen die eigene Existenz. Sie eifert nicht, weil Menschen vergangener Zeiten noch nicht auf der Höhe unserer Einsichten waren.

Aber wie verträgt sich solch eine Hermeneutik der Liebe zum Text mit jenem spröden Wissenschaftsethos, das Exegese als eine applikationsferne und identitätsoffene Tätigkeit definiert?

Diese spröde wissenschaftliche Exegese ist m.E. selbst Applikation eines menschlichen Grundwertes, ohne den der wissenschaftliche Exeget seine Identität verliert. Jede menschliche Äußerung verdient es, um ihrer selbst willen verstanden zu werden. Denn jeder Mensch ist nie ausschließlich Mittel, sondern immer auch Selbstzweck. Verstehen ist ein Wert in sich. Dies hermeneutische Grundaxiom gehört zu den Bedingungen eines guten Zusammenlebens. Für dies Axiom sollte sich die wissenschaftliche Exegese engagieren. Hier sollte sie selbst zur »engagierten Lektüreform« werden. Hier vertritt sie etwas Humanes, Unverzichtbares. Hier kann sie zu einer Gestalt der Liebe werden. Denn Liebe ist dic höchste Form, dem Selbstwert anderer Menschen gerecht zu werden.

Und so komme ich zu dem Schluß: Die Liebe ist dem Glauben und der Hoffnung hermeneutisch überlegen. Hätte ich allen Glauben, so daß ich auch den entferntesten Text aus seinem historischen Rahmen in den Bereich ewiger Wahrheiten versetzen könnte – und hätte keine Liebe zu den Texten, so wäre meine Exegese nichts wert! Und hätte ich alle Hoffnung, so daß ich in den sprödesten Texten die unabgegoltene Sehnsucht nach Befreiung zum Sprechen bringen könnte – und hätte keine Liebe zu den Menschen, so wäre meine Exegese nichts wert!

Für jede wissenschaftliche Exegese gilt: Unser Erkennen ist Stückwerk. Wir schauen in einen offenen Text wie in einen Spiegel. Wir gelangen immer nur zu einer Pluralität von Lesarten und Exegesen. Es gibt drei hermeneutische Grundhaltungen: Glauben, Hoffnung, Liebe. Alle drei sind legitim. Alle drei werden legitim bleiben. Die Liebe aber ist die größte unter ihnen.

3. Praktische Vermittlungsformen oder: die subtilitas explicandi

Neben wissenschaftlichen Methoden zur Förderung der subtilitas intelligendi und applikationsorientierten engagierten Lektüreformen gibt es praktische Vermittlungsformen, die vor allem subtilitas explicandi erfordern, die Fähigkeit, eine Sache jemandem nahezubringen und zu erklären. Was als allgemeine Erkenntis im kollektiven Vorrat des Wissens oder als Applikationsmöglichkeit im Text latent enthalten ist, wird erst lebendig, wenn es zum persönlichen Wissen von Menschen wird.

Diese praktischen Vermittlungsformen sind kein bloßer Anhang zu den »höheren« Zugangsweisen zur Bibel. Vielmehr haben sie oft eine befruchtende Wirkung auf Methoden und Lektüreformen. Was sich z.B. im meditativen Umgang mit der Bibel, im kreativen Nacherzählen ihrer Geschichten oder in der künstlerischen Gestaltung ihrer Gehalte erschließt, kann ein ungeheurer Impuls für neue Erkenntnisse oder die Entdeckung neuer Applikationsmöglichkeiten sein.

Und umgekehrt gilt: Keine wissenschaftliche Erkenntnis verbreitet sich ohne angemessene Vermittlungsformen. Das weiß jedes Mitglied der akademischen Welt: Wissenschaftliche Erkenntnisse müssen in bestimmter Form präsentiert werden, um zu wirken. Sie müssen in der richtigen Zeitschrift oder Reihe publiziert werden, sie müssen eine Aura von Gelehrsamkeit um sich breiten und in bedächtiger Umständlichkeit entfaltet werden: mit methodischen Vorbemerkungen, relativierenden Zwischenbemerkungen und klugen Schlußbemerkungen. Die praktischen Vermittlungsformen wissenschaftlicher Exegese sind nicht ohne Schattenseiten: Formulierungseitelkeit wird oft verwechselt mit stilistischem Gestaltungswillen, Unverständlichkeit mit Tiefsinn. Für die Kommunikation außerhalb der akademischen Welt wären solche Kommunikationsformen eine Katastrophe. Aber auch in ihr wirken sie nicht nur als Segen.

Doch das muß uns hier nicht interessieren. Denn die Interpretationsgemeinschaft des Predigers ist gewiß nicht die akademische Welt. Es ist die christliche Gemeinde – und darüber hinaus die ganze Gesellschaft. Die hier angemessenen praktischen Vermittlungsformen der Bibelexegese sind durch drei Merkmale bestimmt: Sachlich sind sie oft eine Verfremdung des biblischen Textes; sozial sind sie in unmittelbare Interaktion eingebettet; medial begegnet in ihnen die ganze Fülle ästhetischer Gestaltungsformen.

Bibelauslegung als Verfremdung – das sollte keine praktische Vermittlungsform neben anderen sein. In allen sollte ein verfremdender Effekt bemerkbar sein. Wir hatten oben gesehen: Wirkung haben Sprachereignisse dort, wo dosierte semantische Störungen auf Neues aufmerken lassen. Die Bibeltexte lösen oft einen merkwürdigen Vertrautheitseffekt aus: Jeder meint, sie schon zu kennen. Sollen sie wirklich zu einem »Sprachereignis« werden, das Menschen umgestaltet, so kann das durch Verfremdung geschehen – durch satirische Parodien, anstößige Umdichtungen, spielerische Antitexte usw. Für die Predigt sind solche verfremdenden Strategien wichtig. Wo erst einmal die Predigt überraschungsfrei und vorhersehbar abläuft, verliert sie ihre verändernde Kraft.[34]

Ebenso wie Verfremdungen in allen praktischen Vermittlungsformen vorkommen, sind die meisten dieser Vermittlungsformen an lebendige Interaktionen gebunden: Es wird über die Bibel gesprochen. Oder es wird gemeinsam über sie meditiert. Oder sie wird im Rollenspiel variiert. Es ist daher ein wenig mißverständlich, wenn sich eine bestimmte praktische Vermittlungsform »interaktionale« Bibelauslegung[35] nennt – eine Kombination von historisch-kritischer Exegese als Fremderfahrung mit einer vom Text provozierten Selbsterfahrung. Die Spannung zwischen beidem, zwischen subjektiven Projektionen in den Text hinein und »objektiven« Zumutungen vom Text her, wird für beides fruchtbar gemacht: für die Erschließung des Textes für Menschen – und die Erschließung von Menschen für die Texte. Auch dies sollte mutatis mutandis in allen praktischen Vermittlungsformen geschehen.

Die größte Mannigfaltigkeit zeigt sich bei den Medien der praktischen Vermittlungsformen. Sofern diese Medien ästhetischen Charakter haben, erhalten sie über ihren didaktischen Zweck hinaus einen Selbstwert. Ästhetisches läßt sich nicht didaktisch instrumentalisieren. Es bleibt ein Überschuß.

Literarische Vermittlungsformen entsprechen den drei Grundgattungen der Dichtung: Drama, Epik, Lyrik. Das Bibliodrama führt biblische Erzählungen in Rollenspielen auf und variiert sie in verfremdender Weise.[36] Auch hier verschränkt sich beides: Selbsterfahrung bei Übernahme einer Rolle – und Fremderfahrung der Texte, die ihre Eigendynamik nicht

34. Vgl. H.W. Dannowski, Kompendium der Predigtlehre, Gütersloh 1985, 17f. Zur Vermittlungsform der Verfremdung vgl. H.K. Berg, Ein Wort wie Feuer, 1991 (s.o. Anm. 5), 366-385. Wertvolle Anstöße dazu bei S. Berg/H.K. Berg, Biblische Texte verfremdet Bd. 1-12, Stuttgart/München 1986ff.
35. Vgl. H.K. Berg, Ein Wort wie Feuer, 1991, (s.o. Anm. 5), 167-195. Der Begriff ist insbesondere mit W. Wink, Bibelauslegung als Interaktion. Über die Grenze historisch-kritischer Methode, Urban-Tb 622, Stuttgart 1976 verbunden, einer Verbindung archetypischer-psychologischer Auslegung mit historisch-kritischer Methodik und Gruppenarbeit. Offener in der Wahl des psychologischen Ansatzes ist H. Barth/T. Schramm, Selbsterfahrung mit der Bibel. Ein Schlüssel zum Leben und Verstehen, München/Göttingen 1977. Erfreulich ist, daß hier professionelle Exegeten neue Wege der subtilitas explicandi einschlagen – mit Recht Wege, bei denen nicht nur der Text, sondern auch der Leser »ausgelegt« wird – und das in einer Gruppensituation.
36. Vgl. G.M. Martin, Bibliodrama, in: W. Langer (Hg.), Handbuch der Bibelarbeit, München 1987, 305-310.

verlieren. Narrative Exegesen[37] führen fort, was schon in der Bibel geschah: Dort liegt über allem historischen Geschehen eine Fiktionalitätsaura. Historische Ereignisse werden von einem unhistorischen Deutungsrahmen umgeben. Narrative Exegesen nutzen neue fiktionale Rahmentexte, um biblische Texte zu beleuchten und zu interpretieren. Sie rekontextualisieren die Texte in einer Weise, die nicht nur für Historiker nachvollziehbar ist, sondern auch für den, der keinen Zugang zu historisch-kritischer Arbeit hat. Religiöse Lyrik zu biblischen Themen führt dagegen in die Gegenwart: Sie beeindruckt durch ihre Authentizität. Das lyrische Ich spricht unabhängig von normativen Erwartungen religiöser Traditionen aus, was es denkt, fühlt und phantasiert.[38]

Daß andere Vermittlungsformen im religiösen Leben eine große Rolle spielen, ist bekannt: Bildende Kunst und Musik. Sie alle sind für die Predigt von großer Bedeutung. Nicht nur deshalb, weil jede Predigt in einen gottesdienstlichen Rahmen gehört, zu dem Musik und Lieder, Architektur und Bilder gehören. All diese praktischen Vermittlungsformen sind für den Prediger selbst wichtig. Sie erschließen Menschen für Texte. Und so können sie auch den Prediger für Bibeltexte erschließen. Gewiß steht dem Prediger oder der Predigerin nicht jede Vermittlungsform für die Predigtvorbereitung zur Verfügung. Entscheidend ist, daß man sich auf vielfältige Weise dem Predigttext nähert, nicht nur durch akademische Methoden, engagierte Lektüre – sondern auch durch ein meditatives Sich-Öffnen gegenüber dem Text. Wichtig ist, daß der Text in der Predigtvorbereitungszeit so tief in den Bewußtseinsstrom des Alltags eintaucht, daß ihn die Erfahrung eines ganzen Lebens und der Problemsog der Gegenwart umspült – bis einem aufgeht, wo der Text einen eigenen Interpretationssog besitzt, der den alltäglichen Bewußtseinsstrom erhellt und verändert.

C. Konsequenzen für die Gestaltung der Predigt

Predigen ist keine Herrschaftsausübung. Weder herrscht der Skopus über den Text noch der Text über die Exegese, weder herrscht die Exegese über die Predigt noch die Predigt über die Hörer. Trotzdem hat der Text einen

37. Vgl. die kurze Darstellung in: Das Buch Gottes. Elf Zugänge zur Bibel. Ein Votum des Theologischen Ausschusses der Arnoldshainer Konferenz. Neukirchen-Vluyn 1992, 120-134. Bekanntester Vertreter ist W.J. Hollenweger, Konflikt in Korinth, KT 3, München 1978. Auch mein Buch über Jesus: Der Schatten des Galiläers, 1986, gehört zur »narrativen Exegese«.

38. Vgl. S. Berg/H.K. Berg, Biblische Texte verfremdet, 1986ff.

Primat. Hören ist zwar beides: ein rezeptiver und ein kreativer Vorgang. Aber das Wort geht seiner kreativen Verwendung beim Hören voraus. Der Ausleger ist zwar Ko-Autor, aber nicht Hauptautor. Denn Auslegung ist beides: ein sinnempfangender und sinnschaffender Akt. Das Empfangen aber geht der Miterschaffung des Sinns durch den Ausleger voran. Der Primat des Textes in der Predigt und der Exegese in der Homiletik meint: Text und Auslegung machen Vorgaben, die nicht beliebig sind, sondern einen Spielraum von Möglichkeiten für aktives Hören und Lesen eröffnen. Selbsttätige Höreraktivität wird dort angeregt, wo dosierte Abweichungen vom Gewohnten und Erwarteten aufhorchen lassen. Dosierte Abweichungen aber müssen prägnant sein, sonst werden sie nicht als Abweichungen wahrgenommen. Jede Predigt muß sich daher um beides bemühen, um Prägnanz und Offenheit. Zwei Vorschläge zur Gestaltung von Prägnanz und Offenheit seien kurz skizziert: Der Primat des Textes wird sichtbar im homiletischen Kommentieren, seine Offenheit im homiletischen Variieren.

1. Homiletisches Kommentieren des Textes

Wie kann deutlich werden, daß in der Predigt der Text mit seinen offenen Möglichkeiten zum Zuge kommt? Und wie wird verhindert, daß die Predigt eine Reihe offener Möglichkeiten anbietet, von denen der Text nur eine unter anderen ist? Zunächst einmal heißt das: Der Text ist in der Predigt nicht nur Reservoir von Bildern, Gedanken und Erzählstrukturen; er ist Bezugstext der Predigt, ihr Gegenstand, ihr Thema. Die Predigt wird gut, wenn sie aus der Sprachwelt des Textes heraus spricht, aber sie spricht immer auch über den Text. Sie kommentiert.

Zweifellos: Das Kommentieren von Texten in der Predigt ist immer in Gefahr, eine wissenschaftliche Exegese zu werden. Deswegen verzichten viele Prediger darauf mit der Begründung, die Exegese sei in der Predigt vorausgesetzt, müsse deswegen in ihr nicht wiederholt werden. M.E. geht der Predigt jedoch eine intensive Form der Beziehung zur Bibel verloren, wenn man in ihr nicht mehr den Text zu kommentieren wagt. Entscheidend ist, daß man diese Kommentierung des Textes als »homiletische Kommentierung« gestaltet – und nicht als wissenschaftliche Exegese!

Worin besteht aber der Unterschied zwischen einer wissenschaftlichen und einer homiletischen Kommentierung des Textes? Die Kunst, ein gutes wissenschaftliches Buch zu schreiben, besteht u.a. darin, daß man alles zum Verstehen der Probleme Notwendige in Form von Aussagen und Argumenten mitteilt. Es ist unwichtig, ob der Autor Deutscher, Franzose oder Schweizer, ob er Mann oder Frau ist, ob er krank oder gesund war, als er das Buch schrieb. Wissenschaft ist insofern »objektivierend«, als alle Aussagen verständlich sein müssen, ohne daß man die konkrete Entstehungssituation des Textes, die Befindlichkeit des Autors, seine Ängste, Zweifel, Hoffnungen kennt. All solche Menschlichkeiten brauchen zwar nicht verschwiegen zu werden, aber sie gehören ins Vorwort. Sie sind für das Verstehen nicht konstitutiv. Wissenschaftliche Texte sind ent-kontextualisierte Texte; der Kontext des individuellen Lebens des Autors ist aus ihnen verschwunden.

Anders das homiletische Kommentieren. Hier ist es ganz entscheidend, daß alle sachlichen Argumente zum Text in einen anschaulichen Lebensvollzug eingebettet werden. Hier kann entscheidend sein, daß man etwa sagt: Dies ist mir aufgegangen, als ich auf dem Krankenbett lag! Oder: Diese Bemerkung verdanke ich einem Schüler usw.! Zu diesem Lebensvollzug gehört auch, daß homiletisches Kommentieren die Situation ernst nimmt, daß wir nie mit einer einzigen Meinung in der Wissenschaft konfrontiert werden, sondern immer mit mehreren. Der Prediger muß sich einen Reim auf sie machen, ohne über die Zeit zu verfügen, zwischen verschiedenen Meinungen wissenschaftlich abwägen zu können. Kurz: Homiletisches Kommentieren re-kontextualisiert den Predigttext im Rahmen der Gegenwart.

Die Aufforderung an ein homiletisches Kommentieren von Bibeltexten in Predigten erfüllt man z.B., wenn man alle »exegetischen Aussagen« in einen erzählerischen Rahmen stellt. Dadurch erscheinen sie als Ausdruck eines Lebensverhältnisses zur Bibel. Dabei gibt es verschiedene Möglichkeiten, einen solchen »homiletischen Kommentarrahmen« zu schaffen. Ich zähle ohne Anspruch auf Vollständigkeit einige auf:

1. Ein exegetischer Kommentarrahmen: Der Prediger erzählt, wie er selbst oder eine fiktionale Gestalt verschiedene exegetische »Schriftgelehrte« zu ihrer Meinung über den Text befragte. Er kann so verschiedene Interessen hinter den Fragen an die Schriftgelehrten erzählerisch veranschaulichen. Ebenso aber auch die Einstellungen und Voreingenommenheiten der verschiedenen »Exegeten«. Entscheidend ist, daß der exegetische Kommentierungsprozeß selbst erzählt wird.[39]

2. Ein biographischer Kommentarrahmen: Die Predigt schildert, wie sich jemand im Laufe seines Lebens auf verschiedenen Stadien mit demselben Text auseinandersetzte: Als Kind, Jugendlicher, Erwachsener, im Alter usw. Natürlich kann er dabei auch sich selbst als Beispiel wählen.

39. Vgl. Die widerspenstige Weissagung. Eine Weihnachtspredigt über Jes 7,10-16, in: Die offene Tür, 27-32.

Aber auch hier gibt eine fiktionale Gestalt oft mehr Freiheit. Wieder werden auf diese Weise exegetische Meinungen in einen Lebensvollzug eingebettet.[40]

3. Ein didaktischer Kommentarrahmen: Fast alle Prediger und Predigerinnen sind gleichzeitig Lehrer. So liegt es nahe, die Schwierigkeiten zu schildern, die man mit bestimmten Vorstellungen im Text hatte, als man sie im Religionsunterricht einführte. Antworten von Schülern können sehr erhellend sein!

Die skizzierten drei Formen eines homiletischen Kommentarrahmens haben gemeinsam, daß sie von einem direkten exegetischen Interesse erzählen (oder zumindest erzählen können). Es gibt aber noch andere Rollen und Situationen, in denen Menschen Texte zum Gegenstand ihrer Untersuchung, ihres Urteilens und ihrer Meinungsbildung machen. Die folgenden seien als Beispiele aufgeführt:

4. Ein journalistischer Kommentarrahmen: Journalisten berichten und kommentieren; und oft geht beides trotz gegenläufiger Beteuerungen ineinander über. So kann man etwa eine Weihnachtspredigt in der Weise gestalten, daß man verschiedene Zeitungen über die Geburt Jesu berichten läßt – bildungsbürgerlich, populistisch, als politische Nachricht oder im Kulturmagazin usw. Und natürlich kann man auch verschiedene Meinungskommentare zum Geschehen formulieren.

5. Ein juristischer Kommentarrahmen: Überall, wo eine Anklage formuliert werden kann, kann in der Predigt ein fiktiver Gerichtshof eingesetzt werden, um die Sache zu untersuchen. So kann man den »Prozeß« gegen Kain noch einmal aufrollen, Gutachter zum Tatgeschehen befragen und versuchen, ein Urteil zu fällen.[41] Natürlich kann solch ein Kommentarrahmen auch direkt an die Geschichte anknüpfen: Da Paulus wohl von den Römern hingerichtet worden ist, könnte man seine Aussagen in einem fiktiven Prozeß gegen ihn untersuchen usw. Jede Stelle in seinen Briefen könnte Teil einer »Anklageschrift« gegen ihn sein!

6. Ein brieflicher Kommentarrahmen: Viele neutestamentliche Predigttexte stammen aus Briefen. Die nächstliegende Reaktion auf Briefe sind Antwortschreiben. In ihnen kann man zu allem Stellung nehmen. Anstatt in der Predigt eine direkte »Exegese« vorzulegen, können wir Antwortschreiben als fiktionalen Rahmen einer indirekten Exegese wählen: Was haben

40. Vgl. Über die Veränderung von Mensch und Welt. Bibelarbeit über Mk 13,28-37; Lk 13,6-9, in: Die offene Tür, 75-86.
41. Vgl. Kain und Abel. Revision eines Mordprozesses (1Mos 4,1-16) in: Die offene Tür, 11-18.

die Galater Paulus auf seinen zornigen Brief geantwortet? Wie hätten Barnabas und Petrus auf ihn reagiert? Was hätte Jakobus zu ihm gesagt?[42]

Sicherlich gibt es noch mehr Möglichkeiten, erzählerisch einen homiletischen Rahmen für exegetische Aussagen zum Text zu schaffen. Die wenigen Beispiele mögen genügen. Ein Einwand sei kurz erörtert: Versteckt sich der Prediger nicht hinter anderen Kommentatoren, wenn er nicht selbst spricht, sondern andere zu Wort kommen läßt? Zweifellos ist das eine Gefahr (oder – in manchen brenzligen Kommunikationssituationen – auch eine Chance). Aber insgesamt gilt: Jeder Kommentar sollte authentisch sein, d.h. aus der Perspektive der kommentierenden Gestalt nachvollziehbar und sachlich einleuchtend sein. Wenn man die Gegner des Paulus zu Wort kommen läßt, sollten sie glaubhaft erscheinen: Als Christen, die genauso ernsthaft Christen sein wollten wie Paulus selbst. Sie sollten ein sachlich notwendiges Anliegen vertreten. Der Predigthörer wird dann schnell merken: Hier spricht (auch) der Prediger! Darüber hinaus aber ist wichtig, daß der Prediger am Ende selbst das Wort ergreift, daß er aus dem fiktiven Spiel mit anderen Rollen heraustritt, die Hörer direkt anredet und dabei die Beiträge der kommentierenden Gestalten aufgreift und nachklingen läßt.

Abschließend sei eine Selbstverständlichkeit betont: Natürlich ist es auch möglich, ohne erzählenden Rahmen den Text homiletisch zu kommentieren. Dies geschieht in vielen Predigten mit Erfolg. Es kommt nicht auf die Form an, in der ein Text kommentiert wird. Es kommt in der Predigt darauf an, daß jeder Kommentar als Ausdruck eines Lebensverhältnisses zum Text erscheint – und nicht als ein vom konkreten Leben abgelöstes Abwägen von Argumenten und Lehrmeinungen.

2. Homiletisches Variieren des Themas

Die Re-Kontextualisierung des Textes durch einen erzählerischen Kommentarrahmen lenkt die Aufmerksamkeit des Hörers immer wieder auf den Text. Er steht im Mittelpunkt, wenn er immer wieder aus verschiedenen Perspektiven beleuchtet und mit Lebenskontexten vermittelt wird. Sobald man sich dabei nicht nur mit einer kommentierenden Gestalt begnügt (was im Prinzip möglich wäre), führt man das Prinzip der Variation in die Predigt ein, das wir schon im ersten Kapitel besprochen haben.

Der Predigttext enthält als offener Text meist mehrere Möglichkeiten homiletischer Aktualisierung. Gewiß kann sich eine Predigt zum Ziel set-

42. Vgl. Ist die Kritik des Paulus am Gesetz antijüdisch? Eine Predigt zum Israelsonntag (Röm 9,1-5. 9,30-10,4), in: Lichtspuren, Gütersloh 1994, 167-174.

zen, die vielfältigen Möglichkeiten der Ausdeutung zum Inhalt einer Predigt zu machen. Oft aber gibt es gute Gründe dafür, sich auf ein Thema zu konzentrieren, etwa, weil es die Situation erfordert oder weil die Gemeinde nicht dasselbe hören soll, was sie schon oft gehört hat. Viele Predigten, die ich gehört habe, krankten nicht an einem Mangel an Gedanken, sondern daran, daß Gedanken ausgebreitet wurden, die für drei Predigten gereicht hätten – von denen aber kein Gedanke richtig zum Tragen kam. Daher gilt als Faustregel, sich auf ein Thema des Textes zu beschränken, dies Thema aber mannigfach zu variieren. In der Beschränkung auf ein Thema wird deutlich, daß der Text das Thema vorgibt. Die kreative Aktivität des Predigers wie des Hörers aber besteht darin, es immer wieder neu zu variieren. Variationen machen deutlich, daß der Text ein offener Text ist. Sie entlassen den Hörer mit dem Bewußtsein, daß er selbst das Thema weiter abwandeln darf!

Variationen müssen gestaltet sein. Das ist leicht, wenn ein Predigttext selbst eine Folge von Variationen ist. So beschwört Paulus in Röm 8,17ff das dreifache Seufzen und Klagen, das die Wirklichkeit durchzieht: als Seufzen der Kreatur, der Christen und als Seufzen des Heiligen Geistes. Hier wird schon im Text ein Thema durch Variationen zum Klingen gebracht.[43] Bei anderen Predigttexten kann man durch Auslegung solch ein Thema finden. So kann man die Heilung des epileptischen Knaben in Mk 9,28ff als eine Variation zum Thema »Stellvertretung« lesen: Die Jünger versuchen Jesu Stelle in seiner Abwesenheit einzunehmen und scheitern. Der Vater bittet stellvertretend für seinen Sohn. Jesu Glaube tritt stellvertretend für den Glauben des Vaters ein: Er verfügt über eine Macht, die »alles vermag«. Das Stichwort »Stellvertretung« ist nicht im Text enthalten. Und doch wird es dem Text nicht aufoktroyiert, sondern ist latent in ihm vorhanden. Daher wäre eine Predigt denkbar, die (in Gestalt einer Homilie, d.h. einer Auslegung Abschnitt für Abschnitt) dies Thema variiert.

Variationen müssen erkennbar sein. Es ist eine Hilfe für den Hörer, wenn ein Leitmotiv – eine Sentenz, ein Bild, ein Stichwort – durch alle Variationen hindurch gleichbleibt.[44] Auch ein homiletischer Refrain nach jeder Variation ist angemessen – nicht nur als Gliederungssignal, sondern als Anklingenlassen desselben Themas. Wir genießen Variationen in sehr

43. Vgl. Ratlose Trauer angesichts von Massengräbern. Predigt am Volkstrauertag (Röm 8,19-27), in: Die offene Tür, 153-159.
44. Vgl. Die niederrheinische Sentenz »Dat schlimmste Leed is, wat d'r Mensch sich selb andeed« in: »Ihr seid kein Dreck, ihr seid Samen!« Von der Weisheit meiner Großmutter (Lukas 8,4-8), in: Lichtspuren, 139-146.

viel größerem Maße, wenn wir das gleichbleibende thematische Material wiedererkennen – sowohl in der Musik wie in der Predigt.

Schließlich sollte man nicht blind drauflos variieren. Auch bei musikalischen Variationen haben wir vorstrukturierte Gattungserwartungen. Das Thema muß sich einmal in perlende Läufe auflösen, ein anderes Mal in freche Staccati, ein drittes Mal soll es sich in meditativer Langsamkeit entfalten, ein viertes Mal in klagendem Moll usw. Auch bei einer Predigt gibt es eine mögliche »Systematik« von Bereichen, innerhalb dessen die Predigt ihr Thema variiert. So versuche ich oft bewußt, ein und dasselbe Thema in kosmischen, sozialen und individuellen Lebenszusammenhängen zu entfalten – um anzudeuten, daß durch die Predigt unser Verhältnis zur ganzen Wirklichkeit angesprochen wird (s.u. Kap IV).

Noch einmal sei betont: Der Text und seine Auslegung haben für die Predigt einen Vorrang. Es ist zwar verständlich, wenn man gegen den Primat des Textes rebelliert, sofern man den von akademischen Auslegungsbeamten verwalteten Text meint. Aber einmal sind akademische Ausleger nicht nur Verwaltungsbeamte der Tradition, sondern Menschen mit sehr verschiedenen Lebensbezügen zu ihren Texten. Und zweitens hat sich unter den meisten von ihnen die Einsicht vom »offenen Text« herumgesprochen. Für diesen »offenen Text« wird hier ein Primat gefordert. Es ist ein Text, der im Kontext des Lebens immer wieder neue Bedeutungen gewinnt; Teil einer Zeichenwelt, die uns einlädt, durch ihre Bilder und Erzählungen immer wieder neu den Kontakt zu einer letzten Wirklichkeit aufzunehmen. Durch diese Aufgabe erhält jede Predigt eine einheitliche Ausrichtung. Mit ihr ist das Grundthema jeder Predigt gegeben, das in unendlichen Variationen zum Klingen kommt. Daher soll dieser theologischen Dimension der Predigt ein eigenes Kapitel gewidmet sein.

III. Predigt als Chance der Dialogaufnahme mit Gott Die theo-logische Dimension der Predigt

Noch vor ein bis zwei Jahrhunderten waren Alltag und öffentliches Leben der Menschen durchzogen von Rede über Gott, von Gott und zu Gott. Religion war eine öffentliche Angelegenheit. Das hat sich geändert: Die wenigen Relikte von »civil religion« (d.h. einer öffentlichen religiösen Sprache außerhalb eines kirchlichen Kontextes) sind für viele Menschen überholte Rückgriffe auf eine vormoderne Zeit. Das Ziel des aufgeklärten Bürgertums, Religion zur »Privatsache« zu machen, ist heute erfüllt, ja, es ist in vielen Bereichen überboten worden: Religion und der Glaube an Gott wurden aus einer Privatsache zur Intimsache, über die man nur mit vertrauten Menschen spricht. Es ist heute in vielen Kreisen leichter, sich über seine Sexualität auszutauschen als über Gott.[1] Das alles hat Folgen für die Predigt. Sie wurde zum einzigen Ort öffentlicher Rede von Gott – oft auch im privaten Bereich der Menschen. Ihr wächst eine besondere Aufgabe und Verantwortung zu. Denn Menschen, die eine Predigt aufsuchen, sind bereit, sich für eine Stimme zu öffnen, die in einen sonst verborgenen inneren Dialog interveniert: in einen intimen Dialog mit sich selbst, der in der Hoffnung geführt wird, Gottes Wort möge sich in ihn »einmischen«.

Jede Predigt lebt von der Hoffnung, daß sie Kontaktaufnahme zwischen Gott und Mensch ermöglicht.[2] Ohne diese Hoffnung wird sie zu einer beliebigen Rede, die auch an anderen Orten, zu anderen Gelegenheiten, zu einer anderen Adressatenschaft gesprochen werden könnte. Das

1. Sehr eindrücklich schildert H. Benesch, »Und wenn ich wüßte, daß morgen die Welt unterginge ...«. Zur Psychologie der Weltanschauungen, Weinheim/Basel 1984, 17ff, die Gründe, warum wir unsere geistige Intimsphäre verteidigen.
2. Kontaktaufnahme zwischen Gott und Mensch kann von zwei Seiten her beschrieben werden: Beide Seiten suchen nach diesem Kontakt. K. Barth versteht die Predigt in: Menschenwort und Gotteswort in der christlichen Predigt, ZZ 3 (1925) 119-140 = F. Wintzer (Hg.), Predigt, 95-116 als »Dienstleistung der Kirche« am Wort Gottes und bestimmt sie von zwei Seiten her: 1. »Diese Dienstleistung ... kann nur darin bestehen, Gottes eigenem Wort Aufmerksamkeit, Respekt und sachliches Verständnis zu verschaffen.« (S.103) und 2. »Die Predigt wendet sich an den Menschen ..., der nach Gott fragen muß und nach Gott nur fragen kann.« (S.106) Selbst in der Homiletik der dialektischen Theologie wird die Predigt dialogisch gedeutet.

Proprium der Predigt ist heute mehr denn je: Öffentliche Rede zu sein, von der Sprecher und Hörer hoffen, sie möge Kontakt und Dialog mit Gott ermöglichen. (Eine von dieser Hoffnung getragene »private« Rede wäre Teil eines seelsorgerlichen Gesprächs).

Diese zentrale Hoffnung auf Dialogaufnahme mit Gott ist nicht nur in den Erwartungen der Hörer und Hörerinnen begründet, sondern im religiösen Zeichensystem selbst. Denn das Proprium dieser Zeichensprache – im Unterschied zur Zeichensprache von Kunst und Wissenschaft – besteht darin, daß sie ganz durch ihre Beziehung auf eine letztgültige Wirklichkeit bestimmt ist. Mögen auch faktisch noch so viele andere Faktoren auf sie einwirken – ihr Gebrauch als »Sozialkitt« oder »Selbststabilisierungshilfe« sowie die Selbsterhaltungstendenz von Traditionen und Institutionen –, so will diese Zeichensprache doch letztlich mehr sein als eine von solchen Bedürfnissen abhängige »Begleitmusik« menschlichen Lebens. Sie will menschliches Leben als Antwort und Echo auf Gott ermöglichen. Das religiöse Zeichensystem ringt darum, daß von diesem zentralen Anliegen alle Elemente des Zeichensystems organisiert werden. In vormodernen Zeiten tat sie es als eine Art Metasystem, das alle gesellschaftlichen Teilsysteme umfaßte: Politik, Ökonomie, Kunst und Wissenschaft. In modernen Zeiten konkurriert sie z.T. mit diesen verselbständigten Teilsystemen.

Die moderne Kultur hat ihre dynamische Entwicklung u.a. dadurch genommen, daß sie alle Kulturbereiche nach sachimmanenten Kriterien organisiert hat. In der Ökonomie wurde sie so effektiv, weil sie alles kühl nach Gewinn und Verlust berechnete; die Wissenschaft nahm ihren Aufschwung, weil man sie nur den Kriterien von »richtig und falsch« unterstellte und einen rigorosen Primat des Erkennens vor allem Wünschen und Wollen vertrat. Die Kunst blühte auf, weil sie sich als ein Bereich autonomer Schöpfung verstand, der ausschließlich den Kriterien des Ästhetischen und Unästhetischen verpflichtet war. In allen Kulturbreichen entdeckte man ein autonomes Organisationsprinzip. So auch in der Religion. Das Ringen um die Autonomie der Religion wurde durch die beiden größten Theologen der modernen Welt auf den Begriff gebracht: durch D.F. Schleiermacher und K. Barth. Schleiermacher fand das autonome »Organisationsprinzip« der Religion in einer unableitbaren Befindlichkeit des Menschen: im Gefühl schlechthinniger Abhängigkeit. K. Barth und mit ihm die »dialektische Theologie« fanden es im Wort Gottes, verstanden als Selbsterschließung Gottes, als Offenbarung.[3] Beide Ansätze

3. Die geschichtliche Einordung der »dialektischen Theologie« als eine antimodernistische Erweckungsbewegung ist m.E. sachlich nicht zutreffend. Das Ringen

vertreten die Forderung, in der Religion (bzw. im Glauben) solle alles durch deren genuinen »Gegenstand« bestimmt sein und dieses »Bestimmtsein« solle alle ihre Äußerungen durchziehen. Das gilt erst recht für die Predigt. Ihr Ziel ist Dialogaufnahme mit einer letztgültigen Wirklichkeit, mit Gott selbst.

Dies Ziel der Predigt läßt sich nur als Chance und Hoffnung[4] formulieren. Denn es entzieht sich zweckrationalem Handeln, auch wenn eine Predigt auf diesen einen Zweck zuläuft und dabei mehr oder weniger »angemessene« sprachliche und gedankliche »Mittel« einsetzt. Vergleichbar sind zwei sprachliche Handlungsformen, die trotz unverkennbarer Zweckausrichtung nur aufgrund unverfügbarer Faktoren zu ihrem Ziel kommen:[5]

1. Zunächst alle Sprachhandlungen, durch die ich an den freien Willen anderer appelliere. Dazu gehört jede echte Bitte und jede Liebeserklärung. Eine Liebeserklärung mag noch so überzeugend formuliert sein, sie kann ihr Ziel nicht erreichen, wenn sie nicht erhört wird. Ebenso ist eine Predigt, mag sie noch so gut formuliert und durchdacht sein, auf den unverfügbaren Willen der Hörer und Hörerinnen angewiesen. Kein Prediger hat von vornherein ein Recht darauf, daß seine Stimme in jene verborge-

um die Autonomie der Religion ist ein moderner Zug; er findet sich jedoch nicht nur bei den dialektischen Theologen. In der Homiletik führte die dialektische Theologie zu einseitigen Konzepten. W. Engemann, Semiotische Homiletik, 142ff hat sie als dreifache homiletische Mythologie von der Unerheblichkeit des Predigers, der Unabhängigkeit der Botschaft und der Nichtzuständigkeit des Hörers mit Recht kritisiert. Jedoch sollte man gerade von einem semiotischen Standpunkt aus einräumen: Die Rede von der Selbstdurchsetzung des Wort Gottes hat dann einen Sinn, wenn man Religion als ein sich selbst organisierendes Zeichensystem betrachtet, in dem ein autonomes Zentrum alles bestimmen soll: Das »Wort Gottes« kann als solch ein autonomes Zentrum gelten. Jedoch darf deshalb nicht davon abgeblendet werden, daß Zeichensysteme von der deutenden Aktivität von Menschen gestaltet werden und daß sie »offene Systeme« sind, die in einem Austausch mit der Umwelt stehen.

4. K. Barth, Homiletik, geht über solch eine »Hoffnung« hinaus, wenn er die Predigt doppelt bestimmt: 1. als Wort Gottes und 2. als Auslegung des Textes als »Ankündigung dessen, was sie (sc. die Menschen) von Gott selbst zu hören haben.« (dort S.30) Eine Ankündigung ist weit mehr als eine Hoffnung – auch wenn sich die Ankündigung nicht auf das bezieht, was Menschen hören werden, sondern hören sollen.
5. Wenn es in der Hermeneutik geboten ist, zwischen Verstehen und Einverständnis zu unterscheiden, so ist es entsprechend in der Homiletik angebracht, zwischen einer »gelingenden« und einer »erfolgreichen« Predigt zu unterscheiden. Vgl. H.W. Dannowski, Kompendium der Predigtlehre, 124: »Gelungen ist eine Predigt, wenn der Hörer verstanden hat, worum es dem Prediger geht ... Erfolgreich ist eine Kommunikation, wenn der Hörer dies auch innerlich bejaht.«

nen Räume des Ichs eingelassen wird, wo die Entscheidungen über das Leben fallen. Und kein Hörer hat die Garantie, daß er in den Worten des Predigers Gottes Stimme hört.

2. Vergleichbar sind zweitens ästhetische Sprachgebilde. Es ist gar keine Frage, daß die ganze Arbeit des Künstlers an sich selbst, an Stil, Sprache und Gedanken in sie eingegangen ist. Dennoch ist das Gelungensein eines Kunstwerkes immer das Ergebnis unverfügbarer Konstellationen. Es ist ein Stück »Gnade« – Werk eines »begnadeten Künstlers«, obwohl wir von der ungeheuren Arbeitsdisziplin wissen, die in jedem Kunstwerk steckt.[6]

Predigten sind irgendwo zwischen Liebeserklärungen und Kunstwerken angesiedelt. Sie sind planbare Reden, die ohne Arbeitsdisziplin nicht gelingen, die aber ihr Gelingen nur gebrochen intendieren können; denn eine Dialogaufnahme zwischen Gott und Mensch kann durch keine Methode hergestellt werden. Predigten sind planbare Gelegenheiten für ein unplanbares Geschehen.

Der besondere Charakter der Predigt hängt also durch und durch mit »Gott« zusammen. Die Beziehung zu Gott bestimmt Inhalt und Struktur der Predigt. Und die Schwierigkeiten der Predigt beginnen damit, daß zweideutig geworden ist, was wir unter »Gott« verstehen. Auch in einer homiletischen Reflexion müssen wir daher zunächst über unser Gottesverständnis sprechen.

Danach möchte ich zeigen, wie »Gott« auch in einer säkularisierten Welt im Dialog des Menschen mit sich und anderen anonym gegenwärtig ist.

Die theo-logische Aufgabe der Predigt ergibt sich dann mit innerer Konsequenz: Sie will Gott im Dialog des Menschen mit sich selbst und anderen gegenwärtig machen. Sie ist eine Intervention des Wort Gottes in einen Dialog mit sich und anderen.

Abschließend sind dann Konsequenzen für die Gestaltung der Predigt, für ihre Bildlichkeit, innere Spannung und Dialogik zu erörtern.

6. Ich folge hier Gedanken von A. Grözinger, Praktische Theologie und Ästhetik, München ²1991.

A. Womit will die Predigt einen Dialog aufnehmen? Was verstehen wir unter »Gott«?

Der Ort, an dem wir uns in der modernen Welt am ehesten darüber verständigen können, was wir unter »Gott« verstehen wollen, ist der Ort des Leidens. Es ist der Ort der Theodizee, also des Versuchs einer Rechtfertigung Gottes angesichts der Übel dieser Welt.[7] Leid wird nur dann zum Theodizeeproblem, wenn wir im Gottesbegriff zwei Merkmale zusammen denken: Macht und Güte, also die Erwartung, daß Gott mächtig ist und daß er gut ist. Wenn Hiob klagt, daß ihn, den Gerechten, so viel Unglück getroffen hat; wenn der Gekreuzigte aufschreit: »Mein Gott, mein Gott, warum hast du mich verlassen«; wenn die moderne Zeit das unschuldige Leiden von Kindern zum Einwand gegen Gott macht – dann ist immer vorausgesetzt, daß Gott sowohl Macht wie Güte ist. Um mit dem katholischen Religionsphilosophen R. Spaemann zu reden, dem ich hier folge:[8]

> »In all diesen Klagen, Anklagen und Fragen wird zweierlei in eins gedacht, was in der Erfahrung nur manchmal und zufällig beieinander ist, nämlich daß Gott gut ist und daß er mächtig ist. Und zwar wesentlich beides. Wäre er nur eines von beiden, so hätte die Klage keinen Sinn. Wäre er nur gut, aber ohnmächtig, dann könnten widrige Tatsachen gegen ihn nicht ins Feld geführt werden, denn er könnte nichts daran ändern. Wäre er nur mächtig, aber nicht gut, dann wäre die Klage sinnlos, weil sie gar kein Ohr fände. In beiden Fällen wäre es aber überhaupt richtig, nicht von Gott zu sprechen. Denn es würde in dem Begriff Gott gar nichts gedacht, was nicht ohne diesen Begriff ebenso denkbar wäre. Er wäre durch funktionale Äquivalente ablösbar. Gott nur als Macht gedacht, als blinde Macht, das wäre nur ein Inbegriff der Faktizität, eine apologetische verklärende Verdoppelung dessen, was ohnehin ist und was wir je nach Neigung resigniert hinnehmen oder mit moralischer Verachtung strafen. ....

7. Zur Theodizeefrage vgl. W. Sparn, Leiden – Erfahrung und Denken. Materialien zum Theodizeeproblem, ThB 67, München 1980. Religion arbeitet sich an der Theodizeefrage ab, aber sie bietet keine intellektuelle Lösung. H. Lübbe, Religion nach der Aufklärung, Graz/Wien/Köln 1986, 195-206 behauptet wohl mit Recht: Könnte man die Theodizeefrage im Sinne einer theoretischen Antwort lösen, so würde Religion als Kontingenzbewältigung überflüssig.
8. R. Spaemann, Die Frage nach der Bedeutung des Wortes ›Gott‹, in: ders., Einsprüche. Christliche Reden, Einsiedeln 1977, 13-35. R. Spaemann steht mit dieser Bestimmung des Gottesbegriffs in einer älteren Tradition, die das »Heilige« als Einheit von Wirklichkeit und Wert bestimmt. Vgl. J. Hessen, Religionsphilosophie Bd 2, München/Basel [2]1955, 96ff.

Gott, nur als Sinn gedacht, als ohnmächtiges Prinzip des Guten und nicht zugleich als Prinzip der Faktizität, allen So- und nicht Anders-Seins, das wäre nur ein anderes Wort für eine moralische Idee. Eine Idee, die mit der Menschheit entstanden ist und mit ihr zugrundegeht, spätestens als Opfer der Entropie-Zunahme nach dem zweiten Hauptsatz der Thermodynamik.«

Wenn wir uns dieser Begriffserklärung anschließen, haben wir ein Kriterium für eine angemessene Rede von Gott: Gott ist die Einheit von Sein und Sinn, von Wirklichkeit und Wert, von Macht und Güte.[9] Erfahren wird Gott negativ im Konflikt von Sein und Sinn, positiv in der Übereinstimmung von Sein und Sinn, in den erfüllten Augenblicken des Lebens, in denen wir sagen können: »Es ist alles gut.«

Ich habe die Begriffe »Sinn« und »Wert« fast synonym gebraucht.[10] Man kann jedoch zwischen beiden unterscheiden. Einen »Sinn« in etwas finden bedeutet: Es so erleben, als enthielte es eine Botschaft, die für unser Handeln und Erleben relevant ist. Sinnvolles ist für unsere vernehmenden »Sinne« entzifferbar. Einen »Wert« in etwas entdecken bedeutet: Es als mögliches Ziel unseres Wollens und Tuns erleben. Wertvolles wird zur Orientierung für unser Entscheiden und Handeln. Beides, Wert und Sinn, fallen oft zusammen. Auf beides reagieren wir mit Freude. Wir erleben etwas als mit unseren »Sinnen« und unserem Wollen übereinstimmend. Wir haben das Bewußtsein, daß zwischen uns und der umgebenden Wirklichkeit Resonanz herrscht.

9. Diese »Definition« ist bewußt so weit, daß sie sehr verschiedene Gottesbegriffe umfaßt. Das Gottesverständnis von P. Tillich, Systematische Theologie Bd.I, Stuttgart 1956, ist von zwei formalen Kriterien theologischer Aussagen bestimmt: 1. »Nur solche Sätze sind theologisch, die sich mit einem Gegenstand beschäftigen, sofern er uns unbedingt angeht« (S.20). 2. »Nur solche Sätze sind theologisch, die sich mit einem Gegenstand beschäftigen, sofern er über unser Sein oder Nichtsein entscheidet« (S.21). Zwar beteuert P. Tillich immer wieder: Gott ist das Seinselbst. Aber de facto hat er immer schon Sinn und Wert diesem Sein-selbst beigelegt. In jedem »naiveren« Gottesverständnis wird diese Spannung mitgedacht. In der Sprache herkömmlicher biblischer Theologie wird Gott z.B. als Schöpfer und Erlöser gedacht.

10. Die Bedenken von G. Sauter, Was heißt nach Sinn fragen? München 1982, gegen eine theologische Verwendung des Sinnbegriffs sind mir bekannt. Lassen sich Handlungssinn und Textsinn auf Zusammenhänge übertragen, die weder auf menschliches Handeln noch Sprechen zurückgehen? Enthält sein abschließendes Fazit jedoch nicht genau diese Übertragung: Eine legitime theologische Frage nach Sinn sei von einem wissenden Nichtwissen geprägt, »vom Wissen, daß die Welt nicht stumm in sich selbst kreist, sondern daß in ihr vernehmbar wird, was sie trägt und erhält: das schöpferische Wirken Gottes«. (S.169)

Nun erfahren alle Menschen in ihrem Leben Wertvolles und Sinnvolles, ohne darin notwendigerweise die Anwesenheit Gottes wahrzunehmen. Ein säkularisiertes und ein religiöses Bewußtsein interpretiert dieselben Erfahrungen verschieden. Worin besteht der Unterschied? Zwei Unterschiede seien hervorgehoben: der responsorische Charakter und der letztgültige Charakter aller Sinn- und Werterfahrungen.

Für einen unreligiösen Humanismus muß aller Wert und Sinn vom Menschen geschaffen sein. Erst der Mensch bringt in eine kalte Welt den Funken des Sinns. Denn nur er kann Zwecke setzen, Ziele »wollen«, materielle Gegenstände als Zeichen verwenden und entziffern. Gerade darin besteht seine Einzigartigkeit. Für ein religiöses Bewußtsein ist dagegen aller Sinn und Wert, den Menschen schaffen, Antwort und Echo auf eine vorgegebene Sinn- und Wertfülle. Nicht der Mensch entzündet in einer an sich sinn- und wertfreien Welt den Funken des Sinns, sondern er wird im Menschen entzündet. Was er an Sinn und Wert schafft, ist Antwort auf einen Sinn und Wert, den er empfangen hat. Alles Sinn- und Werterleben ist (erstens) responsorisch, ist Antwort.[11]

Dieser vorgegebene Sinn und Wert hat zweitens letztgültigen Charakter. Für einen unreligiösen Humanismus kann es nur relatives »Sein« und relativen »Sinn« geben. Alle Letztbegründungen von Sein und Sinn müssen scheitern, da sie im Trilemma eines regressus ad infinitum, eines circulus vitiosus oder eines willkürlichen Abbruchs von Begründungen enden.[12] Jeder Wert ist nur Wert im Hinblick auf etwas anderes, für das es wertvoll ist. Jeder Sinn wird sinnvoll in einem größeren Sinnkontext. Aber diese immer weiter ausgreifenden Zusammenhänge stranden irgendwo in einem sinn- und wertfreien Universum. Ebenso ist jedes Seiende nur begründbar durch Einordnung in einen größeren Zusammenhang, der entweder willkürlich verabsolutiert oder in einer unendlichen Kette von umfassenderen Zusammenhängen relativiert oder zirkulär auf den zu begründenden Zusammenhang zurückgeführt wird.

Religiöses Bewußtsein antwortet dagegen auf das spontane Hervortreten einer letztgültigen Einheit von Sein und Sinn: Alles Seiende in der Welt muß durch anderes begründet werden. Nur Gott nicht. Er ist Grund seiner selbst – und aller Dinge. Jeder Sinn und Wert weist auf etwas ande-

11. Vgl. G. Theissen, L'herméneutique biblique et la recherche de la vérité religieuse, RThP 122 (1990) 485-503 = P.Bühler/C. Karakash (Hg.), Science et foi font système. Une approche herméneutique, Lieux Théologiques 21, Genève 1992, 135-154.

12. Vgl. H. Albert, Traktat über kritische Vernunft, Tübingen 1968 [4]1980. Th. Mahlmann, Art. Kritischer Rationalismus, TRE 20 (1990) 97-121, bes. 105.

res, nur Gott nicht. Er ist in sich sinn- und wertvoll. Er ist Selbstwert. Wenn der Mensch Selbstwert hat und Grund seiner selbst ist, d.h. sich in Freiheit entwirft, dann ist er darin Ebenbild Gottes.

Die Erfahrung Gottes als einer letztgültigen Einheit von Sein und Sinn läßt sich mit zwischenmenschlicher Liebe vergleichen. In Gegenwart des geliebten Menschen verstummen alle Fragen nach Wert und Sinn. Sie sind beantwortet. Die Welt hat vorübergehend in ihm ein Zentrum; und alles ist gut, was mit ihm in Verbindung steht. Er ist ein Selbstwert. Als verliebte Menschen empfinden wir alle die Kraft, auch den größten Diskrepanzen zwischen Sein und Sinn in unserem Leben standzuhalten, sie konstruktiv zu bewältigen.

Vergleichbar ist, wie gesagt, die Erfahrung Gottes. Glaube ist eine Art Erotik des Seins: Die geheimnisvolle Tatsache des Existierens wird in ihr zur wunderbaren Gegebenheit – zu etwas, das in sich wert- und sinnvoll ist. Eine unendliche Kraft der Bejahung von Sein und Leben wird aktiviert: Das Sein selbst wird zum Gegenstand eines Wollens. Es wird zum Wert in sich selbst. Es wird zu einer Art Botschaft, die sagt: Es ist gut, daß du und alle Dinge existieren.

Was in sich Sinn und Grund hat, kann nicht von etwas anderem her erschlossen werden, es kann sich nur selbst erschließen – in Erschliessungserfahrungen, in denen wir auf etwas stoßen, das in sich Wert, Sinn und Grund hat.[13] Solche Selbsterschließung wird man immer wie die Eröffnung eines Dialogs erleben. Denn analoge Erfahrungen haben wir nur bei anderen Menschen, deren eigentliches Selbst uns verborgen bliebe, wenn sie sich nicht von sich her öffneten.

Die Erfahrung Gottes ist also Selbsterschließung einer letztgültigen Einheit von Sein und Sinn, Wirklichkeit und Wert. Wir werden durch sie aus unserer Alltagswelt herausgerissen, weil wir in ihr vorwiegend eine Spannung zwischen Sein und Sinn erleben, und zwar in zwei Formen, die man mit Hilfe der Unterscheidung zwischen Indikativ und Imperativ und deus absconditus und revelatus begrifflich erfassen kann.

In vielen Bereichen schreiben wir uns die Fähigkeit zu, die Spannung zwischen Sein und Sinn durch unser Handeln zu reduzieren bzw. ihre Einheit zu bewahren. Anderswo fehlt sie uns: Hier können wir die Übereinstimmung zwischen Sein und Sinn nur erhoffen. Im ersten Fall, im Bereich unserer Verantwortung, wird die Einheit von Sein und Sinn als

13. Vgl. I.T. Ramsay, Religious Language. An Empirical Placing of Theological Phrases, New York [3]1969: »Erschließungserfahrungen« bzw. »Erschließungssituationen« sind das, was I.T. Ramsay »disclosure-situations« nennt.

»Botschaft« in Form eines Imperativs erfahren, d.h. als Aufforderung, das Wertvolle zu verwirklichen oder zu erhalten. Im zweiten Fall, also im Bereich außerhalb unserer Verantwortung, wird sie zur »Botschaft« im Indikativ: Auch ohne dein Zutun hat sich das Wertvolle schon immer verwirklicht und wird es sich weiterhin verwirklichen! Die religiöse Erfahrung einer Einheit von Sein und Sinn wirkt im Leben also in zwei Gestalten: als Indikativ »Das Sein ist gut!« (wobei Präteritum und Futur eingeschlossen sind) und als Imperativ: »Das Gute soll sein!« (wobei der Imperativ den Singular und den Plural umfaßt: Niemand steht allein vor diesem Imperativ!).

Aber über die Bereiche der Verantwortung und des Vertrauens hinaus gibt es dunkle Bereiche, wo beide, Verantwortung und Vertrauen, an ihre Grenze stoßen: der Bereich des unabwendbaren Leidens, der unser Vertrauen erschüttert, es könne verborgen doch noch ein Sinn in ihm stecken. Die Kluft zwischen Sein und Sinn scheint endgültig zu sein. Das ist die Erfahrung der Abwesenheit Gottes, des deus absconditus. Innerhalb christlicher Glaubenstradition wird sie zum entscheidenden Motiv, sich immer wieder dem deus revelatus zuzuwenden: dem Gott, der im Leiden seiner Geschöpfe selbst mitleidet, zum Gekreuzigten, der ruft: »Mein Gott, mein Gott, warum hast du mich verlassen!« Christlicher Glaube ist Mut zum Leben, der immer wieder mit Christus gekreuzigt wird, um ex nihilo neu geschaffen zu werden.

Die Predigt hat die Aufgabe, Chancen für eine Dialogaufnahme mit Gott zu öffnen: zu einer sich selbst erschließenden Einheit von Sein und Sinn, die in unserem Leben als Indikativ und als Imperativ, als deus absconditus et deus revelatus erfahren wird. Sie kann ihre Aufgabe erfüllen, indem sie Erfahrungen von Sein und Sinn offenlegt und ermöglicht: einerseits Diskrepanzerfahrungen zwischen Sein und Sinn, welche die Chance eröffnen, in einen Dialog von Klage und Anklage zu treten. Andererseits Konsonanzerfahrungen von Sein und Sinn, welche die Chance zu Dank und Lob geben.

B. Die anonyme Anwesenheit Gottes im Dialog des Menschen mit sich und anderen

Ich möchte nun behaupten, daß die Predigt an einen inneren Dialog des Menschen mit sich und anderen anknüpfen kann, in dem alle Menschen schon immer begriffen sind. Es ist oft kein bewußter Dialog mit Gott. Aber in diesem Dialog ist Gott anonym anwesend – anwesend als die

Frage nach der Einheit von Sein und Sinn. Der Theodizeekonflikt zwischen Sein und Sinn, Macht und Güte kann nämlich auch in säkularisierter Form erfahren werden: als Problem der Rechtfertigung der Welt, des Menschen und der Gesellschaft.

1. Die Rechtfertigung der Welt (Kosmo-dizee)

Wir sind ständig damit beschäftigt, dem, was für uns unverfügbar ist, einen Sinn und einen Wert abzugewinnen. Bei dem, was wir durch unser Handeln bestimmen, ist das unproblematisch. Denn hier sind wir selbst diejenigen, die unserem Handeln einen Sinn beilegen. Aber wie ist es bei all dem, was unabhängig von unserem Handeln ist? Dieser Bereich des Unverfügbaren ist kein statischer Raum. Alles, was aus der Gegenwart in die Vergangenheit versinkt, wird für uns unverfügbar, auch unser eigenes, selbstbestimmtes Handeln, insofern es in seiner Faktizität nicht mehr verändert werden kann. Was wir verändern können, ist nur unser Verhalten zu ihm. Ob und wie wir uns zu ihm verhalten, aber hängt davon ab, ob wir ihm eine Art »Botschaft« für unser weiteres Leben abgewinnen oder nicht und welchen »Wert« wir in ihm entdecken.

Ein säkularisiertes Bewußtsein wird die Sinngebung des Unverfügbaren nicht als Aufspüren eines verborgenen Sinnes deuten, sondern als kreative Sinngebung dessen, was an sich sinnlos oder sinnfrei ist. Eine Krankheit oder eine Behinderung, in die wir uns schicken müssen, wird so als »Probe« unseres Lebensmutes gedeutet. Eine neue Arbeitsstelle oder eine neue menschliche Beziehung wird als »Herausforderung« und »Aufgabe« akzeptiert. Aber es ist keiner da, der hier auf die Probe stellt oder uns eine Aufgabe zuweist außer wir selbst. Aber eben damit befinden wir uns in einem ständigen Dialog mit uns selbst, unverfügbare Gegebenheiten als Gabe und Aufgabe, als Probe und Herausforderung zu deuten. Der entscheidende Unterschied des religiösen vom säkularen Bewußtsein besteht einzig darin, daß religiöses Bewußtsein Metaphern wie »Probe«, »Prüfung«, »Herausforderung«, »Gabe« und »Aufgabe« eine wirklichkeitserschließende Kraft zugesteht. Es ist sich des bildlichen Charakters solcher Aussagen bewußt, aber ist davon überzeugt, daß solche Metaphern auf ein Gegenüber verweisen, das uns zumutet, in allen unverfügbaren Gegebenheiten nach einem Sinn und Wert zu suchen.

Man kann daher sagen: Religiöser Glaube ist Sinngebung. Er entziffert die Welt im Lichte zweier Grundmetaphern für »Sinn«. Sinn begegnet entweder als Textsinn oder als Handlungssinn. Religiöser Glaube deutet die Welt, als sei sie ein Text, den man (wenigstens teilweise) lesen kann; oder als Ausdruck einer Handlung, durch die ein Wert realisiert wird. Aber wie von allen Metaphern gilt auch hier: Sie geben einen Impuls, die Wirklichkeit in ihrem Lichte zu sehen, aber lassen offen, wieweit die Wirklichkeit so ist, wie sie verheißen. Sicher ist nur: Sie ist immer auch anders!

Zweifellos versucht religiöser Glaube, die Wirklichkeit als eine Art »Text« zu entziffern. Aber er weiß sehr wohl: Kein Mensch kann den ganzen Text lesen. Ob er adäquat in unsere Sprache übersetzt werden kann, ist fraglich. Auf jeden Fall ist der Mensch bei der Konstitution seines Sinnes beteiligt: Es ist ein offener Text. Für religiösen Glauben ist entscheidend, daß er durch Fragmente dieses großen »Textes« in einen Dialog mit Gott eintritt!

Ebenso deutet religiöser Glaube alles Geschehen zweifellos so, als sei es Ausdruck einer Handlungsintention. Aber er weiß: Ob die vom Menschen angestrebten Werte realisiert werden, ist fraglich. Es gibt keinen heilsgeschichtlichen »Plan«, der alles auf ein Ziel zuordnet; vielmehr ist das Handeln des Menschen, seine Verantwortung und sein Versagen, an allem beteiligt. Es handelt sich eher um ein Spiel, bei dem die Handlungen der Mitspieler offen sind. Für religiösen Glauben ist entscheidend, daß der Mensch durch Beteiligung an diesem Spiel in Interaktion mit Gott tritt!

Religion ist Sinngebung des Unverfügbaren, indem sie alles auf Gott bezieht: Die Welt wird wie ein Text betrachtet, den Gott geschrieben hat; die Geschichte wie eine Handlungsfolge, die er gewirkt hat. Aber damit ist immer auch die Unzugänglichkeit des gesamten Textsinns, die Unverfügbarkeit des gesamten Handlungssinns behauptet. »Denn meine Gedanken sind nicht eure Gedanken, und eure Wege sind nicht meine Wege, spricht der Herr, sondern so hoch der Himmel über der Erde ist, soviel sind meine Wege höher als eure Wege und meine Gedanken höher als eure Gedanken« (Jes 55,8f).

Religion ist die Kultur des Verhaltens zu dem, was unserer Verfügung entzogen ist[14] – beginnend mit der schlichten Tatsache unseres eigenen Existierens und der Existenz der ganzen Welt. Sie entdeckt in ihm einen »Sinn«, eine Botschaft, die uns meint – und einen Wert, d.h. ein Ziel unseres Verhaltens, das unserem Leben Orientierung gibt. Immer fragen wir danach, ob das, was geschieht, eine Art »Botschaft« (oder einen »Sinn«) enthält. Immer fragen wir danach, ob ein Geschehen von uns so bejaht werden kann, als hätten wir es selbst gewollt.

14. So H. Lübbe, Religion ist »Kultur des Verhaltens zum Unverfügbaren«, in: Religion nach der Aufklärung (1978), in: W. Oelmüller, R. Dölle, J. Ebach, H. Przybylski (Hg.), Diskurs: Religion. Paderborn/München/Wien/Zürich 1979, 315-333, dort S. 324.

2. Die Rechtfertigung des Ichs (Ego-dizee)

Der innere Dialog des Menschen kreist vor allem um die eigene Egodizee: Wir leben nicht nur, sondern sind ständig damit beschäftigt, unser Leben zu rechtfertigen – gerade dort, wo es unserer eigenen Sinngebung zu entgleiten droht und unser Verhalten gegen eigene Werte verstößt. Dieser innere Dialog ist die Erfahrung des »Gewissens«.

Die Gewissenserfahrung wurde im Laufe einer langen kulturellen Evolution immer mehr vertieft. Das Zusammenleben in städtischen Kulturen erfordert eine wachsende Selbststeuerung des Menschen – und damit moralische Verhaltensweisen, die fast eine Überforderung sind. Die moderne individualistische Kultur konfrontiert den Menschen dazu mit neuen Imperativen der Selbstverwirklichung, die einerseits Zeichen von Freiheit sind, andererseits Ursache von Angst, angesichts dieser neuen Freiheit zu versagen. Eine spezifisch moderne Selbstüberforderung des Gewissens besteht schließlich darin, daß Normen und Werte nur relative Größen zu sein scheinen. Je nach Kontext, in den unser individuelles Handeln und Wollen gerückt wird, kann es als Heldentat oder als Verbrechen erscheinen. Aber keiner verfügt über die geschichtlichen Kontexte, in denen sein Handeln zu stehen kommt. Keiner kann sich letztlich selbst rechtfertigen.

Schon Paulus entdeckte im Gewissenskonflikt die anonyme Gegenwart Gottes. Er setzt bei allen Menschen einen intensiven inneren Dialog voraus, bestehend aus anklagenden und verteidigenden Gedanken und dem Gewissen als unbestechlichem Zeugen und Mitwisser unseres Lebens. Aber in diesem inneren Gerichtsprozeß läßt Paulus in Röm 2,14f eine Rolle unbesetzt: die Rolle des Richters, die Gott selbst einnehmen wird.

In der Tat sind wir schon immer mit ihm konfrontiert, wenn wir im Gewissenskonflikt nach der Einheit von Sein und Sinn, Sein und Wert in unserem eigenen Leben suchen. Wir folgen damit nach religiösem Selbstverständnis einem »vorgegebenen Programm«: nämlich der Bewahrung der Ebenbildlichkeit Gottes, der selbst Einheit von Sein und Sinn ist. Unter allen Kreaturen ist allein der Mensch Ebenbild Gottes, weil nur er um diese Einheit von Sein und Sinn ringt und weil nur er verzweifelt, wenn sie auseinanderbricht.

3. Die Rechtfertigung der Gesellschaft (Sozio-dizee)

Noch an einer dritten Stelle werden alle Menschen von der Frage nach einer Einheit von Sein und Sinn umgetrieben: Alle Gesellschaften rechtfertigen die in ihnen etablierte Verteilung von Lebenschancen. In allen finden wir eine ungleiche Verteilung von Macht, Besitz und Bildung. In allen findet ein ständiger Verteilungskampf statt. Er geschieht zwischen Ober- und Unterschicht, aber auch zwischen Völkern und Gesellschaften. Vormoderne Zeiten versuchten, geschichtlich gewordene Verteilungsstrukturen durch religiöse Überzeugungen zu legitimieren – und benutzten dieselben religiösen Überzeugungen, um gegen ungerechte Verteilungsstrukturen zu protestieren. Moderne Zeiten haben politische Überzeugungssysteme entwickelt, die in mancher Hinsicht religiösen Überzeugungen funktional äquivalent wurden: Kapitalismus, Kommunismus und Faschismus.

Warum liegt solch ein hoher Legitimationsdruck auf unseren gesellschaftlichen Verhältnissen? Warum wirbt man um die Zustimmung der Menschen zu geschichtlich gewordenen Verteilungsstrukturen? Nur deshalb, weil Gesellschaften reibungsloser funktionieren, wenn sie von ihren Bewohnern bejaht werden? Nur deshalb, weil sie sich gegen Einwände absichern wollen? Oder ist dieser Rechtfertigungsdruck darin begründet, daß jeder Mensch einen Selbstwert darstellt, der nie und nimmer nur Wert für andere darstellt? Jedem ist das Leben als Verwirklichung einer Einheit von Sein und Sinn aufgetragen. Dann aber hat jeder Mensch (als Ebenbild Gottes) gleichen Wert – und die Tatsache, daß wir de facto unser Leben auf Kosten des Lebens anderer führen, ist eine beunruhigende Tatsache, die wir entweder ändern oder rechtfertigen müssen. Denn sie widerspricht der Überzeugung, daß jeder Mensch ein Selbst-wert ist.

Auch im gesellschaftlichen Diskurs über die Legitimität der Verteilung von Lebenschancen ist Gott anonym anwesend – sofern jeder Mensch seinen Selbstwert dadurch hat, daß er eine letzte Einheit von Sein und Sinn repräsentiert. Das erzeugt den hohen Rechtfertigungszwang, dem alle sozialen Systeme unterliegen. Der ständige Verteilungskampf um Lebenschancen führt so zur ideologischen Legitimation gesellschaftlicher Verhältnisse oder zu einer ständigen »Sozio-dizee«.

Fassen wir vorläufig zusammen: Gott ist Einheit von Sinn und Sein. Überall, wo Menschen nach dieser Einheit suchen, ist Gott anonym präsent: in der Rechtfertigung von Welt, Ich und Gesellschaft. Die religiöse Theodizee, d.h. die Frage nach der Einheit von Sein und Sinn wird in einem säkularen Bewußtsein zur Kosmo-dizee, Ego-dizee und Sozio-dizee – in einem ständigen Dialog mit sich und anderen. Predigen heißt, sich in diesen Dialog einzuschalten, um die anonyme Gegenwart Gottes in ihm bewußt zu machen, so daß Menschen den Dialog mit Gott aufnehmen können. In diesem Dialog verwandeln sich die Fragen. Entscheidend wird nun, daß nicht der Mensch durch sein Denken und Handeln die Welt, sein Ich und die Gesellschaft rechtfertigen muß. Die Predigt spricht ihm seine Rechtfertigung als Geschenk zu.

C. Predigt als Intervention des Wortes Gottes in den Dialog des Menschen mit sich und anderen

Wenn eine Predigt ihr Ziel erreicht, so ist es wie das Aufleuchten eines großen Lichtes. Die eigene Existenz wird als »Botschaft« und als Wert erlebt – so intensiv, wie wir sie sonst nur im Zustand erotischer Liebe erleben. Wir erfahren uns als »gemeint«, als »gewollt« und als »bejaht« – und zwar nicht nur irgendetwas an uns, sondern uns selbst als ein Zentrum, das in sich selbst ein Wert ist. In der Predigt vermittelt nicht ein menschlicher Partner diese Erfahrung, sondern eine Macht, die allem Sein zugrunde liegt. Die Botschaft lautet: »Es ist gut, daß du existierst.« Und es ist nicht nur gut, weil es für diesen oder jenen Zweck gut ist – sondern weil es in sich gut ist. Und es ist nicht nur gut, weil es dieser oder jener Mensch meint, sondern eine Instanz, die unabhängig von allen Menschen ist.

Diese Botschaft wird angesichts der tiefsten Diskrepanzerfahrungen vermittelt: angesichts von Leid und Tod, Schuld und Versagen, Ungerechtigkeit und Unterdrückung – d.h. angesichts des Auseinanderbrechens von Sein und Sinn. Das Wort Gottes ist das kontrafaktische Aufleuchten der Einheit von Sein und Sinn in unserem Leben. Es ist das Aufleuchten von Gottes Gegenwart.

Wie aber sollen wir uns diese Gegenwart vorstellen? Gott ist ungegenständlich. Vergleichbar ist unser eigenes Ich. Auch dies »Ich« wird niemals direkt Gegenstand unseres Betrachtens und Nachdenkens. Es kann sich selbst nie völlig zusehen – denn dazu müßte es aus sich heraustreten. Es kann seiner selbst nur in bestimmten »Zuständen« innewerden. Und doch ist es in unserem Leben ständig präsent.

Meist ist dies Ich auf andere Dinge und Personen gerichtet, so daß es seiner selbst gar nicht bewußt ist. Aber in bestimmten Situationen des Konfliktes und der großen Lebensentscheidungen, in denen dies Ich um seine Identität ringt, tritt es aus dem Hintergrund hervor – nicht als ein Gegenstand unter anderen, sondern als ungegenständlicher Bezugspunkt aller Gegenstände. In vergleichbarer Weise ist auch Gott ko-existent mit allen Dingen und Ereignissen. Erst in bestimmten Erschließungssituationen tritt er aus seiner anonymen Gegenwart heraus, so daß wir seiner inne werden.

Diese Erschließungssituationen sind entweder Grenzerfahrungen, in denen Sein und Sinn auseinanderfallen. Dann wird die Abwesenheit Gottes bewußt. Oder es handelt sich um Grenzerfahrungen, in denen in der unwahrscheinlichen Übereinstimmung zwischen Sein und Sinn seine

Anwesenheit erlebt wird: in der Schönheit der Natur oder in der Erfahrung von Vertrauen und Liebe.

Das Wort Gottes ist jene menschliche Rede, die solche Erschließungssituationen hervorrufen kann. Es führt keinen neuen Gegenstand »Gott« in das Leben ein, sondern läßt einen immer anwesenden Hintergrund hervortreten. Es ermöglicht Kontaktaufnahme mit einer ungegenständlichen Realität.

Ein Bild möge veranschaulichen, was es mit dieser Ungegenständlichkeit Gottes auf sich hat. Diskussionen über die Existenz oder Nicht-Existenz Gottes beginnen oft so, als wolle man zwei große »Kästen« von Gegenständen unterscheiden: auf der einen Seite die Menge aller Gegenstände, die existieren, auf der anderen Seite die Menge der Gegenstände, die nicht existieren. Als existierende Dinge gelten im allgemeinen Berge, Bäume, Steine, aber auch Zahnschmerzen, die Zahl Pi, ein physikalisches Gesetz. Als nicht-existierend gelten u.a. das runde Quadrat, der 50. Mond um die Erde, die konfliktfreie Gesellschaft usw. Schon beim einfachen Sortieren kommt man in Schwierigkeiten.

Erst recht aber, wenn man »Gott« in einen dieser Kästen sortieren will. Gott läßt sich nicht in solche Kästen sortieren. Denn er ist kein existierender Gegenstand neben anderen, sondern der Kasten selbst, in dem uns alle Gegenstände als existierende begegnen. Er ist das, was darüber entscheidet, ob etwas existiert oder nicht existiert. Er ist das Geheimnis des Seins. Er ist der Rahmen aller Dinge – aber kein Ding in diesem Rahmen.

Das Wort »Gott« ist aber erst dann gerechtfertigt, wenn dieser ungegenständliche Rahmen aller Dinge und Ereignisse als Sinn und Wert erlebt wird – d.h. als etwas, das eine Bedeutung für unsere Sinne und einen Wert für unser Wollen hat.

Wenn wir in dem oben gewählten Bild bleiben, so können wir sagen: Sein wird dort als Sinn erfahren, wo der »Kasten« zum Rahmen wird, der ein Bild umschließt. Der Inhalt des Bildes mag trivial, sinnleer und unbedeutsam erscheinen – aber sobald in der modernen Kunst ein Künstler einen noch so trivialen Gegenstand mit einem »Rahmen« umgibt, mutet er uns zu, in all dem Trivialen, Sinnleeren und Unbedeutsamen einen Sinn zu suchen. Gott ist einem modernen Künstler vergleichbar. Er begegnet vermittelt durch eine Welt, die voll von Absurdem, Häßlichem und Trivialem ist. Er ist in ihr anonym präsent. Ein religiöser Glaube spürt: Hier gibt sich etwas Bedeutsames kund. Jede Predigt soll die Augen dafür öffnen, alles in einem Rahmen zu sehen, in dem es als etwas Bedeutsames erlebt wird.

Aber nicht nur das: Gott ist auch Einheit von Sein und Wert. Um noch einmal unser Ausgangsbild zu variieren: Der in ihm begegnende Kasten des Seins kann sich uns auch in den Rahmen einer Bühne verwandeln, in das Schauspiel der Welt, in dem wir uns eine Rolle suchen dürfen, um an dem Spiel als gleichberechtigte Spieler teilzunehmen. Die Predigt soll uns die Wirklichkeit als ein Drama sehen lehren, in dem wir eine Rolle spielen, für deren Gestaltung wir verantwortlich sind und von deren Wert wir überzeugt sind.

Die Predigt wird also dort zum Wort Gottes, wo sie Gott als Einheit von Sein und Sinn aufleuchten läßt. Wie aber kann das geschehen? Die christliche Predigt vertraut darauf, daß biblische Texte immer wieder zum Wort Gottes an uns werden – d.h. daß in ihnen eine Potenz steckt, die unsere Wahrnehmung der Wirklichkeit so umstrukturiert, daß wir in ihr Gottes verborgene Anwesenheit vernehmen oder seine Abwesenheit als Verlust und Schmerz spüren.

Auch dafür darf ich ein Bild gebrauchen. Wir alle kennen die Kippbilder, mit deren Hilfe Gestaltpsychologen demonstrieren, daß unsere Wahrnehmung ein aktiver Prozeß ist. Wenn wir bei ihrer Betrachtung Figur und Hintergrund vertauschen, sehen wir einerseits einen »Eisbecher«, andererseits zwei einander zugewandte Gesichter. Einerseits eine alte Frau, andererseits eine junge Dame. Oder wir entdecken in einem Wirrwarr von Linien einen verborgen eingezeichneten Menschen. Alles hängt davon ab, wie wir das sinnliche Material »strukturieren« und »umstrukturieren« – und zwar aufgrund von Antizipationen, die unsere Wahrnehmung leiten. In den biblischen Texten sind nun eine Fülle von solchen Antizipationen enthalten: die Grundmotive biblischen Glaubens, die uns in der Wirklichkeit Neues entdecken lassen. Im Lichte des Weisheitsmotivs entdekken wir z.B. in einer Welt, die für viele nur ein Konglomerat von Partikeln und Feldern ist, aufgebaut nach mathematisch meßbaren Regelmäßigkeiten, eine überlegene Vernunft, von der unser menschlicher Verstand nur ein schwaches Echo ist. Im Vexierbild der Wirklichkeit mit seinen vielen verworrenen Linien wird eine Kraft spürbar, die den Menschen anspricht, verpflichtet und ihm Geborgenheit verleiht.[15]

Wenn der Mensch in einem ständigen Dialog mit sich und anderen steht, um der Wirklichkeit Sinn und Wert abzugewinnen, so ist die Predigt eine Umstrukturierung dieses Dialogs, indem sie Gott selbst in die-

15. Vgl. zu diesem Umstrukturieren der Erfahrung vor allem H. Sunden, Gott erfahren. Das Rollenangebot der Religionen, GTB 98, Gütersloh 1975, dort bes. das zweite Kapitel: »Der Glaube in psychologischer und theologischer Beleuchtung« (S.29-58).

sen Dialog einbezieht. Die Predigt wird dann zum »Wort Gottes«, wenn sie jene gesuchte und von Menschen verfehlte Einheit von Sein und Wert aufleuchten läßt, d.h. wenn sie in der Wirklichkeit eine verborgene »Botschaft« und einen Wert erleben läßt. Aus der anonymen Gegenwart Gottes im inneren Dialog des Menschen wird dann seine bewußte Gegenwart. Sie ist Grundlage für die Kraft, den erlittenen Diskrepanzen von Sein und Sinn standzuhalten – und für die Verpflichtung, sie dort zu reduzieren, wo menschliches Handeln dies ermöglicht.

D. Konsequenzen für die Gestaltung der Predigt

Ziel der Predigt ist es also, Gott im inneren Dialog des Menschen gegenwärtig zu machen – als die ungegenständliche Einheit von Sein und Sinn, die sich wie ein »Du« erschließt, aber als etwas Letztgültiges nicht erschlossen werden kann. Die Gestalt der Predigt ist nur dann überzeugend, wenn sie sich aus diesem Ziel der Predigt ergibt. Vier Konsequenzen für die Gestaltung von Predigten lassen sich nennen: Predigen verlangt erstens eine spezifische *homiletische Bildlichkeit*, weil nur bildliche Rede Sein und Sinn verschmelzen und Nichtgegenständliches vergegenwärtigen kann. Predigen verlangt zweitens eine *homiletische Erzählstruktur*, weil so die Spannungen zwischen Sein und Sinn, Indikativ und Imperativ, deus absconditus et revelatus ohne Leugnung der bleibenden Aporien dargestellt werden können. Predigen verlangt drittens eine spezifische *homiletische Spannung*, die sich aus der Spannung zwischen Sein und Sinn ergibt, die alle unsere Reflexionen durchzieht. Predigen verlangt viertens eine *homiletische Dialogik*: Wenn sich letztgültige Einheit von Sein und Sinn nur selbst erschließt, dann kann man diese Einheit nur appellativ vergegenwärtigen – als Anrede, die den Menschen vor ein großes »Du« stellt. Homiletische Bildlichkeit, Erzählstruktur, Spannung und Dialogik ergeben sich so aus der Aufgabe der Predigt selbst. Das sei im folgenden ausgeführt.

1. Die homiletische Bildlichkeit

Eine Predigt ohne Bilder und Symbole verfehlt ihr Ziel. Nicht nur deshalb, weil Bilder und Symbole den Menschen in Tiefenschichten ansprechen, die abstrakte Gedanken nur schwer erreichen. Bilder und Symbole sind mehr als Transportmittel für einen Inhalt, der auch ohne sie vermittelt werden kann. Vielmehr entspricht ihre innere Struktur der Aufgabe der Predigt aufgrund von zwei Merkmalen:

a) Bildliche Sprache ist ein Reden mit offenem Referenten. Bilder sind nicht nur Bezeichnungen für eine bekannte Sache, sondern Aufforderungen, in dieser Sache nach etwas Unbekanntem zu suchen. Sie sind »semantische Störungen«, die unsere Aufmerksamkeit auf etwas Neues lenken. Wenn man vom »Haus des Seins« spricht, so wird mit dieser Metapher zugleich gesagt: »Das Sein ist ein Haus« und »Das Sein ist kein Haus«. Offen bleibt: Inwiefern ist das Sein ein Haus? Das muß und darf der Addressat der Metapher selbst herausfinden: Die Metapher vom Haus des Seins sagt gewiß etwas über die Struktur des Seins aus. Sie legt nahe, in ihm nach Geordnetem, Stabilem, Unwahrscheinlichem zu suchen. Sie schickt uns auf eine Suche mit offenem Ausgang.

b) Bildliche Rede ist ferner dadurch charakterisiert, daß sie Sein und Sinn verschmilzt. Beides gehört in ihr zusammen: der semantische Bezug auf einen Referenten und ein Appell an uns, in ihm einen Sinn und einen Wert wahrzunehmen. Wenn wir die Wirklichkeit nach Sinn und Wert abtasten, so bedienen wir uns daher immer einer bildhaften Sprache. Die Metapher »das Haus des Seins« sagt nicht nur etwas über geordnete und stabile Strukturen der Wirklichkeit, sondern spricht deren emotionale und werthafte Qualität an: In einem Haus darf man sich zu Hause fühlen. In einem Haus findet man alles für das Leben Erforderliche. Ein Haus gibt Geborgenheit. Aber man findet in ihm auch Mitbewohner, mit denen man sich arrangieren muß – und nicht jeder Mitbewohner ist ein angenehmer Mitmensch.

Metaphern und Symbole sind zweifellos besonders geeignet, auf Aspekte der Wirklichkeit hinzuweisen, die nur ungegenständlich gegeben sind und in denen Sein und Sinn als Einheit hervortreten. Von Gott als ungegenständlicher Einheit von Sein und Sinn kann homiletisch nur in Bildern gesprochen werden! Wir sollten daher alle Bilder von Gott sammeln, beschreiben, fortschreiben – auch neue Bilder erfinden, und das weit über das hinaus, was eine strenge systematische Theologie für zulässig hält. Homiletische Bilder für Gott dürfen einseitig sein, weil sie ja nur in der Kumulation sich gegenseitig ergänzender Bilder wirksam sind: Gott ist Sonne und Licht, Wärme und Luft. Er ist ethische Energie und ein Magnetfeld von Sinn und Wert, das die ganze Wirklichkeit durchzieht. Gott ist Höhe und Tiefe des Seins. Er ist das Herz aller Dinge und das Zentrum des Universums. Er (oder sie) ist das Gesamtsystem der Wirklichkeit, der Strom des Lebens und das Meer des Seins.[16]

16. Vgl. vor allem S. McFague, Metaphorical Theology. Models of God in Religious Language, London 1982; dies., Models of God. Theology for an Ecological,

Die Forderung nach einer homiletischen Bildlichkeit der Rede gilt aber nicht nur für das Reden von und über Gott. Jede Predigt schaltet sich in einen inneren Dialog über Welt, Selbst und die Gesellschaft ein. Sie braucht Bilder, um über Welt, Leben und Gesellschaft zu sprechen.

Der ganze Kosmos kann in einem Bild angesprochen werden. Ist das Universum wirklich ein »Haus des Seins«, sind wir Kinder des Kosmos – oder sind wir Zigeuner des Alls, die es irgendwo auf einen kleinen Planeten als winziges Krustenphänomen verschlagen hat? Oder ist der Kosmos eine riesige Wüste, an deren Rand eine kleine Oase blüht – unsere Erde?[17] Solche allgemeinen Bilder enthalten oft eine »Leerstelle« für Gott. Wenn das Sein ein »Haus« ist – wer ist sein Hüter? Wer ist der Hausherr? Wenn wir Kinder des Kosmos sind – was ist im Gesamtsystem der Dinge »väterlicher« oder »mütterlicher« Art?

Ähnlich verhält es sich mit Bildern, die sich auf das individuelle Leben beziehen. Auch das Leben wird mit Bildern besser erfaßt als durch abstrakte Gedanken. Das Leben ist ein großes Schauspiel – wer schreibt das Stück? Wer freut sich an ihm? Es ist eine große Schiffsreise – wer lenkt das Schiff? Es ist ein großes Examen – wer prüft?[18]

Und natürlich sprechen wir auch von der Gesellschaft in Bildern: Sind wir wirklich eine große Familie? Und ist diese Familie nicht durch Bruderstreit gespalten – gezeichnet durch die Geschichte Kains und Abels? Ist sie nicht eine große Affenhorde, in der die Hierarchien durch Balgereien herausgefunden werden? usw.[19]

Noch einmal: Bilder und Symbole sind in einer Predigt kein Ornament. Sie gehören zu ihrer Substanz. Die Bilderarmut vieler Predigten ist ein Verstoß gegen die Aufgabe der Predigt.

2. Die homiletische Erzählstruktur

Neben Bildern sind Erzählungen die wichtigsten Mittel, um anschaulich zu predigen.[20] Keine Predigt sollte ohne Bild und Erzählung sein. Eine »homiletische Erzählstruktur« meint jedoch mehr als narrative Beispiele

Nuclear Age, Philadelphia 1987 ³1989. In diesem Buch entwickelt sie drei Metaphern zu neuen Modellen Gottes: Gott als Mutter, Liebender und Freund.

17. Vgl. das Predigtbeispiel 5.
18. Vgl. Ist die Kritik des Paulus am Gesetz antijüdisch? Eine Predigt zum Israelsonntag, in: Lichtspuren. Gütersloh 1994, 167-174.
19. Vgl. »Wir Menschen sollten mehr als Affen sein!« Eine antiautoritäre Predigt (Mk 10,35-45), in: Lichtspuren, Gütersloh 1994, 132-138.
20. Eine systematische Diskussion der homiletischen Verwendung von narrativen Texten und Strukturen bietet K.Meyer zu Uptrup, Gestalthomiletik, 135ff.

oder Parabeln in der Predigt.[21] Gemeint ist eine Erzählstruktur, die sich aus dem Gegenstand der Predigt selbst ergibt. Alle Bibeltexte stehen innerhalb des zweigliedrigen Kanons von Altem und Neuem Testament in einem großen erzählerischen Rahmen. Diese biblische Erzählung zeugt von einer Geschichte zwischen Gott und Mensch. Das Ziel der Predigt ist es, diesen Dialog fortzuführen. Dabei begegnet uns Gott in Widersprüchen – in der Spannung von Sein und Sinn, Indikativ und Imperativ, als deus absconditus et revelatus. Wir können diese Widersprüche nicht durch eine widerspruchsfreie Theorie lösen, sondern müssen sie als komplementäre Sätze nebeneinander gelten lassen.[22] Eine erzählerische Darstellung solcher komplementären Aussagen ist von der Sache her geboten, weil eine Erzählung in einer diachronen Reihenfolge als Einheit darstellen kann, was synchron und nebeneinander ein direkter Widerspruch ist. Auch wenn die Predigt zu Widersprüchen gelangen muß, auch wenn sie zur Feststellung gelangt: Gott ist zugleich verborgen und offenbar, immanent und transzendent, gütig und mächtig, personal und überpersonal –, so wird sie doch immer von Erzählungen ausgehen, in denen Verborgenheit und Offenbarung, Transzendenz und Immanenz, Macht und Güte als Folge begegnen. Die biblische Zeichenwelt ist in ihrer Grundstruktur durch und durch narrativ. In ihr sind die unvermeidbaren Widersprüche theologischer Sätze »aufgehoben«.

Ich beginne mit dem fundamentalen Widerspruch von Sein und Sinn. Schon Marcion[23] erlebte ihn im 2. Jhdt. n.Chr. als so zentral, daß er zum Glauben an zwei Gottheiten gelangte: an einen Gott, der für die faktische Gestalt des Seins verantwortlich war, an den vergeltenden Schöpfergott des Alten Testaments, und an den Gott der Liebe und des Evangeliums, durch den in einer sinnwidrigen Welt erst Sinn und Wert verwirklicht wurden. Daher konnten die alttestamentlichen und neutestamentlichen Schriften für ihn unmöglich Teile derselben religiösen Grunderzählung sein. So schuf er einen Kanon, der allein aus neutestamentlichen Büchern bestand –

21. Vgl. W. Hoffsümmer, Kurzgeschichten. Kurzgeschichten für Gottesdienst, Schule und Gruppe, 4 Bde, Mainz 1981-1991.
22. Vgl. H. Reich, Kann Denken in Komplementarität die religiöse Entwicklung im Erwachsenenalter fördern? Überlegungen am Beispiel der Lehrformel von Chalkedon und weiterer theologischer Paradoxe, in: M. Böhnke/K. H. Reich/L. Rivez (Hg.), Erwachsen im Glauben, Stuttgart/Berlin/Köln 1992, 127-154, bes. 147f zum Theodizee-Problem.
23. B. Aland, Art. Marcion/Marcioniten, TRE 22 (1992) 89-101. Natürlich ist der Gott des AT in sich eine »Synthese« von Sein und Sinn. Denn Gerechtigkeit ist ein Wert. Aber er verantwortet vor allem die faktische Gestalt der Welt.

und auch diese übernahm er nur in gereinigter Form, in der alles getilgt war, was an den Gott des Alten Testaments erinnerte. Eine überzeugende Antwort auf Markion gab erst Irenäus von Lyon mit seiner heilsgeschichtlichen Theologie.[24] In ihr wird der Gegensatz von Schöpfung und Erlösung in einer umfassenden Erzählung aufgehoben. Die Erlösung wird als Wiederherstellung und Vollendung der Schöpfung nach deren Fall verstanden. Der Schöpfergott wurde zum Erlöser, indem er Mensch wurde, damit der Mensch seine Ebenbildlichkeit voll verwirklichen kann. In einer dramatischen heilsgeschichtlichen Erzählung wird geschildert, wie die ursprüngliche Intention der Schöpfung trotz aller Widerstände zur Vollendung gebracht wird. Irenäus konnte so das komplementäre Verhältnis von Sein und Sinn, von Schöpfung und Erlösung in einer narrativen Einheit integrieren. Er mußte die Spannung zwischen Schöpfung und Erlösung nicht leugnen. Vielmehr wurde sie zum Grundmotiv einer heilsgeschichtlichen Erzählung. Eben dadurch gab er dem zweiteiligen Kanon aus Altem und Neuem Testament eine theologisch überzeugende Begründung.

Im Protestantismus wurde die Spannung zwischen Indikativ und Imperativ oft mit Hilfe der Antithese von Gesetz und Evangelium verabsolutiert. Protestanten fasziniert die Vorstellung, daß das Wort Gottes in einem Innenraum im Menschen wirkt, in dem radikale Freiheit herrscht. Dort verwandle das Wort den Menschen in einer Weise, daß er spontan das Gute tut, ohne vom Gesetz gelenkt zu werden – weder vom Gesetz als Sozialkontrolle von außen (dem usus politicus legis), noch vom Gesetz als Ursprung verinnerlichter Angst vor dem Gericht (dem usus elenchticus legis) noch vom Gesetz als Gebot für die Wiedergeborenen (dem tertius usus legis). Protestanten träumen so manchmal von radikaler Innerlichkeits-Anarchie,[25] d.h. von einer Herrschaftslosigkeit im Zentrum des Menschen, in den auch das Gesetz nicht mehr hineinregiert. Daher konnte im Protestantismus das Gesetz lange nicht als Gnade erlebt werden. Das Judentum wurde als Leben unter dem Gesetz negativ gesehen. Im Imperativ wurde der vorausgesetzte Indikativ nicht gehört. Eine neue Sensibilität für die narrative Theologie des Pentateuch hat diese Antithese von Gesetz und Evangelium überholt:[26] Die Befreiung aus Ägypten geht

24. H.-J. Jaschke, Art. Irenäus von Lyon, TRE 16 (1987) 258-268.
25. Ich übernehme den Begriff von F.W. Graf/K. Tanner, Protestantische Staatsgesinnung. Zwischen Innerlichkeitsanarchie und Obrigkeitshörigkeit, EvKom 20 (1987) 699-704. Die Autoren zeigen freilich die Tendenz zur Innerlichkeitsanarchie nicht an der Lehre vom Gesetz, sondern an der »Zwei-Reiche-Lehre«.
26. Vgl. F. Crüsemann, Die Tora. Theologie und Sozialgeschichte des alttestamentlichen Gesetzes, München 1992.

als Indikativ der Gesetzgebung am Sinai voran. Die erste Gesetzgebung scheitert an der Sünde der Menschen. Der Tanz um das Goldene Kalb ist Ablehnung des Dekalogs. Trotzdem erneuert Gott sein Gesetz. Dadurch wird das Gesetz von vornherein zur Gnade gegenüber Menschen, die sich von Gott abwenden. Die Gesetzgebung ist Akt göttlicher Barmherzigkeit. Besser als alle abstrakten Neubestimmungen des Verhältnisses von Gesetz und Evangelium kann die Grunderzählung vom Sinai den Imperativ im Indikativ verankern.

Auch die Spannung zwischen dem deus absconditus und dem deus revelatus läßt sich erzählerisch angemessener bearbeiten als durch allgemeine Theorien: Die Geschichte Hiobs, die Klagen Jeremias und die Erzählung von Gethsemane sind bessere Begleiter in der »Gottesfinsternis« des Leidens als jede abstrakte Theodizee.

Natürlich muß eine Theologie immer wieder die in Erzählungen enthaltene »Weisheit« in allgemeinen Sätzen zusammenfassen und systematisieren. Sie gelangt dann zu komplementären Sätzen – und darüber hinaus zu einer Metatheorie, warum solche komplementäre Sätze notwendig sind.[27] Aber allgemeine theologische Sätze ohne Rückbindung an die Erzähltraditionen der Bibel sind mißverständlich. Der Glaube an den Schöpfergott kann als von der Bibel losgelöster Satz im Sinne einer Rechtfertigung alles Bestehenden mißbraucht werden. Erst im Kontext biblischer Erzählungen wird klar: Dieser Schöpfergott ist gleichzeitig der Gott des Exodus, der ein Volk in die Freiheit führt. Erst der narrative Kontext macht vieldeutige theologische Sätze eindeutig.

3. Die homiletische Spannung

Die Forderung, daß eine Predigt spannend sein soll, wird wohl auf allgemeine Zustimmung stoßen – schon deshalb, weil auch gutwillige Predigthörer und -hörerinnen oft unter langweiligen Predigten leiden. Es gibt viele legitime Mittel, eine Predigt spannend zu gestalten. So kann man eine Geschichte erzählen, vor dem Ende abbrechen, um den Schluß erst am Ende der Predigt nachzuholen. Oder man kann bewußt an Tabusphären rühren, so daß die Gemeinde den Atem anhält: Er wird doch hoffentlich vor dieser oder jener Aussage zurückschrecken? (In politischen Diktaturen können schon die kleinsten Abweichungen von der offiziellen Ideologie die Hörer und Hörerinnen aktivieren.) Oder man kann ein Stück seines privaten Lebens enthüllen – und die menschlich-allzumenschliche

27. Vgl. D. Ritschl/H.O. Jones, »Story« als Rohmaterial der Theologie, TEH 192, München 1976.

Neugier wecken, etwas vom Menschen in und hinter dem Prediger zu erfahren. Oder man kann Aporien aufreißen, die jeden fragen lassen: Welche Antwort findet er denn darauf? All das ist legitim. All das ist oft notwendig. Aber es sind nicht unbedingt Spannungen, die sich aus dem Wesen der Predigt selbst ergeben.

Die Forderung, daß jede Predigt spannend sein soll, wird erst dort angemessen erfüllt, wo alle spannungserregenden Strategien auf eine Grundspannung bezogen sind: auf die Spannung von Sein und Sinn. Beides fällt in unserer Erfahrung schmerzlich auseinander. Dies Auseinanderfallen verstrickt den Menschen in einen fortlaufenden inneren Dialog mit sich selbst. Von dieser Spannung bezieht eine gute Predigt ihre intrinsische Spannung. Wo die Diskrepanz zwischen Sein und Sinn nicht bis in die größten Tiefen hinein sichtbar wird, kann auch ihre Einheit nicht als unwahrscheinliches Wunder erlebt werden.

Mit dieser Forderung nach einer spezifisch homiletischen Spannung ist nicht gemeint, daß man am Anfang jeder Predigt erst die großen Diskrepanzen von Sein und Sinn beschwören muß, um dann einen Weg zu zeigen, sie zu bewältigen – vom archimedischen Punkt einer Einheit von Sein und Sinn her. Eine Predigt kann zwar so aufgebaut sein. Aber sie kann auch eine andere Struktur haben. Man kann auch mit einer kräftigen Vergewisserung jener Einheitserfahrung von Sein und Sinn beginnen – um so tiefer erscheinen die Abgründe des Lebens. Ja, manchmal wagt man den Blick in den Abgrund erst, wenn man am Rande des Abgrunds einen festen Halt hat.

Auch geht es mit der Forderung nach homiletischer Spannung nicht um eine Symmetrie zwischen Diskrepanz- und Konsonanzerfahrungen, als müßten beide gleich gewichtig – und möglicherweise in gleicher Ausführlichkeit – zur Sprache kommen. Oft reichen kurze Stichworte, um aufzureißen, was Menschen in ihrem inneren Dialog umtreibt und quält. Oft reichen kurze Sätze, um die Erfahrung eines »Friedens« über alle Vernunft hinaus zu vermitteln. Gefordert wird vielmehr, daß die Predigt von der Spannung lebt, die ihr von ihrem Gegenstand her vorgegeben ist: von der Spannung zwischen Sein und Sinn, Wirklichkeit und Wert, Macht und Güte.

Diese Spannung nimmt verschiedene Formen an. Im Blick auf die Vergangenheit ist einerseits an das Leid zu denken, das wir ohne unser Verschulden erfahren und auf das wir mit Protest und Klage reagieren. Andererseits aber auch an das Leid, das wir selbst durch unser Verschulden anrichten – bei anderen und bei uns selbst –, und das zur Bitte um Vergebung und Erneuerung treibt. Die homiletische Spannung ist gestört, wenn einseitig widerfahrenes Leid oder einseitig selbstverursachte Schuld im Mittelpunkt aller Predigten steht.

Das wiederholt sich im Blick auf die Zukunft. Hier richten sich unsere Befürchtungen und Ängste auf das, worüber wir nicht verfügen können, auch wenn wir uns noch so viel Kompetenz im Umgang mit der Zukunftsgestaltung zuschreiben. Wir wissen genau, der Strom der Zeit treibt uns alle dahin, wohin wir nicht wollen: in den Tod. Und diesen erleiden wir als ein allgemeines Schicksal alles Lebendigen (und nur in der Form des gewaltsamen und unversöhnten Todes als Schuld). Aber auch im Blick auf die Zukunft gibt es eine Diskrepanzerfahrung von Sein und Sinn, die der Schulderfahrung in der Vergangenheit entspricht: Die Versagensangst angesichts der auf uns zukommenden Herausforderungen – gleichgültig, ob es sich um kollektives Versagen (z.B. angesichts der ökologischen Krisen) handelt oder individuelles Versagen gegenüber dem je eigenen Lebensentwurf. Auch im Hinblick auf die Zukunft wird die homiletische Spannung unzulässig in eine bestimmte Richtung reduziert, wenn nicht beides zur Sprache kommt: die Furcht vor extern verursachtem zukünftigen Geschick und die Verantwortungslast dort, wo wir entscheidende Faktoren selbst beeinflussen können.

Die eigentliche Diskrepanzerfahrung aber ist die zwischen Sein und Sinn. Wir leben schon immer von Erfahrungen eines vorgängigen Sinnes: vom Vertrauen anderer Menschen, von der Angepaßtheit der sinnlich erfahrbaren Welt an unsere Organe, von der intelligiblen Struktur des Kosmos. Und wir erfahren in einzelnen Augenblicken des Lebens immer wieder intensive Momente, in denen wir etwas als Selbstwert erleben – vor allem in Augenblicken erotischer Faszination oder im Gelingen eines Werkes oder im tiefen Verstehen. All diese Erfahrungen sind zeichenhaft für eine letztgültige Einheit von Sein und Sinn, die über solche flüchtigen Augenblicke dauert: für Gott. Es ist daher konsequent, wenn solche Erfahrungen eines augenblicklichen Selbstwerts von einem religiösen Bewußtsein als »Selbsterschließungen Gottes« erlebt werden.

Aufgabe der Predigt ist es auf jeden Fall, den Erfahrungen einer Diskrepanz zwischen Sein und Sinn eine verläßliche Erfahrung ihrer Einheit entgegenzuhalten. Sie will diese Einheit als Gegenwart Gottes kontrafaktisch aufleuchten lassen. Dies Aufleuchten einer Einheit von Sein und Sinn ist zunächst ein reiner Indikativ:[28] Dem schuldig gewordenen Menschen wird

28. Ein Anliegen von O. Fuchs, Von Gott predigen, Gütersloh 1984, ist es, gegenüber dem starken ethischen Akzent vieler Predigten wieder den »Indikativ der Frohen Botschaft« (S.9) zur Geltung zu bringen. Er überschreibt seine Überlegungen

zugesprochen, daß er schon immer angenommen ist – trotz Schuld und Versagen. Dem leidenden Menschen wird Trost zugesprochen – als Mobilisierung aller positiven Gegenerfahrungen, aber auch als Zuspruch einer paradoxen Anwesenheit Gottes im Leid. Dem sich fürchtenden und von Versagensangst gequälten Menschen wird Mut zugesprochen.

Die homiletische Grundspannung von Sein und Sinn aufzulösen wäre unmöglich, wenn sie in der christlichen Grunderzählung nicht schon aufgelöst wäre – nicht so, daß sie nicht mehr existierte, wohl aber so, daß sinnvoll mit ihr gelebt werden kann. Die großen Fragen der Theodizee, wie sie sich noch im säkularisierten Bewußtsein in der fortlaufenden Rechtfertigung von Welt, Selbst und Gesellschaft niederschlagen, sind theoretisch unlösbar. Sie werden »lebbar« in der Nachfolge Jesu. Wenn Gott selbst Leiden und Tod ausgesetzt ist, dann ist dies Leiden und Sterben kein Einwand gegen eine letztgültige Einheit von Sein und Sinn.[29] Wenn er im Negativen, Absurden und Schmerzlichen ebenso anwesend sein kann wie in den positiven Spitzenerlebnissen des Lebens, dann kann das Bündnis mit ihm – ein Bund mit dem Sein selbst – auch Krisen und Katastrophen überstehen. Es braucht hier nicht ausgeführt zu werden, warum und wie die Christologie eine Antwort auf die homiletische Grundspannung darstellt. Hier genügt festzustellen: Wer diese Grundspannung verkleinert, wer die Abgründe von Tod, Leid und Schuld, von Ungerechtigkeit und Unterdrükkung in der Predigt ausklammert, bei dem wird der Rückgriff auf die christliche Grunderzählung von Jesus von Nazareth immer nur als ein unmotivierter »christologischer« Anhang erscheinen und nicht als das Zentrum, in dem die Einheit von Sein und Sinn dauerhaft und verläßlich aufleuchtet.[30]

4. Die homiletische Dialogik

Jede Predigt ist Anrede an Menschen. Sie ist in ihrer Grundstruktur dialogisch – auch wenn sie als Monolog vorgetragen wird. Im Rahmen des gesamten Gottesdienstes ist die Predigt, eingebaut in einen (stark ritualisierten) Dialog, bestehend aus Gesang, Gebet und Bekenntnis. Es wäre

zum Predigen von Gott daher als »Überlegungen zu einer indikativischen Homiletik« (S.9ff).

29. Vgl. R. Spaemann, Über den Sinn des Leidens, in: Einsprüche. Christliche Reden, Einsiedeln 1977, 116-133.

30. Unter den Predigtbeispielen sind zwei, die ganz von dem Konflikt zwischen Wirklichkeit und Wert bestimmt sind: Die Predigt Petra v. Gemündens zum Volkstrauertag über Mt 25,31-40 (Predigtbeispiel 2) zeigt diesen Konflikt in der gesellschaftlichen Erfahrung auf, ihre Predigt zum Totensonntag über Mk 13,31-37 (Predigtbeispiel 4) ist von der individuellen Todes- und Trauererfahrung bestimmt.

wünschenswert, wenn auch während der Predigt dialogische Elemente wie Lachen, Klatschen, Murren usw. – wieder üblich werden, damit deutlich wird: eine Predigt will einen Dialog eröffnen. Das unterscheidet sie von einem Vortrag, der sich ganz einer Sache widmet und sie nach immanenten Notwendigkeiten entfaltet. In einem Vortrag treten die anredenden Elemente stark zurück. In ihm dominiert die Ich-Es-Beziehung. Die Tugend des Vortrags ist Sachlichkeit und Sachgemäßheit, auch wenn ein paar dialogische Elemente auflockernd sind. In einer Predigt wird dagegen alles in eine Ich-Du-Beziehung einbezogen und letztlich alles als Anrede gestaltet, als ein Ruf, ein Werben, ein Bitten. Alles zielt darauf, den Hörer und die Hörerin zu erreichen, sie zu öffnen, zu orientieren und zu verändern. Dazu gehören auch Abschnitte, in denen ein Problem sachlich entfaltet wird. Denn auch Argumentation und Gedanken gehören zu dem, was einen Menschen für eine Sache öffnen kann. Aber letztlich ist die Predigt Anrede, Ruf, Appell.

Auch hier ist entscheidend, daß diese dialogische Struktur aus dem Wesen der Predigt selbst hervorgeht. Denn sie will ja eine Rede sein, die eine Chance zur Dialogaufnahme mit Gott bietet. Sie will letztlich das »Du« Gottes selbst gegenwärtig machen, so daß die Chance besteht, daß jemand auf dies »Du« antwortet.

Natürlich kann man über »Gott« auch Vorträge halten. In ihnen könnte man vielleicht das Entscheidende über Gott sagen, wenn wir eine letztgültige Einheit von Sein und Sinn aus den Strukturen der Welt, des Bewußtseins oder der Gesellschaft erschließen könnten. Wenn Gott in logisch stringenter Form erschließbar wäre, wäre der philosophische Vortrag eine angemessene Weise, um Kontakt mit ihm aufzunehmen. Aber der Stand unserer Philosophie (oder zumindest meiner Philosophie) ist eher so, daß wir zwar philosophisch den Gottesbegriff klären können – einschließlich der Klärung jenes Sachverhalts, daß alle Rückschlüsse aus der Welt, dem Selbst und der Gesellschaft auf Gott scheitern. Das aber bedeutet, daß philosophisches Nachdenken sich darauf konzentriert, die Gründe für dies Scheitern darzulegen – und vielleicht darüber hinaus noch zu deuten, warum sich Menschen immer wieder auf dies Scheitern einlassen. Dies Scheitern könnte ja einen heuristischen Wert haben: Es zeigt, daß, wenn es Erfahrung von Gott gibt, es eine Erfahrung ist, in der sich etwas erschließt, das in sich selbst Grund, Sinn und Wert ist. Es erschließt sich selbst analog dem »Du« eines Menschen. Ein Mensch erschließt sich letztlich durch sein eigenes Wort.

Wenn Predigt eine Chance zur Dialogaufnahme mit Gott sein will, so muß sie notwendig zur Anrede werden. Sie ist vergleichbar einer Liebeswerbung, einer Bitte, einem Ruf, einem Appell. Das muß auch in der sprachlichen Form zum Ausdruck kommen. An entscheidenden Stellen wird sie daher immer wieder von sachlichen Darlegungen in direkte Anrede übergehen.

Viele Predigten kranken daran, daß sie ohne Bildlichkeit und ohne Erzählstruktur sind, ohne eine innere Spannung, ohne Anrede. Aber alle vier Elemente würden nichts bringen, wenn sie nicht aus dem Wesen der Predigt selbst hervorgingen: wenn sie nicht von jener Grundaufgabe bestimmt sind, eine letztgültige Einheit von Sein und Sinn im Dialog des Menschen mit sich und anderen gegenwärtig zu machen. Nur so reaktiviert die Predigt die biblische Zeichensprache für die Gegenwart. Denn alles ist in dieser Zeichensprache auf ein Zentrum ausgerichtet, auf eine zentrale Überzeugung, die alle biblischen Grundmotive steuert und organisiert, die alle Bilder und Erzählungen durchdringt: Dies Zentrum ist der Glaube an den einen und einzigen Gott. Überall wo die Zeichensprache des Glaubens lebendig ist, dient sie dazu, mit ihm den Kontakt aufzunehmen.

IV. Predigt als Chance zur Vermittlung von Lebensorientierung
Die existenzielle Dimension der Predigt

Jede Predigt greift in einen Dialog über Welt, Gesellschaft und persönliches Leben ein, um in ihm Gott präsent zu machen. Sie zielt auf Lebensgewinn, d.h. auf Orientierung und Veränderung im Leben. Der größte Lebensgewinn wird im Neuen Testament »ewiges Leben« genannt. Joh 17,3 definiert: »Dies ist das ewige Leben, daß sie dich, den allein wahren Gott, erkennen und den du gesandt hast.« Lebensgewinn ist hier die Präsenz Gottes im menschlichen Leben durch »Erkenntnis« Gottes – oder besser: durch existenzielle Gewißheit Gottes. Denn wenn Erkenntnis adaequatio rei et intellectus ist, so ist existenzielle Gewißheit adaequatio rerum et vitae. Drei Fragen sind zu stellen:

A. Wie entsteht solche existenzielle Gewißheit?
B. Wie kann sie das ganze Leben bestimmen?
C. Welche Konsequenzen ergeben sich für die Gestaltung von Predigt und Gottesdienst?

A. Existenzielle Gewißheit als Übereinstimmungserfahrung

Die altprotestantische Theologie sprach vom testimonium internum spiritus sancti – also von unableitbaren Evidenzerfahrungen, die das Wort Gottes einleuchtend machen. Im Rahmen der hier vertretenen Religionstheorie wird man diese Evidenzerfahrungen in Übereinstimmungserfahrungen suchen: in der Übereinstimmung zwischen subjektiven Basismotiven, die unser Denken, Erleben und Verhalten steuern, mit objektiven Strukturen der umgebenden Wirklichkeit. Ich habe solche Übereinstimmungserfahrungen »Resonanzerfahrungen« genannt – also mit einer ästhetischen Metapher zu erfassen versucht: Es ist, als antworte ein Klangkörper auf das Schwingen einer Saite, so daß deren Schwingungen zu einem hörbaren Ton verstärkt werden.[1]

1. Die Deutung religiöser Erfahrung als Resonanz- und Absurditätserfahrung habe ich versucht in: Argumente für einen kritischen Glauben, ^{3}1988.

Solche Übereinstimmungen können in verschiedener Weise entstehen. Wir sind uns z.B. unserer Basismotive gewiß, tasten mit ihnen die vielfältigen Felder der Wirklichkeit ab und entdecken dabei überraschende Entsprechungen. Die Suche nach »Weisheit« in der Welt stößt so immer wieder auf subtile »Weisheitsstrukturen« in der objektiven Realität. Im Lichte des Exodusmotivs erscheint die ganze Naturgeschichte des Menschen als Exodus aus dem »Sklavenhaus« der Natur und der Mensch als erster Freigelassener der Schöpfung. Im Lichte des Agapemotivs nehmen wir die mannigfaltigen Formen prosozialen Verhaltens wahr, die das Leben erst lebbar machen. In solchen Augenblicken ist für uns das Leben stimmig. Die Basismotive unserer Existenz werden bestätigt. Wir haben die intuitive Gewißheit: Ja, so ist es! So gelingt das Leben!

Der Weg zu solchen Evidenzerfahrungen kann aber auch anders verlaufen. Wir tasten nicht nur verschiedene Wirklichkeitsbereiche nach Entsprechungen zu unseren Erwartungen und Motiven ab, sondern transformieren unsere subjektiven Motive immer wieder, bis sie an die objektive Wirklichkeit »angepaßt« sind. Wir korrigieren einseitige Wahrnehmungsmuster und Erwartungen – und erleben diese Korrekturen oft als ein plötzliches Aha-Erlebnis. Das Evidenzerlebnis basiert auf der Erfahrung, daß die Wahrheit sich durchsetzt gegen unsere Irrtümer: So haben wir »Weisheit« vielleicht immer nur in symmetrischen Strukturen gesucht, im Harmonischen und Geglückten, bis uns aufgeht, daß auch im Asymmetrischen, Chaotischen und Gefährdeten eine verborgene Weisheit enthalten ist. In solchen Evidenzerlebnissen werden unsere bisherigen Basismotive nicht bestätigt, sondern erweitert, transformiert oder durch neue Motive ersetzt.

Was hier als ein normaler »Anpassungsprozeß« beschrieben wurde, ist manchmal eine tiefgehende existenzielle Krise. Religiöse Gewißheit bildet sich oft im Erleben und Erleiden einer solchen Krise. Oft nämlich reicht es nicht aus, die bisherigen Basismotive »anzupassen« und zu modifizieren. Sie werden vielmehr durch ihnen widersprechende Eindrücke völlig erschüttert; das Vertrauen in sie geht verloren. Eine ganze »Welt« bricht zusammen. Die Gewißheiten, mit denen wir a priori die Wirklichkeit ordnen, erweisen sich als kontingent und fragwürdig. Hier stehen nicht nur einzelne Erfahrungen auf dem Spiel, sondern die Bedingung von Erfahrung überhaupt, oder die »Fähigkeit zur Erfahrung«. Hier ist der Ort, wo der Mensch auf etwas stößt, das in seiner Erfahrung der Welt nicht enthalten ist, sondern auf das, was die Welt, ihn selbst und die Erfahrung der Welt erst ermöglicht. Hier ist der Ort, wo Gott »erfahren« wird.[2]

2. Vgl. R. Schaeffler, Fähigkeit zur Erfahrung. Zur transzendentalen Hermeneutik des Sprechens von Gott, QD 94, Freiburg/Basel/Wien 1982.

Religiöse Weisheit weiß seit je her, daß Gewißheit sich durch das Erleiden solcher Grenzerfahrungen bildet. Im Zusammenbruch und Neuaufbau einer gedeuteten Welt wird unmittelbar eine schöpferische Macht erfahren – oft als Umkehr, Erleuchtung, als Versetztwerden aus der Wüste der Finsternis ins Licht. Was in solchen Erleuchtungs- und Evidenzerlebnissen geschieht, ist eine Re-konstruktion der Basismotive, die unser Leben steuern: Neue treten an die Stelle alter, alte werden modifiziert oder sie werden neu im Inneren verankert.

Voraussetzung für alle Evidenzerlebnisse ist in jedem Fall, daß wir Übereinstimmungen zwischen den subjektiven Strukturen und objektiver Wirklichkeit nicht als selbstverständlich hinnehmen. Wir müssen immer wieder auf Widersprüche zwischen uns und der Wirklichkeit stoßen, um die gefundene Übereinstimmung – sei es durch Erschließung neuer Wirklichkeitsbereiche, sei es durch Veränderungen unserer Basismotive – als etwas Außergewöhnliches und Wunderbares erleben zu können.

Eine Predigt, welche die biblische Zeichensprache des Glaubens lebendig machen will, will einerseits evident machen, daß sich die Wirklichkeit im Lichte der vertrauten biblischen Basismotive immer wieder neu erschließt: Sie will die Grundüberzeugungen biblischen Glaubens bestätigen. Andererseits will sie diese biblischen Basismotive in den Herzen der Menschen verwurzeln, damit sie dort wachsen und reifen[3] – und dazu gehört auch, daß sie immer wieder modifiziert und korrigiert werden, weil subjektive Motive die volle Wirklichkeit nie erfassen können. Dabei gibt es hinter allen einzelnen Basismotiven ein »Metamotiv«, ein zentrales, grundlegendes Axiom: die Erwartung und Hoffnung, daß Sein und Sinn, Wirklichkeit und Wert, Macht und Güte in einer letztgültigen Wirklichkeit übereinstimmen.

B. Die drei Dimensionen existenzieller Gewißheit

In welchen Bereichen des Lebens finden wir nun solche existenzielle Gewißheit, d.h. Evidenz dafür, daß die unsere Existenz bewegenden Motive unseres Denkens, Erlebens und Verhaltens mit der Wirklichkeit übereinstimmen?

3. Da jede Predigt Basismotive sowohl bestätigen wie im Hörer »schaffen« bzw. umschaffen will, kann man in der Praxis unserer Gottesdienste zwischen »erbauenden« und »erweckenden« Predigten nicht unterscheiden.

Es ist m.E. eine spezifische Einseitigkeit der modernen Predigt, solche Gewißheit primär im persönlichen Leben zu suchen – im Bereich interpersonaler Beziehungen. Die sog. existenziale Interpretation hat diese Beschränkung zum Programm erhoben.[4] Die Wahrheit biblischer Überlieferungen läßt sich danach weder in unserem Welt- noch in unserem Gesellschaftsverständnis finden: Das »Weltbild« der biblischen Texte sei vormodern und veraltet; die Bilder und Normen, die die vergangenen Gesellschaften bestimmten, seien überholt. Die mögliche Wahrheit biblischer Texte liege einzig im menschlichen Selbst-Verständnis. Denn es sei eine zeitlose Aufgabe aller Menschen zu jeder Zeit, das eigene Leben zu gestalten und sich zu ihm zu verhalten. Aber Selbst-, Welt- und Sozialverständnis lassen sich nicht trennen. Unser Selbstverständnis ist immer davon abhängig, wie wir uns in die Welt einordnen und wie wir über Geschichte und Gesellschaft denken. Die existenziale Interpretation selbst ist ein Beispiel dafür. Ihr Verhältnis zu Welt und Gesellschaft ist vorwiegend negativ: Natur ist für sie der Bereich determinierter Unfreiheit, Gesellschaft der Bereich eines uneigentlichen »Man« (d.h. eines vorgeprägten Rollenverhaltens). Zwischen Natur und Gesellschaft auf der einen Seite, wahrer personaler Existenz auf der anderen Seite wird ein Gegensatz postuliert. Eigentliche Existenz sei nur als »Entweltlichung« denkbar, d.h. als radikale innere Distanzierung von Natur und Gesellschaft. Menschliches Selbstverständnis ist hier auf ein stark negativ gefärbtes Welt- und Gesellschaftsverständnis bezogen und von ihm abhängig.

Noch einmal sei betont: Wir befinden uns in einem ständigen Dialog mit uns und anderen über Welt, Gesellschaft und Selbst.[5] Entsprechend hat die Predigt die Aufgabe, nicht nur in den Dialog über das Selbstverständnis des Menschen zu intervenieren, sondern in allen Dimensionen dieses fortlaufenden Dialogs präsent zu sein. Am meisten wird heute die kosmische Dimension der Predigt vernachlässigt. Daher beginne ich mit ihr, um dann die soziale und personale Dimension zu besprechen. Alle drei Dimensionen zusammen bilden die existenzielle Dimension der Predigt.

4. Vgl. R. Bultmann, Neues Testament und Mythologie (1941), BevTh 96, München 1988.
5. P. Ricoeur, Philosophische und theologische Hermeneutik, 41, unterscheidet in der »Welt der Bibel« kosmische Aspekte, soziale und historisch-kulturelle Aspekte und personale Aspekte.

1. Die kosmische Dimension biblischer Zeichensprache

Religiöse Zeichensysteme haben seit je her die Aufgabe gehabt, dem Menschen einen Platz im Universum anzuweisen – neben Dingen, Pflanzen und Tieren. Sie haben eine »ökologische Funktion«. Sie hören gewissermaßen die Natur auf eine verborgene Botschaft hin ab, die zwei Aspekte hat: eine indikativische Aussage über den Ort des Menschen im Kosmos und eine imperativische Anweisung über seine Aufgabe, diesen Kosmos zu bewahren, zu pflegen oder zu entwickeln. Nun hat die Religion in der modernen Welt die Kontrolle über das Weltbild verloren.[6] Für das, was (indikativisch) der Fall ist, sind die Naturwissenschaften zuständig. Sie verstummen, wenn es darum geht, den Ort des Menschen im Kosmos zu bewerten – also festzustellen, daß es ein sinnvoller oder sinnwidriger Ort ist. Erst recht sind sie überfordert bei dem imperativischen Teil der »Ortsanweisung« des Menschen im Kosmos. Sie sagen nichts über die Aufgabe des Menschen. Manche von naturwissenschaftlichem Denken geprägte Menschen bestreiten sogar ausdrücklich, daß es einen dem Menschen vorgegebenen Imperativ geben könne. Der Mensch müsse in einer indifferenten Welt selbst die Imperative seines Lebens formulieren.

Die Gefahr von Predigt und Theologie ist es, in dieser Situation entweder auf eine vormoderne Metaphysik und Ganzheitsdeutung der Welt zurückzugreifen, um jene Einheit von Sein und Sollen zu formulieren, die modernem Bewußtsein verlorengegangen ist. Oder aber auf kosmische Aussagen zu verzichten, um nicht in Spannung mit modernem Weltverständnis zu geraten. Im letzten Fall gibt man die Suche nach der Einheit von Sein und Sinn, Wirklichkeit und Wert auf. Man beschränkt sich ganz auf Sinn und Sollen. Schöpfungsaussagen werden transformiert in eine Schöpfungsethik.

Oder gibt es »Brücken«, die es uns ermöglichen, mit gutem intellektuellem Gewissen die Natur religiös zu deuten und den Kosmos in unsere Predigten einzubeziehen? Dürfen wir beide als »Text« und »Geschichte« Gottes verstehen, ohne in vormoderne Naivität zurückzufallen?

Ich wähle ein Gleichnis,[7] um den Beitrag der Semiotik zu diesem Problem zu illustrieren. Wir stellen uns vor, wir seien auf eine einsame Insel verschlagen – sei es durch Schiffbruch, sei es im Verlauf einer Expedition. Die Insel scheint wild und unbewohnt zu sein. Wir ziehen

6. Sie verlor die »Weltbildkontrolle«, wie H. Lübbe, Religion nach der Aufklärung, Graz/Wien/Köln 1986, 10ff u.ö. sagt.

7. Den folgenden Gedanken (einschließlich des Gleichnisses) habe ich schon einmal skizziert in: Kunst als Zeichensprache des Glaubens, in: Lichtspuren, 203-219, bes. 204ff.

ins Innere der Insel. Da entdecken wir auf dem Boden ein regelmäßiges Dreieck, aus Steinen gelegt. Wir erkennen sofort: Das ist ein Zeichen. Und damit sagen wir: 1. Dahinter steckt eine Absicht, etwas mitzuteilen oder zu etwas aufzufordern. 2. Wir sind nicht allein auf der Insel. Es müssen noch andere intelligente Lebewesen da sein – Menschen. Voraussetzung ist, daß wir eine Konfiguration normaler Dinge finden, die als solche unwahrscheinlich und einfach ist und sich durch diese Einfachheit und Unwahrscheinlichkeit von einem weniger geordneten Hintergrund abhebt. Wir erleben ein solches Muster als Aufforderung, ihm einen »Sinn« beizulegen, d.h. es als Verweis auf etwas anderes zu deuten. Angenommen, es käme außer uns ein so intelligentes Lebewesen wie eine Ratte vorbei. Die Ratte sei deshalb als Beispiel gewählt, weil uns psychologische Experimente heute von einer gewissen Rattenebenbildlichkeit des Menschen überzeugt haben. Diese Ratte sieht dieselben Steine, aber sie kann sie nicht als Zeichen deuten. Allenfalls könnte man die Ratte durch »klassisches Konditionieren« dahingehend dressieren, daß das Dreieckszeichen für sie zum Auslösesignal für ein bestimmtes Verhalten wird, etwa für Nahrungssuche, indem man Steindreiecke regelmäßig mit Speck ausstattet.

Soweit das Gleichnis. Nun sein theologischer Sinn. Wir kommen alle in diese Welt wie auf eine fremde Insel. Wir wissen nicht, ob wir allein sind in diesem riesigen Kosmos. Aber beim Durchstreifen der Welt fallen einigen sensiblen Menschen »Zeichen« auf, unwahrscheinliche Konfigurationen normaler Dinge: Muster. Ja, diese Menschen erleben die ganze Welt als Zeichen und Gleichnis für etwas anders: für Gott. Sie ahnen, daß sie in dieser Welt nicht allein sind. In ihr ist eine überlegene, unbegreifliche »Intelligenz« am Werk. Alles ist ein Zeichen, das auf sie weist. Andere sehen dieselben Konstellationen, aber erleben sie nicht als Zeichen.

Jenseits aller Interpretationskonflikte zwischen diesen Menschen gilt eins: Alle Zeichen basieren auf Mustern mit physikalischen oder biologischen Zeichenträgern, ohne mit diesen Trägern identisch zu sein. Sie sind einer Melodie vergleichbar (d.h. einem akustischen Muster). Die Melodie bleibt dieselbe, unabhängig davon, ob sie von einem Klavier oder einer Kinderstimme, ob sie hoch oder tief erklingt, ob sie hörbar wird oder nur in Notenschrift vorliegt. Muster sind nicht identisch mit ihren natürlichen Trägern. Dasselbe Muster kann sich in verschiedenen Trägern realisieren. Unbestreitbar ist nun: Die Welt ist voll solcher Muster. Aber damit ist deren Bedeutung noch nicht gegeben. Vielmehr werden den Mustern vom Menschen Bedeutungen zugeordnet – so wie wir eine Melodie mit einem Text versehen. Es gibt eine Fülle von Texten, die man zur selben

Melodie singen kann. Aber nicht alle sind möglich (schon aufgrund ihrer Länge nicht) – und nicht alle sind passend. Zwischen Mustern und ihrer Bedeutung herrscht keine notwendige Beziehung – mit Ausnahme ikonischer Zeichen, bei denen es eine Abbildungsbeziehung zwischen Mustern und dem Bezeichneten geben muß. Wir finden also einen Zusammenhang von Trägern – Mustern – Bedeutungen. Zwischen ihnen besteht ein Kontinuum, aber keine notwendige Beziehung: Dasselbe Muster kann sich in verschiedenen Trägern, dieselbe Bedeutung in verschiedenen Mustern realisieren.[8]

Religiöse Deutungen beziehen sich auf die vorgefundenen Muster in Natur und Kosmos. Deren Existenz ist unbestreitbar. Offen ist, welche konkrete Deutung ihnen beigelegt werden kann – und ob man dabei eine vorgegebene Bedeutung entziffert oder schafft, ob man Sinn findet oder Sinn erzeugt. Die Natur ist wie eine Melodie, der wir sehr verschiedene Texte unterlegen! Unbestritten aber ist, daß man solche Texte unterlegen kann! Unbestritten ist die Deutbarkeit der Muster! Für den einen ist das vielleicht nur »Poesie«, in der menschliche Emotionalität zum Ausdruck kommt, für den anderen jedoch »Poesie des Heiligen«, die auf Gott weist. Aber daß wir willkürlich in eine gegenüber jedem Sinn abweisende Welt etwas hineinprojizieren, ist unwahrscheinlich.

Was diese Muster angeht, so klärt uns die Naturwissenschaft über sie immer umfassender auf. Vor allem zeigt sie im Rahmen evolutionstheoretischen Denkens, daß die ganze Evolution in einer ständigen Zunahme und Differenzierung von Mustern besteht. Eines der komplexesten uns bekannten Mustergebilde ist das menschliche Gehirn – mit der Fähigkeit, Muster zu erkennen und ihnen Bedeutung beizulegen. Die Naturwissenschaft erzählt so ein gewaltiges Epos: das Epos der Evolution, aus dem der Mensch hervorgegangen ist. Sie zeigt, daß dieser Mensch nicht nur genetisch vorprogrammiert ist, nicht nur durch seine Umwelt geformt wird, sondern daß er – wie jedes System – die Fähigkeit der Steuerung besitzt. Er ist ein sich selbst organisierendes System, und er ist sich auch dessen bewußt: Er fühlt sich für sein Tun und für das Gelingen seiner Existenz verantwortlich. Diese epische Grundstruktur unseres Wissens macht die Natur (innerhalb eines evolutionstheoretischen Rahmens) für eine religiöse Zeichensprache zugänglich. Denn auch sie hat eine epische oder narrative Grundstruktur. Beide, das Epos der Evolution und die religiösen Mythen der Kosmogenese, umfassen die Entstehung des Menschen.

8. Vgl. H. Benesch, »Und wenn ich wüßte ...«, 22ff.

Was daher in der naturwissenschaftlichen Sprache als Epos der Evolution erzählt wird, kann Teil und Gleichnis eines Epos der Schöpfung werden. Es kann zum Gleichnis für Gott (also zur Erschließung einer verborgenen Einheit von Sein und Sinn) im Lichte der biblischen Grundmotive werden. Mit ihrer Hilfe werden in der ganzen Evolution Zusammenhänge entdeckt, die uns eine Einordnung in den Kosmos ermöglichen und eine Bestimmung unserer Aufgabe, ohne daß wir auf illusionäre Ganzheitsdeutungen zurückgreifen müssen. Das Ergebnis sind keine holistischen Systeme, sondern regional begrenzte Evidenzfelder in einem rätselhaften Gesamtkosmos. Das große Paradigma einer solchen Theologie ist nach wie vor das Denken Teilhard de Chardins, auch wenn wir seinen vormodernen Evolutionismus (der mit teleologischen Faktoren rechnete und zu einem Gesamtsystem führte) nicht fortsetzen können.[9]

Ich möchte an ein paar Beispielen illustrieren, was ich meine. Wir erleben im Lichte des Schöpfungsmotivs die Kontingenz aller Dinge immer wieder auf eine intensive Weise. Die Zeit wird zu einem abgründigen Rätsel, die Gegenwart zum Übergang zwischen dem Noch-nicht-sein der Zukunft und dem Nicht-mehr-sein der Vergangenheit. Weil alles kontingent ist, gibt es keine unmittelbar einleuchtenden letzten Evidenzen: Kontingentes kann nur konstatiert, nicht begründet werden.

Wir erfahren heute die Natur im Lichte des Weisheitsmotivs in einer überwältigenden Weise als »rational«. Generationen vor uns hätten sich nicht träumen lassen, so viele neue Zusammenhänge und Unwahrscheinlichkeiten zu entdecken, wie wir es tun. Die immer differenzierter erfaßten »Muster« in Raum und Zeit lassen uns immer faszinierter im »Buch der Natur« lesen.

Wir erleben schließlich die Natur im Lichte des Exodusmotivs! Alles Leben ist ein Anpassungsversuch an die Realität. Aber erst dem Menschen wird das als Aufgabe bewußt. Erst er kann sein Schicksal (und seine Aufgabe) selbst in die Hand nehmen. Heute ist sogar der Faden der Evolution auf unserem Planeten in seine Hand gelegt. Auf den ersten Freigelassenen der Schöpfung wartet eine ungeheure Aufgabe.

Weil das biblische Zeichensystem wie jede andere religiöse Zeichensprache einst die objektive Aufgabe erfüllte, Platzanweiserin des Menschen im Kosmos zu sein, plädiere ich für eine evolutionäre Hermeneutik

9. Verheißungsvoller scheint es mir zu sein, die Anregungen von R.W.Burrhoe aufzunehmen (vgl. ders., Toward a Scientific Theology, Belfast/Dublin/Ottawa 1981), wie es im Kreis um die amerikanische Zeitschrift »Zygon« geschieht. Vgl. jetzt Ph. Hefner, The Human Factor. Evolution, Culture, and Religion in Theological Perspective, Minneapolis 1993.

der Bibel für die Gegenwart.[10] Auch die biblische Religion ist Teil jenes großen Prozesses von trial and error, durch den Lebewesen Anpassungsstrukturen an die Umwelt entwerfen. Der Mensch hat dabei eine besondere Aufgabe. Er weiß, daß die von ihm erlebte Umwelt nur seine lebensspezifische Umwelt – und von der objektiven Realität unterschieden ist. Er steht vor der Aufgabe, Anpassungsstrukturen an eine Realität zu entwerfen, die seine Lebenswelt (seine begrenzte Nische) transzendiert und für die er daher keine »natürlichen« Organe hat. Religion ist m.E. der spezifisch menschliche Anpassungsversuch an solch eine letztgültige Wirklichkeit. Die biblische Religion ist dabei ein Versuch, durch Verwandlung des Menschen eine neue Entsprechung zu dieser letztgültigen Wirklichkeit zu suchen. Sie enthält vor allem die große Erkenntnis: Daß alle menschlichen Anpassungsversuche letztlich scheitern. Kein Mensch realisiert eine adaequatio vitae ad deum. Jeder verfehlt sie. Im Zentrum der biblischen Religion steht jedoch die Gewißheit, daß diese letztgültige Wirklichkeit all diese scheiternden Varianten des Lebens dennoch akzeptiert – sola gratia, sola fide, sine lege – und daß diese Gewißheit durch den einen Menschen Jesus vermittelt wird.

Was in unseren (und anderen) religiösen Traditionen so an Weisheit verborgen ist, ist wahrscheinlich noch nicht voll erkannt. Das Leben entwickelte überall Anpassungsstrukturen, lange bevor es ein Bewußtsein dessen gab – geschweige denn eine Erkenntnis, wie und warum solche Strukturen »angepaßt« waren. Eine evolutionäre Hermeneutik geht von solch einer in den religiösen Zeichensystemen enthaltenen »Anpassungsweisheit« aus – und möchte sie nachträglich auf den Begriff bringen. Sie ist ein Teil des Glaubens, der nach Erkenntnis sucht: fides quaerens intellectum.

2. Die soziale Dimension biblischer Zeichensprache

Religiöse Zeichensysteme haben seit je her die Aufgabe gehabt, menschliches Handeln zu koordinieren und Kooperation trotz des konstanten Verteilungskampfes um Lebenschancen zu ermöglichen. Auch hier finden wir nebeneinander eine indikativische und imperativische Funktion religiöser Sprache und Bilder: Einerseits legitimiert sie, was ist. Sie legt über die bestehenden Verhältnisse den oft so fragwürdigen Schleier des Heiligen. Dabei geht es nicht um den Indikativ, der feststellt, was ist, sondern um einen wertenden Indikativ, der anerkennt: Das Gegebene ist

10. Vgl. G. Theißen, Biblischer Glaube in evolutionärer Sicht, München 1984; Evolutionäre Religionstheorie und biblische Hermeneutik, WzM 37 (1985) 107-118.

wertvoll. Gleichzeitig orientiert Religion auf das hin, was sein soll – oft als Protest gegen das, was zu einer gegebenen Zeit existiert und gilt. Der Indikativ des Wertens wird ergänzt durch den Imperativ des Sollens.

Auch hier hat modernes Bewußtsein zu einem tiefgreifenden Wandel geführt: Die legitimatorische Funktion religiöser Zeichensprache gilt als ideologieverdächtig. Die Überzeugung des Paulus etwa, daß alle Obrigkeit von Gott eingesetzt ist (Röm 13,1ff), ist ein sperriges Überlieferungsgut. Religion ist verdächtig, wenn sie gegebene Verhältnisse akzeptabel machen will. Anders erscheint dagegen die imperativische Funktion der Religion: Wo sie Impulse für Liebe, Gerechtigkeit und Freiheit gibt, wird sie akzeptiert – zumindest als Bundesgenosse, auch wenn sie für den modernen Zeitgenossen ein unbequemer Bundesgenosse ist: Ihr prophetisches Pathos setzt sie dem Verdacht aus, nicht pluralismusfähig zu sein. Das Unbedingte scheint den argumentativen Diskurs einer säkularisierten Gesellschaft zu sprengen.

Darin ist gewiß richtig, daß moderne Theologie und Predigt von der Gefahr eines sozialethischen Moralismus bedroht sind – und zwar unabhängig davon, ob sich dieser Moralismus konservativ oder progressiv gebärdet. Denn auch ein christlicher Konservativismus ist in einer modernen Gesellschaft nicht mehr die ruhige Fortschreibung des bestehenden Ethos, im Gegenteil: Angesichts der Säkularisierung wird er zur Radikalkritik an der Gesellschaft. Die Verwirklichung der Moral, die er anmahnt, wäre eine konservative Revolution – und eben deshalb ist er kein Konservativismus im klassischen Sinne. Es fehlt beiden Varianten eines sozialethischen Moralismus eine Balance zwischen dem Indikativ einer Anerkennung der Wirklichkeit (d.h. der in ihr schon immer realisierten Werte) und dem Imperativ des Protestes und der Veränderung. Gerade diese Balance aber ist in den religiösen Traditionen enthalten: Jedes Sollen ist in einem Status oder einem Sein begründet. Dem Menschen, der mit einem Imperativ konfrontiert wird, wird zunächst durch einen indikativischen Zuspruch ein Wert zugesprochen.

Die Frage ist nicht, ob nur das (konservativ oder progressiv formulierte) Protestelement der Religion legitim ist, sondern was wir vor jedem Sollen schon immer als Wert anerkennen dürfen. Hierfür die Augen zu öffnen, ist eine zentrale Aufgabe religiöser Zeichensprache. Dabei sollten wir akzeptieren und es als Gewinn betrachten, daß die Aura des Heiligen zerstört wurde, die einst die wichtigsten sozialen Institutionen umgab. Wir sollten skeptisch sein, wenn man sie künstlich restaurieren will. Denn heilig und unantastbar ist allein der Mensch. Ihm sollen alle Institutionen dienen. So weit weg von Paulus ist das nicht, wenn er dem

Staat und den Obrigkeiten eine direkte religiöse Legitimation entzieht (der Kaiser ist kein Gott), ihm aber eine ethische Legitimation zugesteht: Er soll das Gute fördern und dem Bösen wehren – und darin »Diener Gottes« sein »für dich« (Röm 13,1ff). Aber das wird erst deutlich, wenn man die Aussagen des Paulus als Alternative zu einer viel weitgehenderen religiösen Legitimation des Staates (d.h. als Alternative zum Kaiserkult) liest.

Würde und Wert des Menschen – das sind die indikativisch vorgegebenen Sachverhalte, die auch Theologie und Predigt nur aufdecken können. Sie können sie nicht schaffen. Sie können sie auch nicht als Sollen formulieren. Sie können nur versuchen, die Augen für sie zu öffnen. Und dabei können sie durchaus in Spannung zur modernen Gesellschaft geraten. Denn inzwischen gibt es in ihr Tendenzen, die Aura des Heiligen auch dem einzelnen Menschen zu entziehen. Besonders deutlich wird es daran, daß einige bereit sind, den Ungeborenen jenes unbedingte Lebensrecht zu entziehen, das nur in einem tragischen Konflikt mit konkurrierendem Lebensrecht in Frage gestellt werden kann. Deutlich wird es daran, daß in der Einstellung zu alten und hinfälligen Menschen vergleichbare Unsicherheiten spürbar sind. Daß der Mensch einen Wert hat – unabhängig von seiner Leistung und seinem Beitrag zur ganzen Gesellschaft – verblaßt. Aber gerade diese Überzeugung muß sich bewähren bei denen, die aufgrund einer Notlage nichts »leisten« können, bei Alten und Kranken und auch bei Flüchtlingen und Fremden.

Jeder Mensch ist Ebenbild Gottes. Er ist ein Selbstwert, der nie nur Mittel zum Zweck für anderes werden darf. Eine Predigt, die dessen gewiß macht, hat immer auch eine politische Funktion. Sie begrenzt den Verteilungskampf um Lebenschancen.[11]

Wie aber kann die Predigt der Unfruchtbarkeit moralischer Imperative entrinnen? Wie kann sie die Diktatur eines mit prophetischem Pathos vorgetragenen Gesellschaftsentwurfs vermeiden? Wie kann sie sich von sterilem Radikalkonservativismus freihalten? Wie kann sie im sozialen Bereich Orientierung geben – und dabei pluralismusfähig bleiben, d.h. Respekt vor den verschiedenen politischen Tendenzen in der Gemeinde wie in der Gesellschaft zum Ausdruck bringen?

11. Als Beispiel für eine politische Predigt, in der sozialgeschichtliche Kenntnisse für die Applikation aktiviert werden, kann die Predigt von Petra v. Gemünden über die Perikope von der Steuerzahlung Mt 22,15-22 dienen (= Predigtbeispiel Nr.4). Steuern haben heute eine andere Funktion als damals. Aber der Rekurs auf die Ebenbildlichkeit des Menschen gegenüber jeder sich verabsolutierenden Macht ist heute wie damals gleich aktuell.

Auch hier ist die Erinnerung wichtig, daß uns unsere ethischen Traditionen nicht als ein System von Handlungsanweisungen oder als Gesellschaftsentwurf vorliegen, sondern als Erzähltradition, in die Komplexe von Geboten eingebettet sind. Die Bibel enthält eine narrative Ethik.[12] Sie formuliert nicht nur Normen, sondern zeigt in Erzählungen, was die indikativischen Voraussetzungen dieser Normen sind (z.B. der Bund Gottes, die Gabe des Landes, die Ebenbildlichkeit des Menschen). Und sie zeigt, wie Menschen mit diesen Normen umgehen, an ihnen scheitern. Sie zeigt, wie sie Modelle für weiteres Verhalten werden – Modelle, denen man nachfolgen kann, ohne sie nachahmen zu müssen. Die narrative Form biblischer Ethik ist Befreiung von der Diktatur moralischer Imperative.

Christliche soziale Ethik verhält sich zur biblischen Tradition wie das Weitererzählen einer angefangenen Geschichte – eine Aufgabe, die wir im Unterricht oft Kindern stellen. Wir testen sie darauf hin, ob sie die Gattungsnormen und die entscheidenden Sachmotive einer Erzählung erfaßt haben, indem wir ihnen nur den Anfang einer Erzählung vorgeben, die Fortsetzung aber von ihnen fordern. Es gibt dabei immer mehrere mögliche Fortsetzungen. Aber es gibt auch unmögliche Abschlüsse. Eine Love-story kann man nicht als Gespenstergeschichte beenden, damit verstieße man gegen die Gattungsnormen. Aber innerhalb dieser Gattungsnormen ist Raum für einen legitimen Pluralismus der Fortsetzungen und Abschlüsse. So verhält es sich auch mit der biblischen Story. Sie ist noch nicht abgeschlossen. Es ist unsere Aufgabe, sie fortzusetzen. Die Gattungsnormen, an denen wir die Legitimität unserer konkurrierenden Fortsetzungen prüfen, sind jene biblischen Basismotive, die ich oben versuchte darzustellen. Wir wenden sie bewußt oder unbewußt an, um zu beurteilen: Dies oder jenes Handeln ist christlich oder nicht. Aber sie lassen verschiedene »Fortsetzungen« zu.

Wir brauchen kein fertiges ethisches System, um solche Grundüberzeugungen geltend zu machen. Ich nenne einige Beispiele. Die Überzeugung, daß jeder Mensch eine Chance zur Verhaltensänderung hat, verändert unsere Einstellung zu normabweichendem und kriminellem Verhalten. Menschen können umkehren. Wer das leugnet, fällt aus dem biblischen Konsens heraus. Das Positionswechsel- und Agapemotiv relativiert die grundlegenden sozialen Grenzen zwischen Oben und Unten, zwischen

12. Vgl. D. Mieth, Narrative Ethik, in: ders., Moral und Erfahrung, Fribourg 1977, 60-90. I./D. Mieth, Vorbild oder Modell? Geschichten und Überlegungen zur narrativen Ethik, in: G. Stachel/D. Mieth, Ethisch handeln lernen, Einsiedeln 1978, 106-116.

Binnen- und Außengruppe. Diese Grundmotive verändern die Einstellung sowohl zu Hierarchien als auch zu den Mitgliedern fremder Gruppen und Nationen. Das Selbststigmatisierungsmotiv enthält die Überzeugung, daß im Leiden eine Botschaft enthalten sein kann. In seinem Lichte wird man immer wieder fragen müssen, welche Botschaft an uns die in unserer Gesellschaft Stigmatisierten zum Ausdruck bringen. Solche Grundmotive gewiß zu machen, ist Aufgabe der Predigt. Konkrete Folgerungen daraus darf und soll die Predigt erörtern – aber immer mit dem Vorbehalt: Dies ist Schlußfolgerung des Predigers. Es ist möglich, daß in der Gemeinde andere zu anderen Schlußfolgerungen kommen.

Um biblische Texte hier für die Gegenwart fruchtbar zu machen, ist es wichtig, zwischen wiederkehrenden Grundmotiven und variablen konkreten Normen zu unterscheiden. Dazu hilft eine sozialgeschichtlich informierte Exegese.[13] Sie kann davon befreien, biblische Normen zu verabsolutieren. Sie kann zeigen, wie sich die biblischen Grundmotive geschichtlich entwickelt haben, wie sie in bestimmten Situationen wirksam oder kompromittiert wurden. Sie mißt ethische Aussagen an den geschichtlichen Handlungsmöglichkeiten der Menschen. Wir können z.B. die urchristliche Haustafelethik heute nicht als geltende Moral erneuern. Aber eine geschichtlich informierte Exegese kann auf interessante Züge aufmerksam machen. So wird in 1.Petr. 3,1-6 ganz selbstverständlich vorausgesetzt, daß die Frau in religiöser Hinsicht vom Mann abweichen darf. Hier erkannte auch das Urchristentum seine Autorität nicht an. In Eph 5,25ff wird Christus als Modell für das Verhalten des Mannes dargestellt. Vergleichspunkt ist nicht seine Herrschaft, sondern seine Selbsthingabe. Der Mann tritt damit in eine Rolle ein, die im allgemeinen eher der Frau zugesprochen wird: Das Sich-Aufopfern für den Ehemann galt auch in der Antike als die Tugend der Ehefrau. Hier wird es vom Ehemann gefordert. Man erkennt solche Züge erst, wenn man ethische Aussagen in ihrem geschichtlichen Rahmen betrachtet.

Sozialgeschichtliche Hermeneutik macht dabei deutlich: Alle Texte der Bibel stehen in einem gesellschaftlichen Handlungsrahmen, auch dann, wenn wir ihn nicht mehr so klar erkennen können, wie wir das wünschen. Wichtiger als Einzelergebnisse ist die Aufdeckung dieser sozialen Dimen-

13. Einen guten Überblick über die sozialgeschichtliche Forschung vom 19. Jahrhundert bis zur Gegenwart bietet R. Hochschild, Sozialgeschichtliche Exegese, 1993. Einen kurzen Überblick gebe ich in: Sociological Research into the New Testament. Some Ideas Offered by the Sociology of Knowledge for a New Exegetical Approach, in: G. Theissen, Social Reality and the Early Christians, Minneapolis 1993, 1-29.

sion der Texte. Wenn es zum unverlierbaren Bestandteil exegetischen Bewußtseins gehört, daß alle Texte durch gesellschaftliche Faktoren bedingt sind und wiederum Funktionen in sozialen Kontexten haben, dann wird schon bei der Beschäftigung mit dem biblischen Text das soziale Gewissen geschärft: Erst recht hat die Reaktualisierung der biblischen Zeichensprache in der Predigt eine soziale Funktion. Der Prediger hat für sie eine soziale Verantwortung. Er kann sie um so besser wahrnehmen, je klarer ihm die soziale Funktion der biblischen Zeichensprache und Texte in der Vergangenheit ist.

3. Die personale Dimension biblischer Zeichensprache

Die biblische Zeichensprache ist vor allem Chance für eine Dialogaufnahme des Menschen mit Gott. Diesen Dialog kann nur der einzelne Mensch aufnehmen. Kein anderer kann an seiner Stelle ein Bündnis mit dem Sein schließen – ein Bündnis, in dem der Mensch auf eine überwältigende Einheit von Sein und Sinn mit einem Ja zum Leben und zu allem Sein antwortet. Dies Ja wird auch für die Zukunft versprochen. Es ist ein Treueversprechen auch für die Zeiten der Krise.

Glaube wird hier zur Basis menschlicher Identität – eine Übereinstimmung des Menschen mit sich trotz aller biographischen Brüche, trotz Spannungen mit seiner Umwelt, trotz Widersprüchen zwischen Sollen und Verhalten im eigenen Leben. Solche Identität hat zwei Aspekte: Sie ist erstens zugeteilte Identität. Wir suchen nicht aus, wer wir sind. Wir wählen weder unsere Eltern, noch Ort und Zeit unserer Geburt, noch unseren Körper mit seinen Einschränkungen. Identität ist zweitens Aufgabe. Sie realisiert sich dadurch, daß wir einem Entwurf des Lebens folgen, für dessen Verwirklichung (und Konzeption) wir ein großes Maß von Verantwortung haben. Persönliche Identität muß somit zweierlei »leisten«: Kontingenzbewältigung und Selbstverwirklichung. Auf der einen Seite geht es darum, alles das zu bewältigen, was unserer Selbstverwirklichung schon vorgegeben ist und sie einschränkt, wenn nicht gar durchkreuzt: Unrechtserfahrungen und Leid, die Grenzen von Lebenszeit, Kompetenz, Gesundheit, das Eingeholtwerden von der irreversiblen eigenen Vergangenheit. Auf der anderen Seite geht es um Selbstentfaltung und Selbstverwirklichung – trotz all dieser Grenzen, oft gegen sie, oft sogar in einer für unmöglich gehaltenen Transzendierung kontingenter Vorgegebenheiten. Es stimmt zwar: Jeder kann nur in seinen Möglichkeiten glücklich werden, nicht jenseits von ihnen; aber was zu diesen Möglichkeiten gehört, ist von vornherein nicht sicher. Niemand weiß es genau.

Wegen dieser Doppelseitigkeit von Identität hat die Predigt auch hier die Aufgabe, eine Balance von Indikativ und Imperativ zu finden. Indikativisch sagt sie Identität als Gabe zu: Sie erinnert an das Leben als Gabe des Schöpfers – und spricht neues Leben als Gabe des Erlösers zu: als »neue Schöpfung« mitten in dieser Welt. Gleichzeitig formuliert die Predigt einen Imperativ: den Imperativ der Verantwortung für den eigenen Lebensentwurf und für seine Verwirklichung innerhalb eines begrenzten Menschenlebens.

Die Gefährdung gegenwärtiger Predigt besteht darin, daß sie oft einseitig Kontingenzbewältigung bewirkt – Trost in den Grenzerfahrungen des Lebens –, oder aber einseitig zur Selbstverwirklichung antreibt. Das erste entspricht gewiß einer objektiven Funktion der Religion, die sich trotz aller Aufklärung und Säkularisierung als nicht säkularisierbar erwiesen hat:[14] Je mehr wir hoffen, im Leben eine gewisse Verteilungsgerechtigkeit der Lebenschancen durch unser Handeln zu erreichen, um so bitterer und irrationaler ist die unaufhebbare Ungleichheit elementarer Grundchancen: die ungleiche Verteilung von Gesundheit, Begabung und Schönheit, das willkürliche Zuschlagen der »Unfallstatistik« in einem einzelnen Leben voll Hoffnung, die Willkür von Glück und Unglück. Dieser zweifellos vorhandenen objektiven Funktion der Religion steht jedoch (besonders) bei jungen Theologinnen und Theologen ein anderes Bewußtsein gegenüber: Für sie sind Glauben und Religion oft in erster Linie Triebfedern einer Selbstverwirklichung, die von den gängigen Lebensentwürfen in einer säkularisierten Gesellschaft abweicht. Nicht die Verarbeitung von Lebensgrenzen, sondern deren Transzendieren wird zum zentralen Thema – besonders dort, wo traditionelle Lebensmuster mit geschichtlich bedingten und änderbaren Grenzen verlassen werden (etwa bei der Frauenrolle). Daß Predigt und Glaube auch »Schicksalsannahme« ermöglichen, gerät schnell (und oft mit Recht) in den Verdacht eines Mißbrauchs der Religion.

Diese Spannung kehrt in den hermeneutischen Bemühungen um die Bibel wieder. Für die tiefenpsychologische Exegese biblischer Texte bei E. Drewermann werden alle biblischen Symbole und Bilder zum Ausdruck der Suche des Selbst nach sich selbst.[15] Das zentrale Symbol »Christus« gilt als Symbol des Selbst, sein Weg als Weg zur Verwirklichung des Selbst. Selbstverwirklichung setzt voraus, daß man sich von den Fes-

14. Vgl. H. Lübbe, Religion nach der Aufklärung, 127ff.
15. E. Drewermann, Tiefenpsychologie und Exegese, 1984/1986. Zweifellos sind die Meditationen Drewermanns – Exegesen würde ich sie nicht nennen – von großem praktischen Wert. Er kann biblische Texte für Seelsorge, Unterricht und Predigt neu zur Sprache bringen. Aber er bringt nicht alles zur Sprache.

seln einschränkender Angst befreit. Die psychische Funktion biblischer Texte wird daher vor allem in Angst-Reduktion gesehen.

Diese m.E. einseitige Interpretation biblischer Texte, die in der Gegenwart ein großes Echo findet, sollte eine Herausforderung sein, eine bessere textpsychologische Exegese zu entwickeln. Sicher ist, daß religiöse Texte identitätsbegründende (und -irritierende) Kraft haben. Aber die Frage ist, wie man darüber verantwortliche Aussagen machen kann, die sich anhand der Texte überprüfen lassen und keine illusionären Annahmen über menschliche Identität enthalten.

Bei E. Drewermann ist beides zu kritisieren: die exegetische Methodik wie die implizite Anthropologie (bzw. Psychologie). Die Texte sind für ihn Ausgangspunkt, um in ihnen die Wiederkehr einer zeitlosen Bildersprache (die Bildersprache der Archetypen und universalen Symbole) wiederzufinden. Er legt nicht die konkreten biblischen Texte aus, sondern die von ihm postulierte zeitlose Bildersprache jenseits dieser Texte, die er schon im vorhinein kennt. Die von C.G. Jung übernommene Methode der Amplifikation ermöglicht ein beliebiges Assoziieren von verwandten Bildern und Symbolen zum Text. Sie legitimiert die Loslösung von den konkreten Texten.

Ebenso einseitig ist seine Psychologie. Ihr fehlt ein Verständnis für die Entlastungsfunktion von Institutionen, für die Eingebundenheit des Menschen in geschichtliche und politische Situationen. Angst ist nichts Zeitloses, sondern in jeder Situation spezifisch. Vor allem aber hat die religiöse Zeichensprache nicht nur die anthropologische Funktion, von Angst zu befreien. Sie will auch zur Angst befähigen. Sie will auch dazu motivieren, sich bewußt Ängsten auszusetzen – bis hin zur Todesangst, z.B. wenn sie von der Möglichkeit des Martyriums spricht.[16]

Es fehlt hier der Raum, um eine angemessenere textpsychologische Exegese zu entwerfen.[17] In ihr wird der narrative Charakter der biblischen Überlieferung auf jeden Fall eine wichtige Rolle spielen. Identität bildet sich durch Geschichte – und in der Fähigkeit, in erzählten Geschichten die eigene Geschichte zu vergegenwärtigen. Wenn wir Aus-

16. Vgl. G. Theissen, Identité et expérience de l'angoisse dans le christianisme primitif. Une contribution à la psychologie de la religion des premiers chrétiens, ETR 68 (1993) 161-183, und Th. Vogt, Angstbefähigung und Identitätsbildung im Markusevangelium, NTOA 26, Fribourg/Göttingen 1993.

17. Vgl. K. Berger, Historische Psychologie des Neuen Testaments, 1991. Meine Überlegungen dazu finden sich in: Psychologische Aspekte paulinischer Theologie, 1983. Auch hier darf ich noch einmal auf M. Leiner hinweisen: Grundfragen textpsychologischer Exegese, 1993.

kunft über das geben wollen, was wir wirklich sind, so werden wir unser Leben erzählen. Diese individuelle Geschichte ist offen für übergreifende Geschichten. Es ist ein großer Unterschied, ob wir sie primär in die Geschichte der Nation oder in die von der biblischen Religion bezeugten Geschichte Gottes mit dem Menschen einbetten. In solchen übergreifenden Geschichten finden wir die Modelle für Identität, für Angst- und Konfliktbefähigung.[18]

Christliche Identität bildet sich dadurch, daß wir in der Geschichte von Adam und Eva bis zu Paulus (von Justin, dem Apologeten, bis zu Dietrich Bonhoeffer) Modelle für unser Leben finden.[19] Alle diese Modelle bleiben so lange äußerlich, wie wir nicht die Grundmotive internalisieren, die in den Erzählungen von diesen Modellen wirksam sind. Identitätsbildung im Umgang mit der Bibel geschieht dadurch, daß diese Motive unser Verhalten und Erleben steuern, so daß die Wirklichkeit immer wieder neu in ihrem Lichte erschlossen wird.

Wir können vorläufig zusammenfassen: In allen drei Dimensionen existenzieller Lebensorientierung geht es in der Predigt darum, eine Balance zwischen Indikativ und Imperativ zu finden. Diese Aufgabe ist identisch mit der Aufgabe, in allen existentiellen Dimensionen Gott präsent zu machen. Denn Gott ist die dynamische Einheit von Indikativ und Imperativ – von Sein und Sinn, Wirklichkeit und Wert. Wo diese Einheit in unserem Leben aufleuchtet, da ist Gott präsent. Soll die biblische Zeichensprache in der Predigt neu aktualisiert werden, um Dialogaufnahme mit Gott und Lebensorientierung in allen Dimensionen des Lebens zu ermöglichen, so werden wir biblische Texte daher nicht mit Hilfe einer uniformen Hermeneutik lesen, sondern nebeneinander im Lichte einer evolutionären, sozialgeschichtlichen und textpsychologischen Hermeneutik. Jede ist für sich einseitig. Auch zusammen ergeben sie kein Ganzes, das widerspruchsfrei und spannungslos wäre. Aber nebeneinander praktiziert (und erweitert um weitere Zugänge zur Bibel), bringen sie uns auf dem Weg zu einer adaequatio vitae ad deum weiter – auf der Suche nach religiöser Wahrheit und existenzieller Gewißheit.

Eine Skizze soll diese Ergebnisse zusammenfassen und einen Überblick über die besprochenen Dimensionen und Funktionen der Predigt geben:

18. Zur Bedeutung von »Erzählungen« zur Identitätsbildung vgl. D. Ritschl/H.O. Jones, »Story« als Rohmaterial der Theologie, 1976.
19. Sehr hilfreich ist J. Scharfenberg/H. Kämpfer, Mit Symbolen leben, Olten 1980.

	wertzuschreibender Indikativ	handlungsanweisender Imperativ	
kosmische Dimension	Platzanweisung im Kosmos	Aufgabenzuweisung im Kosmos	evolutionäre Hermeneutik
soziale Dimension	Legitimation des Unantastbaren	Imperative des Veränderbaren	sozialgeschichtliche Hermeneutik
personale Dimension	Kontingenz-bewältigung	Selbst-verwirklichung	textpsychologische Hermeneutik

dynamische Einheit von
Sein und Sinn
Wirklichkeit und Wert

Die Gefahren moderner Theologie und Predigt lassen sich anhand dieser Skizze gut benennen. Oft wird eine Dimension verabsolutiert. M. Welker spricht von den drei babylonischen Gefangenschaften der gegenwärtigen Theologie: einer holistischen Metaphysik, dem Sozialmoralismus und einem dialogistischen Personalismus.[20] Keine Form theologischen Denkens kann beanspruchen, das Ganze zu repräsentieren. Ferner wird in allen drei Dimensionen die dynamische Einheit von Sein und Sinn verfehlt – sei es in einem konservativen oder progressiven Rigorismus. Lebensgewinn und existenzielle Wahrheit liegen aber nur darin, daß der Mensch in allen Dimensionen des Lebens Gott als dynamischer Einheit von Sein und Sinn, Wirklichkeit und Wert, Indikativ und Imperativ entspricht. Solchen Lebensgewinn will die Predigt vermitteln.

C. Konsequenzen für die Gestaltung der Predigt

Lassen sich aber überhaupt Predigten formulieren, die diesen Anforderungen gerecht werden? Wird die konkrete Predigt nicht überfordert, wenn sie existenzielle Gewißheit in allen Dimensionen menschlichen Lebens bewirken will – in unserer Beziehung zum Kosmos, zur Gesellschaft und zu uns selbst? Wird nicht zu viel von ihr erwartet, wenn sie konstruktiv in den inneren Dialog des Menschen mit sich selbst eingreifen soll? Werden hier nicht Predigten erwartet, die so extensiv (hin-

20. M. Welker, Gottes Geist. Theologie des Heiligen Geistes, Neukirchen-Vluyn 1992, 49ff.

sichtlich ihrer thematischen Weite) und so intensiv (hinsichtlich ihrer existenziellen Bedeutung) sind, wie es die wirkliche Predigt in der Regel nicht sein kann?

1. Mehrdimensionales Predigen

Multum, non multa – das ist eine der bewährtesten handwerklichen Regeln für die Anfertigung von Predigten: Man soll sich auf einen Punkt konzentrieren, aber diesen klar und eindringlich machen. Man soll nur ein Thema behandeln. Wie verhält sich das aber zu der hier geforderten Dreidimensionalität von Predigten? Führt solch ein Ziel nicht zur extensiven Überlastung der Predigt? In der Tat: Man muß Prioritäten setzen! Es scheint m.E. für den Normalfall eine eindeutige Priorität zu geben: Die personale Dimension hat in der Regel einen Vorrang für die einzelne Predigt. Das sei kurz begründet.

Die Anrede an den einzelnen Menschen hat einen Vorrang, weil die Lebenszeit des einzelnen Menschen begrenzt ist. Kosmos und Gesellschaft überleben das Individuum. Aber der einzelne Mensch lebt vielleicht am nächsten Sonntag nicht mehr! Und selbst wenn seine Situation nicht so dramatisch ist, so ist er doch jetzt im Gottesdienst – vielleicht nach langem innerem Zögern, um einen erneuten Versuch mit »Gott« zu machen. Vielleicht ist der Predigt eine einmalige Chance zugefallen? Vielleicht ist er in tiefer Depression gekommen, weil die Lasten des Lebens ihn zu erschlagen drohen? Soll er leer nach Hause zurückgehen ohne ein Angebot, das Bündnis mit dem Leben zu erneuern? Wie könnte man auf den Versuch verzichten, es hell werden zu lassen in seinem Leben! Ich versuche mir bei jeder Predigt zu sagen: Es könnte jemand unter den Hörern sein, der sich auf seinen baldigen Tod vorbereitet! Es könnte jemand unter ihnen sein, der noch einen letzten Versuch macht, mit Gott in Dialog zu treten! Es könnte jemand unter ihnen sein, der sich verzweifelt gegen suizidale Phantasien stemmt! Die Zeit ist für uns alle befristet. Die Chance, diesen einen Hörer, diese eine Hörerin zu erreichen, ist vielleicht einmalig. Daher die Priorität der personalen Dimension in der Predigt. Persönliche Probleme sind ständig aktuell.

Aus derselben Überlegung folgt, daß es Situationen gibt, in denen die soziale Dimension Vorrang für die Predigt besitzt: Im Leben einer Gesellschaft ergeben sich immer wieder Krisensituationen, auf die man jetzt und nicht später eine Antwort geben muß. In diesen Situationen verschmelzen bei den meisten Hörern und Hörerinnen die persönliche und die soziale Dimension ihres Lebens. Hier muß man der sozialen Thematik den Vorrang einräumen. Dafür ist es aber wichtig, daß für die Behandlung solcher Themen in vorhergehenden Predigten Grundlagen gelegt wurden: In Krisenzeiten ist man auf das angewiesen, was in ruhigeren Zeiten erarbeitet wurde. Diese Arbeit ist immer sinnvoll. Denn allgemeine soziale Fragen sind im Hintergrund unseres persönlichen Lebens immer aktuell, auch wenn sie nur manchmal direkt in unserem Leben hervortreten.

Nur die kosmische Dimension ist von einer gewissen Zeitlosigkeit, abgesehen von jenen Zeiten, in denen die Natur in Katastrophen über die Menschenwelt hereinbricht. Dann wird auch die Stellung des Menschen im Universum »aktuell« – und auch dann gilt: Wenn für den Umgang mit dieser kosmischen Dimension nicht schon vorher Grundlagen gelegt wurden, so kann man sie in Krisenzeiten erst recht nicht legen.

Man könnte aus diesen Überlegungen den Schluß ziehen, es gäbe eine eindeutige Hierarchie der Prioritäten. Vorrangig sei in jedem Fall der ganz persönliche Zuspruch und Anspruch. Danach erst folge – in dieser Reihenfolge – die soziale und kosmische Dimension des Glaubens. Daher sei betont: Für die einzelne Predigt mag dies in der Regel gelten. Für die Predigt überhaupt aber könnte man sogar einen Vorrang der kosmischen Dimension fordern. Warum?

In der modernen Gesellschaft leben die Menschen immer mehr in Sonderwelten mit jeweils eigenen Normen, Werten und Selbstverständlichkeiten. Die funktionale Differenzierung der Gesellschaft führt zu sehr verschiedenen Sub-Kulturen. Und innerhalb solcher Sub-Kulturen können sich oft ganz verschiedene individuelle Lebensformen entwickeln. Alle Aussagen über das Ganze des Lebens und der Gesellschaft sind daher verdächtig, aus der begrenzten Perspektive einer sozialen oder individuellen »Sonderwelt« zu stammen. Um so wichtiger ist die Erinnerung daran, daß all diese Sonderwelten innerhalb ein- und demselben kosmischen Rahmen existieren. Wir alle sind »Kinder des Kosmos«. Wir alle werden von der ökologischen Krise getroffen. Wir alle stehen hier vor derselben Herausforderung.

Daher gilt die Forderung – unbeschadet der Notwendigkeit, daß jede Predigt den Einzelnen ansprechen soll –, in Predigten die ganze Existenz des Menschen in allen seinen Dimensionen zu erhellen. Diese Dreidimensionalität der Predigt kann ohne Überforderung der Einzelpredigt auf einfache Weise erreicht werden:

1) durch zyklische Einbettung der Einzelpredigt,
2) durch liturgische Rahmung der Predigt und
3) durch bildliche Verdichtungen in der Predigt.

Dazu jeweils einige Überlegungen.

a) Die zyklische Einbettung der Predigt
Keine Predigt ist die erste, und keine ist die letzte. Das entlastet davon, in jeder Predigt alles sagen zu müssen, was für den Glauben wichtig ist. Schon die normale Folge der Predigten und Predigtperikopen im Kirchenjahr führen zum Ausgleich von Einseitigkeiten. Bewußt konzipierte Predigtreihen können diese innere Zusammengehörigkeit verschiedener Themen noch stärker ins Bewußtsein rücken.

b) Die liturgische Rahmung der Predigt
Wir hatten oben festgestellt, daß die personale, soziale und kosmische Dimension einen verschiedenen Grad von Aktualität erhalten können. Dem entspricht, daß sie verschiedenen Gattungen im Gottesdienst zugeordnet werden können: Die Predigt ist von ihrer Form her der Teil, in dem man am leichtesten auf Aktuelles eingehen kann. Je zeitloser eine Thematik ist, um so mehr kann sie aber auch in den wiederkehrenden (und nur geringfügig variierten) Rahmenteilen der Liturgie aufgegriffen werden.

Schon in der Bibel fällt auf, daß die kosmische Thematik vor allem in Hymnen begegnet. Himmel und Erde, die Natur in ihrer Schönheit und Fremdheit sind relativ zeitlose Gegebenheiten. Auf sie bezieht sich das beschreibende Lob. Im Neuen Testament wird in Hymnen Jesus Christus als Schöpfungsmittler gepriesen. Auch im Gottesdienst wären Hymnen und Lieder ein ausgezeichneter Ort für die Meditation über die Stellung des Menschen im Kosmos. Dort aber, wo dieser Kosmos in der Gegenwart aktuell wird – bei der ökologischen Krise – kann diese Thematik im Sündenbekenntnis angesprochen werden: Denn wir sind letztlich selbst dafür verantwortlich, daß sich die Fülle organischer Lebensformen zur Zeit drastisch verringert, daß die Vögel auswandern, daß wir die Schöpfung verunstalten.

Ein ständig wiederkehrender Ort für die soziale Thematik ist das Fürbittengebet. Ich zitiere als Beispiel das Fürbittengebet, das ich mit kleinen Variationen immer wieder benutze und das für sich sprechen mag.

> Unser Gott,
> Wir bitten für unsere Welt!
>
> Für die Kirchen in ihr,
> daß sie glaubwürdig das Evangelium vertreten.
>
> Für Politiker und Regierungen,
> daß sie gewaltfrei Konflikte lösen
> auf dem Balkan, im Nahen Osten, in Südafrika und überall.

Für die Wirtschaft,
daß sie Lebensgüter für alle produziert,
auch für die Menschen im Osten und Süden.

Für Schulen und Universitäten,
daß sie der Wahrheit und den Menschen dienen in aller Welt.

Für die Natur,
daß wir sie als deine Schöpfung erhalten
und bewahren im ganzen Kosmos.

Wir bitten für alle Mühseligen und Beladenen,
für Kranke und Sterbende,
für Süchtige und Suizidgefährdete,
für Getrennte und Trauernde,
für Behinderte und Einsame,
für Flüchtlinge und Asylsuchende,
für Gefangene und Verwahrloste,
für alle Verlierer in unserer Gesellschaft.
Laß uns helfen,
daß sie nicht verloren gehen
um Jesu Christi willen.
Amen.

c) Die bildliche Verdichtung in der Predigt

Die Forderung nach dreidimensionaler Predigt kann aber auch innerhalb ein und derselben Predigt erfüllt werden, ohne daß es sich um die Addition dreier Predigten handelt, die man besser nacheinander gehalten hätte. Entscheidend ist, daß es einem gelingt, ein und dasselbe Bild in allen drei Dimensionen zu aktualisieren und dabei ein und denselben Gedanken in dreifacher Weise zu variieren. Nicht immer, aber hin und wieder sollte man sich um solche Predigten bemühen!

Als Beispiel soll das Bild der »Wüste« in Lk 4,1ff dienen.[21] Nach unserer Definition handelt es sich dabei um ein Symbol. Denn die Wüste ist

21. Vgl. das Predigtbeispiel 5: Weitere Beispiele von Predigten, in denen ich dieselbe Thematik, Erzählung oder Bild in kosmischen, sozialen und persönlichen Bezügen variiere, sind: Kain und Abel (1Mos 4,1-16), in: Die offene Tür, 11-18; Briefe an Verbannte (Jer 29,1.4-14), ebd. 33-40; Die Zeichensprache der Taufe (Mt 28,18-20), ebd. 56-60; Über die Veränderung von Mensch und Welt (Mk 13,28-39); Lk 13,6-9), ebd. 75-86; Thomas der Zweifler (Joh 20,19-29), 125-132; Lichtspuren (Mt 5,13-16), in: Lichtspuren, 86-92; Von der Sorglosigkeit der Vögel und Lilien und unseren Sorgen um sie (Mt 6,25-34), ebd. 93-96.

einerseits eine reale Landschaft in Palästina und Syrien, andererseits enthält sie als Bild einen Mehrwert an Sinn, den man in ein- und derselben Predigt gar nicht ausschöpfen kann. Die Wüste ist Ort der Befreiung aus Ägypten, in ihr liegt der Gottesberg – die Stätte der Gesetzgebung. In die Wüste hinein wird aber auch beim Versöhnungsfest der Sündenbock geschickt, um dorthin die Sünden des Volkes zu tragen. Daher ist er auch ein Ort des Unheimlichen, Gottwidrigen und des Todes. In einer Predigt über Lk 4,1ff konnte ich nur einen kleinen Teil dieser symbolischen Sinndichte fruchtbar machen. In unserem Zusammenhang ist entscheidend, daß das Bild der Wüste in dreifacher Weise variiert wird:

a) Die Wüste wird zunächst als Symbol für den ganzen Kosmos gedeutet. Denn der Kosmos ist in unseren Augen unbelebt, obwohl in ihm – wie in der Wüste – verborgen mehr Leben enthalten sein könnte, als es uns zunächst scheint. Auf jeden Fall ist die ganze menschliche Kultur nur eine kleine »Oase« des Lebens im leblosen Kosmos. Die erste existenzielle Grundentscheidung besteht darin, Ja zu dieser fragwürdigen Oase des Lebens zu sagen, obwohl sie bedroht ist. Von uns wird eine Parteinahme für das Leben erwartet.

b) Im zweiten Teil der Predigt wird die Wüste zum Symbol für die Grenzen der Gesellschaft – für jene Lebensräume, die sich der normalen Gesellschaft entziehen. Sie ermöglichen eine um so schroffere Kritik an ihr. Aus der Außenperspektive der »Wüste« erscheint die einseitige Verteilung von Lebenschancen in der Gesellschaft als zutiefst problematisch. Die zweite Grundentscheidung, die von uns gefordert wird, ist daher das Ja für die Schwächeren im Verteilungskampf des Lebens, die Parteinahme für das bedrohte Leben in unserer menschlichen Kultur – für die Zukurzgekommenen und Verlierer in unserer Gesellschaft.

c) Der dritte Teil der Predigt macht das Bild der Wüste für die personale existenzielle Dimension transparent: Die Wüste ist Ort der Erneuerung. Mitten in ihr ruft der Täufer zur Umkehr. Diese Erneuerung vollzieht niemand, der nicht bereit ist, in die innere Wüste seines Lebens zu ziehen – dort, wo die unrealisierten Möglichkeiten des eigenen Lebens liegen: das ungelebte Leben, all das, was im Leben zerstört und verletzt wurde. Die dritte Grundentscheidung ist daher das Ja für das fragwürdige Leben in uns selbst, für das Schwache und Bedrohte in jedem einzelnen Menschen.

Gott ist dort beim Menschen angekommen, wo ein Mensch diese dreifache Parteinahme für das bedrohte und gefährdete Leben trifft. Wo ihm wichtiger wird, von Gott für das gefährdete Leben engagiert zu werden, als Gott für die eigene Gefährdung und Schwäche zu engagieren. Und wo die Gewißheit lebendig ist: Gott selbst ergreift Partei für das schwache und fragwürdige Leben – innerhalb des Kosmos, innerhalb der menschlichen Gesellschaft und innerhalb des persönlichen Lebens einzelner Menschen.

Noch ein zweites Bild sei in dieser Weise »variiert«, um dann eine allgemeine Schlußfolgerung ziehen zu können.

Die Erzählung vom Exodus aus Ägypten ist eindeutig an einen bestimmten Kontext gebunden: an die Befreiung aus leidverursachenden politischen und sozialen Verhältnissen. Auslegungen, die diese soziale Dimension nicht hervortreten lassen, werden den biblischen Texten nicht gerecht. Dennoch kann das Bild vom Exodus auch die anderen Dimensionen menschlichen Lebens erhellen. Wir hatten schon darauf hingewiesen: die kulturelle Evolution ist ein großer Exodus aus den Grenzen biologischer Evolution. Der Mensch ist der erste Freigelassene der Schöpfung. Dasselbe Bild wiederum ist auch auf Befreiungsprozesse im persönlichen Leben anwendbar: Jeder »Exodus« aus neurotischen Zwängen und Ängsten ist ein dramatisches Ereignis – auch mit der Sehnsucht zurück nach »Ägypten«. Auch mit Krisen wie dem Durchzug durchs Schilfmeer: Die Mächte des alten Lebens erweisen sich noch einmal als furchterregende Kräfte usw. In dieser Weise hat E. Drewermann den Exodus interpretiert.[22]

Wenn man solche »Variation von Bildern« für legitim hält, setzt man voraus, daß es in verschiedenen Dimensionen des Lebens Prozesse gibt, die in ihrer formalen Struktur verwandt sind. Überall, wo sich Leben gegen eine lebensfeindliche Umwelt durchsetzt, gibt es eine vergleichbare Konstellation von Faktoren. Überall, wo Befreiung geschieht, kommt es zu typischen Abläufen. Daher können Bilder in verschiedenen Dimensionen erhellende Kraft haben, auch wenn sie ursprünglich nur in einer Dimension zu Hause sind. Wenn man so will, gelangt man so zu einer (homiletischen) Rehabilitierung einer Art allegorischer Auslegung, die einst im Mittelalter die biblische Tradition zum Sprechen brachte und immer wieder reaktualisierte.[23]

2. Kognitiv umstrukturierendes Predigen

Eine Predigt wird existenziell bedeutsam, wenn sie in den inneren Dialog des Menschen mit sich selbst über die Welt, die Gesellschaft und das eigene Leben interveniert! Darin liegt nicht nur ein »extensives« Problem

22. Vgl. E. Drewermann, Tiefenpsychologie und Exegese I, 484ff.
23. Diesen Gedanken zur Rehabilitierung der Allegorie verdanke ich M. Leiner. Vgl. ferner: Ch. Dohmen/Ch. Jacob/Th. Söding, Neue Formen der Schriftauslegung, QD 140, Freiburg/Basel/Wien 1992.

der Predigt, wie sie das Ganze der Wirklichkeit ansprechen soll, sondern auch ein »intensives« Problem: Wie kann sie Menschen dort erreichen, wo die Entscheidungen über das Leben fallen? Wie kann sie den inneren Dialog des Menschen konstruktiv beeinflussen? Und das unter Wahrung der Achtung vor jener »geistigen Intimsphäre«, auf die jeder Mensch Anspruch hat.

Zunächst könnte man einwenden, eine Predigt sei der falsche Ort für solch intensive »Interventionen«. Wie soll eine öffentliche Rede in einem rituellen Rahmen so persönlich wirken können? Das kann allenfalls das seelsorgliche Gespräch oder eine Therapie.[24]

Auch hier werden m.E. die Chancen der Predigt unterschätzt! Gerade die durch den rituellen Rahmen gegebene Distanz zur Alltagswelt der Hörer ist eine Chance, konstruktiv in sie hineinzuwirken. Man kann sich das durch Vergleich mit einem therapeutischen Gespräch klarmachen. Auch hier gibt es einen »rituellen« Rahmen. Das Gespräch ist auf 50-55 Minuten begrenzt, obwohl die angesprochenen Probleme noch sehr viel mehr Zeit in Anspruch nehmen könnten. Auch hier wird die Distanz zur Alltagswelt gesucht: Man kann nicht zugleich eine therapeutische Beziehung eingehen – und ein Lehrer-Schüler-Verhältnis oder ein Vorgesetztenverhältnis zum Klienten haben. Vor allem aber: Die therapeutische Beziehung ist gerade deshalb hilfreich, weil die Reaktionen des Therapeuten anders sind als die im Alltag. Erst das gibt die Chance, vieles, was im Alltag dysfunktional ist, zu bearbeiten. Daß eine Therapie sehr viel mehr an persönlicher Veränderung bewirken kann und will als eine Predigt, versteht sich von selbst.

Wie aber kann die Predigt überhaupt existenzielle und persönliche Wirkungen haben? Sie kann einzelnen Hörern kräftige Impulse dazugeben, ihr Leben anders zu sehen: Es aufmerksamer zu erleben, anders zu bewerten, Ursachenzuschreibungen zu revidieren. Kurz, die Predigt kann Anstöße zur kognitiven Umstrukturierung geben, damit der Hörer sein Leben in anderer Weise kommentiert. Sie hat diese Chance durch ihren zentralen Inhalt, durch die Beziehung zu Gott. Ihre Botschaft ist: Vor Gott sieht alles anders aus – auch dein Leben! Auch hier wird diese Botschaft durch Bilder und Erzählungen nähergebracht als durch abstrakte Gedanken.

24. Vgl. zur Möglichkeit, in der Predigt Seelsorge zu treiben, Ch. Möller, Seelsorglich predigen. Die parakletische Dimension von Predigt, Seelsorge und Gemeinde, Göttingen 1983, bes. 69ff.

a) Bilder als Mittel kognitiver Umstrukturierung

Man kann bekanntlich ein halb gefülltes Glas verschieden kommentieren, entweder indem man sagt: »Es ist halb leer!« oder: »Es ist halb voll!« Und das gilt von Vielem im Leben. Das halb volle Glas ist ein Musterbeispiel für kognitive Umstrukturierung mit Hilfe eines Bildes. Der Pessimist sieht nur das leere Glas – der Optimist das volle! Aber beide haben recht. Ein Beispiel für kognitive Umstrukturierung in einer Predigt durch ein Bild enthält die im Anhang wiedergegebene Predigt zum Ewigkeitssonntag. Ihr Thema ist durch das Kirchenjahr vorgegeben: die Bewältigung von Trauer und Verlust, ihr zentrales Bild durch den Predigttext: das Bild vom Haus, dessen Bewohner auf den zurückkehrenden Hausherrn warten (vgl. 13,31-37). In dieser Predigt wird die Trauer der Jünger über den Tod Jesu zum Modell für Trauer schlechthin. Deren Phasen, der Zorn gegen den Toten, gegen Gott und gegen sich selbst, werden nacheinander durchgespielt. Das Bild vom verlassenen Haus bringt die Trauersituation zum Ausdruck. Mit Hilfe des Gleichnisbildes vom Haus gelingt nun eine kognitive Umstrukturierung: Das verlassene Haus wird zum Haus, das auf die Rückkehr des Herrn wartet und in dem die Bewohner im Geiste des Hausherrn zusammenleben wollen. Die Assoziationen, die mit dem verlassenen Haus verbunden sind, werden ersetzt durch neue Assoziationen: ein Haus ist auch Heimat und Lebensraum. Die Zuwendung zum Leben, die Aktivierung von Kompetenzen – all das wird jetzt mit Treue zum Abwesenden eng verbunden. Die Mahnung des Textes »Seid wachsam!« wird im Blick auf die Trauersituation übersetzt mit: »Lebt aufmerksam!« Depression und Trauer lösen sich auf, wo wir wieder aufmerksam das Leben registrieren, auf Differenzierungen achten und uns unserer Umgebung zuwenden.

b) Erzählungen als Mittel kognitiver Umstrukturierung

Ein wichtiges Mittel, um das eigene Leben anders sehen zu können, ist seine Betrachtung aus der Perspektive eines anderen. Man gewinnt Distanz gegenüber sich selbst, wenn man sich fragt: Was würde N.N. zu deinem Problem sagen? Oder was würden Sie dazu sagen, wenn ein guter Freund mit eben diesem Problem zu Ihnen käme? Der Wechsel der Perspektive ist schon in sich »therapeutisch«. Indirekt kann dies auch durch Nacherzählung von Geschichten aus einer anderen Perspektive gefördert werden. Als Beispiel diene die Nacherzählung von Apg 10 aus der Perspektive des »stinkenden« Gerbers Simon, bei dem der große Apostel wohnt.[25] Dieser Ger-

25. Vgl. das Predigtbeispiel 1: Simon der Gerber und Simon Petrus von Petra v. Gemünden.

ber hat ein soziales Stigma – seinen abstoßenden Gestank. Man darf davon ausgehen, daß in den meisten Gemeinden Menschen sind, die sich wie der Gerber Simon minderwertig vorkommen und sich sozial isolieren, obwohl ihr isolierendes Defizit in den Augen vieler gar kein so großes Problem darstellt. Auch ohne daß die Predigt dies direkt anspricht, spürt der Hörer: Man kann mit solchen Stigmata auch anders umgehen! Die Erzählung ist hier anschaulicher und wirkungsvoller als jeder direkte Appell.

Am Ende dieses Gedankenganges sei betont: Nicht nur einzelne Bilder und Erzählungen haben kognitiv umstrukturierende Funktion, der zentrale Inhalt der christlichen Botschaft zielt auf kognitive Umstrukturierung. Der innere Dialog des Menschen kreist um die Rechtfertigung von Welt, Gesellschaft und Leben. Die Botschaft des Evangeliums aber zielt auf die Rechtfertigung des Menschen. Wenn der Mensch simul justus et peccator ist, dann lernt er in jedem Gottesdienst, sich anders zu sehen und zu beurteilen: der Gerechte als Sünder, der Sünder als Gerechter, der Ohnmächtige als Mächtiger, der Mächtige als machtlos usw. Rechtfertigung ist eine durch das Wort Gottes ermöglichte kognitive Umstrukturierung, die zur Verwandlung des Lebens führt.[26] Selbsttäuschungsfreie Selbstannahme – das ist zweifellos das Ziel vieler Predigten. Weil Gott den Menschen bedingungslos anerkennt, wird er ermutigt, gelassen seine Stärken und Schwächen wahrzunehmen und mit ihnen umzugehen. Ob diese Botschaft immer ankommt, ist eine andere Sache. Darüber verfügt nicht allein der Prediger. Wohl aber ist er verantwortlich dafür, daß sie nicht schon im Ursprung verzerrt formuliert wird und die Rechtfertigungsbotschaft zur wehleidigen Klage verkommt: »Gott wird schon eine Entschuldigung dafür wissen, warum ich armer und elender Mensch existiere!« Das Ergebnis ist: Man hört eine »frohe Botschaft«, aber die Hörer werden traurig.[27]

26. Zur Deutung der Rechtfertigungsbotschaft als eines Impulses zur kognitiven Umstrukturierung vgl. G. Theißen, Psychologische Aspekte paulinischer Theologie, 252ff.

27. Vgl. das kleine Buch des Neutestamentlers H.J. Eckstein, Erfreuliche Nachricht – traurige Hörer? Gedanken zu einem ganzheitlichen Glauben. Neuhausen-Stuttgart 1986.

V. Predigt als Chance der Kommunikation zwischen Prediger und Gemeinde Die kommunikative Dimension der Predigt

Bei jeder Predigt treten Prediger und Gemeinde in Beziehung zueinander. Dabei gelten Maßstäbe, die für jede Kommunikation gelten. Mit Recht hat man die Predigt mit Hilfe der allgemeinen Kommunikationstheorie und -psychologie untersucht, kommunikative Stile unterschieden und normative Maßstäbe erarbeitet, um Kommunikation gelingen zu lassen. In einem ersten Abschnitt skizziere ich ausgewählte Ergebnisse der Kommunikationsforschung, die m.E. für Predigtanalyse und Predigtvorbereitung hilfreich sind. Die dann folgenden Konsequenzen für die Gestaltung von Predigten orientieren sich an den ethischen Maßstäben, die in der kommunikativen Ethik entwickelt wurden. Ein Wert soll dabei besonders hervorgehoben werden, der für die Auseinandersetzung mit der Sache der Predigt entscheidend ist: die Orientierung an der Wahrheit. Ihr ist ein eigener Abschnitt gewidmet.

A. Die vier Ebenen der Kommunikation

Ausgangspunkt aller Kommunikationsforschung und Kommunikationspsychologie ist die Unterscheidung eines Inhalts- und eines Beziehungsaspekts in jedem kommunikativen Akt. Der Beziehungsaspekt läßt sich in Anlehnung an F. Schulz von Thun weiter in drei Ebenen differenzieren:[1] Der »Sender« einer Mitteilung gibt immer etwas von sich selbst preis, wenn er spricht – oft ohne Worte durch Intonation, begleitende Gesten und andere nicht-semantische Umstände der Äußerung. Insofern enthält jede Kommunikation eine Ebene der »Selbstmitteilung«. Gleichzeitig entwirft der Sprecher (implizit oder explizit) ein Bild der Beziehung zwischen sich und den Adressaten. Jeder kommunikative Akt spielt sich daher auch auf einer Beziehungsebene im engeren Sinne ab. Schließlich

1. Vgl. F. Schulz von Thun, Miteinander reden 1 – Störungen und Klärungen, Reinbek bei Hamburg 1981; ders., Miteinander reden 2 – Stile, Werte und Persönlichkeitsentwicklung, Reinbek bei Hamburg 1989, vgl. dort S. 19-26.

enthält jede Mitteilung (implizit oder explizit) einen Appell an den Empfänger – und sei es den Appell, sie zu verstehen. Oft aber wird noch mehr erwartet: Schlußfolgerungen, Handlungen, Einstellungsveränderungen. Jeder kommunikative Akt enthält daher eine Appell-Ebene. Zusammen mit der Sach-Ebene gelangt man dann zu folgendem Quadrat der Kommunikation (nach F. Schulz von Thun):

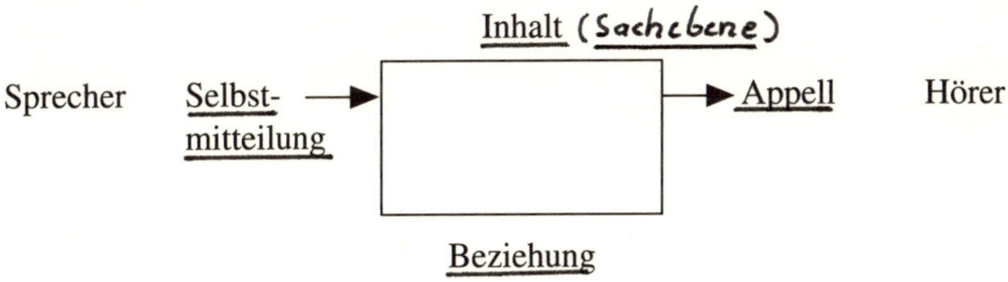

Ein Beispiel: Die Mitteilung »Das Fenster ist jetzt lang genug offen« enthält neben dem Inhalt »Ein Fenster steht offen« implizit die Selbstmitteilung: »Mir ist es zu kalt«, ferner einen Appell, das Fenster zu schließen. Aus der Gesamtsituation geht ziemlich sicher etwas über die *Beziehung* zwischen Sprecher und Adressat hervor: Der Sprecher könnte in einer Position sein, in der er erwartet, daß ein anderer auf seine Aussage hin das Fenster schließt.

Kommunikation gelingt nur, wenn sie auf allen Ebenen des kommunikativen Akts gelingt. Daher gelten für jede Ebene Verhaltensnormen. Sie bilden zusammen eine kommunikative Ethik, die uns Klarheit darüber gibt, wie wir uns verhalten sollten, falls uns an gelingender Kommunikation gelegen ist. Für jeden der vier Ebenen von Kommunikation sei daher im folgenden ein normativer Wert dargestellt.

F. Schulz von Thun hat gezeigt,[2] daß die Normen gelingender Kommunikation am besten als Balance zwischen zwei polaren Werten beschrieben werden – und als Gegensatz zu konträren Werten (bzw. Unwerten), die sich aus Übersteigerungen von kommunikativen Werten ergeben. Das klingt abstrakt, wird aber am ersten Beispiel wohl anschaulich genug werden.

1. Verständlichkeit: Erste Bedingung gelingender Kommunikation ist Verständlichkeit des vermittelten *Inhalts* – eine Balance zwischen Luzidität oder eindeutiger Klarheit und ansprechender Mehrdeutigkeit oder Ambiguität,[3]

2. Vgl. F. Schulz von Thun, Miteinander reden 2, 38-53.
3. Zur ›Ambiguität‹ als einer positiven Qualität der Rede und der Predigt vgl. vor allem W. Engemann, Semiotische Homiletik, 153ff.

d.h. der Fähigkeit, Ober-, Zwischen- und Untertöne mitklingen zu lassen, die jede sachliche Information bereichern. Der konträre Gegenwert zu eindeutiger Klarheit wäre obscuritas – die verschwommene Dunkelheit der Rede, für die nicht nur Theologen anfällig sind. Ein Gegenwert zur ansprechenden Mehrdeutigkeit wäre triviale Eindeutigkeit: Hier ist alles pedantisch oder nichtssagend geordnet. Ein Interpretationssog wird nicht spürbar. Ein Telefonbuch ist in diesem Sinne trivial und eindeutig. Man kann es als Drama mit extrem langem Personenverzeichnis und extrem kurzer Handlung betrachten. Wir kommen insgesamt zu folgendem »Wertquadrat« für Verständlichkeit:

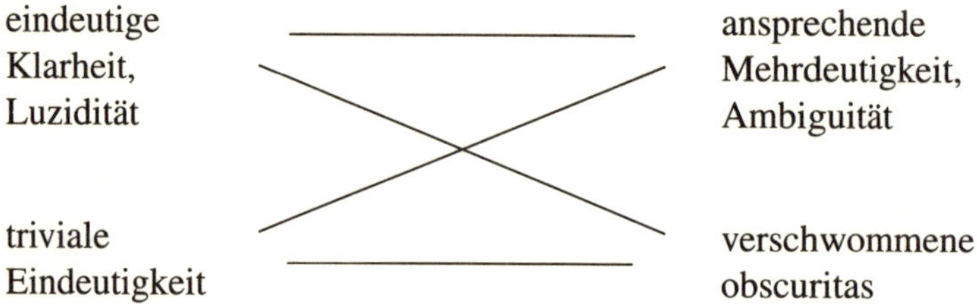

2. Authentizität: Sofern jede Kommunikation ein Stück Selbstmitteilung enthält, erwarten wir, daß sie authentisch sei: Der Sprecher soll hinter dem stehen, was er mitteilt. Er soll meinen, was er sagt. Aber auch hier bewegen wir uns zwischen zwei Polen: Einerseits einer konsequenten Wahrhaftigkeit, zu der die Fähigkeit gehört, seine Einstellungen, Meinungen und Gefühle auch dort mitzuteilen, wo sie vielleicht nicht erwünscht sind. Andererseits einer bewußten Selbststilisierung, auch im Hinblick auf die Wirkung unserer Rede. Auch solche Selbststilisierung ist »authentisch«. Denn sie ist in einem langen Leben mit uns verwachsen; sie ist zweifellos ein Teil unserer selbst. Wer hier schon meint, eine unechte Fassade zu sehen, urteilt am wirklichen Leben vorbei. Gegenwert zur wirkungsbewußten Selbststilisierung wäre eine (deplazierte) Unverblümtheit, Gegenwert zur Wahrhaftigkeit eine unechte Fassadenhaftigkeit. Daraus ergibt sich folgendes Wertquadrat:

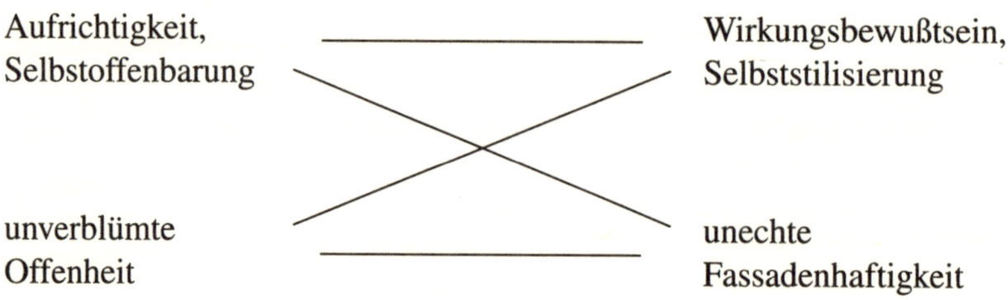

3. *Mitmenschliche Achtung:* Jede Kommunikation sagt implizit oder explizit etwas über die Beziehung zwischen Sprecher und Adressat aus. Wir erwarten, daß sie von mitmenschlicher Achtung getragen ist. Und auch hier bewegen wir uns zwischen zwei Polen, die es immer wieder neu auszubalancieren gilt, zwischen Nähe und Distanz. Einerseits schätzen wir es, wenn jemand seinen Gesprächspartner akzeptiert und ihm gegenüber Empathie zeigt. Andererseits erwarten wir Takt und Höflichkeit, d.h. eine Distanz, die eine Konfrontation auch mit unangenehmen Dingen ermöglicht, ohne zu verletzen. Gegenwert zu solch einem von mitmenschlicher Achtung getragenen Takt ist, wie F. Schulz von Thun formuliert, eine »Friedhöflichkeit«,[4] bei der alle Konflikte totgeschwiegen werden. Das wirkliche Leben ist aus ihm emigriert. Wir erleben eine harmonische Fassadenhaftigkeit. Gegenwert zu Empathie und Akzeptieren wäre die aggressive Abwertung des anderen. Daraus ergibt sich folgendes Wertequadrat:

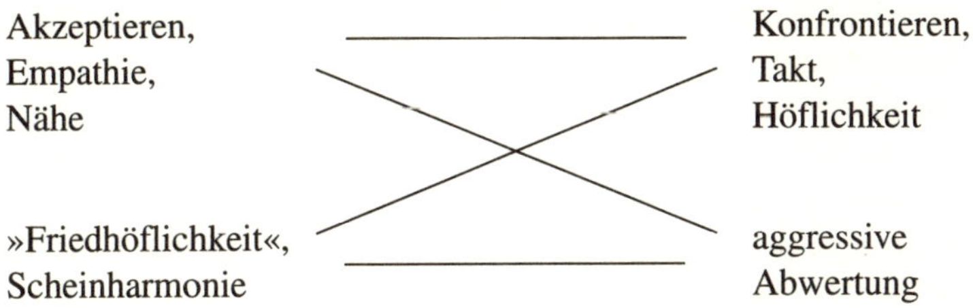

4. *Verantwortlichkeit:* Jeder kommunikative Akt enthält einen Appell, eine Verhaltenserwartung an die Adressaten. Die Erwartung kann sich auch auf »inneres« Verhalten richten, auf Verstehen, Denken, Deuten usw. Jeder kommunikative Akt will auf jeden Fall wirken. Gerade bei einseitiger Kommunikation wächst dem Redner dadurch Verantwortung zu. Er will in bestimmter Weise wirken. Er hat dazu rhetorische Macht. Er ist für die Folgen dessen verantwortlich, was er bei seinen Zuhörern »anrichtet«. Denn er kann seine Macht mißbrauchen. Solche Verantwortung ist immer ein Ausbalancieren zwischen zwei Werten: einerseits einer wünschenswerten Führungs- und Orientierungskompetenz, andererseits einer Liberalität, die den Hörern Freiheit läßt und die Macht des Redners bewußt zurücknimmt. Gegenwert zu solch einer Liberalität wäre Demagogie, d.h. der Einsatz aller rhetorischen Überredungskunst – auch für dubiose Zwecke. Gegenwert zur Führungs- und Orientierungskom-

I. Verständl.
II. Authent.
III. Mitm. Achtung
IV. Verantwortlichkeit
V. Bemühen um Wahrheit

4. Vgl. F. Schulz von Thun, Miteinander reden 2, 47.

petenz wäre ein desinteressiertes Laissez-faire. Das Quadrat der Werte sähe dann so aus:

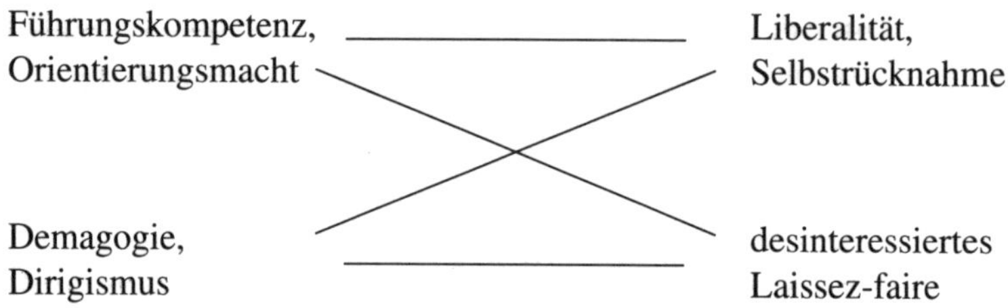

Die vier formulierten kommunikativen Werte, Verständlichkeit, Authentizität, mitmenschliche Achtung, Verantwortlichkeit haben weitgehend Entsprechungen in den Wertvorstellungen einer kommunikativen Ethik. Im Anschluß an J. Habermas kann man vier Bedingungen formulieren, unter denen Kommunikation auch in der Predigt gelingt:[5] Die Sprache muß verständlich sein. Die Aussagen müssen aufrichtig sein. Die Gesprächspartner müssen Respekt voreinander haben, d.h. die Traditionen, Überzeugungen und Werte der anderen respektieren, auch wenn sie diese nicht teilen. Schließlich wird ein gemeinsamer Wille vorausgesetzt, nach der Wahrheit zu suchen, also die Bereitschaft, sich sachlichen Kriterien zu unterwerfen. Der letzte Punkt fehlt in unserer bisherigen Liste kommunikativer Werte. Er ist m.E. so zentral, daß er als ein gesonderter Aspekt diskutiert werden muß. Er bezieht sich auf die Sachebene der Kommunikation, hat aber Folgen für alle Aspekte der Beziehungsebene. Dafür fehlt in der kommunikativen Ethik von J. Habermas die Verantwortlichkeit des Redners – verständlicherweise. Denn das Problem dieser Verantwortung wird erst dort virulent, wo mit Worten Macht und Herrschaft ausgeübt wird. Eine kommunikative Ethik, die am »herrschaftsfreien Dialog« orientiert ist, zielt aber gerade darauf, solche Herrschaftsausübung durch Worte zu unterlaufen. Sie entspricht damit nicht dem tatsächlich gelebten Leben, wohl aber einer Idee, an der sich dies Leben tatsächlich orientiert.

Kommunikation geschieht in mannigfacher Weise. Es gibt nicht nur einen Kommunikationsstil. Die empirische Predigtforschung hat zwei Grundtypen von Predigten unterscheiden können: Predigten in einem persönlich-dialogischen Stil und in dogmatisch-bezeugendem Stil.[6] Es ist nicht

5. J. Glebe-Moeller, Politisk Dogmatik, Aarhus 1982, 99-103 hat m.W. als erster die vier Geltungskriterien der kommunikativen Ethik für die Homiletik fruchtbar gemacht. Das letzte Kapitel ist durch ihn angeregt.
6. Vgl. H.W. Dannowski, Kompendium der Predigtlehre, 134-140.

schwer, diese beiden Kommunikationsstile unserem kommunikativen Quadrat zuzuordnen: Der dogmatisch-bezeugende Predigtstil orientiert sich an den Überzeugungen und Normen des christlichen Glaubens, beim persönlich-dialogischen Stil bringt sich der Prediger dagegen »persönlich« ein und arbeitet bewußt an seiner Beziehung zur Gemeinde:

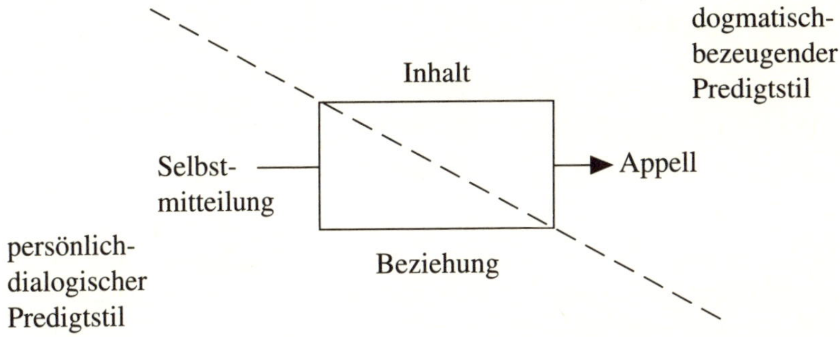

Eine weitere Differenzierung könnte man mit Hilfe der vier Typen von Predigern vornehmen, die im Anschluß an F. Riemann formuliert wurden:[7] A. Denecke hat sie beschrieben als den tiefsinningen Prediger der Erkenntnis, als den verantwortungsvollen Prediger der Ordnung, als den wandlungsfähigen Prediger der Freiheit und den einfühlsamen Prediger der Liebe.[8] Gewiß handelt es sich hierbei nur um idealtypische Konstruktionen. Aber sie können die mannigfache und komplexe Wirklichkeit erfassen. Der Prediger der Erkenntnis konzentriert sich fast eigenwillig auf die Inhaltsebene, der Prediger der Ordnung sieht seine Aufgabe in der verantwortlichen Strukturierung der »Appellebene«; der Prediger der Freiheit bringt am unbefangensten seine Subjektivität in die Kommunikation ein, auch dort, wo sie traditionelle Normen sprengt. Der Prediger der Liebe bemüht sich um Empathie und Nähe.

7. Vgl. F. Riemann, Die Persönlichkeit des Predigers in tiefenpsychologischer Sicht, in: R. Riess (Hg.), Perspektiven der Pastoralpsychologie, Göttingen 1974, 152-166 und A. Denecke, Persönlich Predigen, Gütersloh 1979.
8. Vgl. A. Denecke, Persönlich Predigen, bes. 64-71.

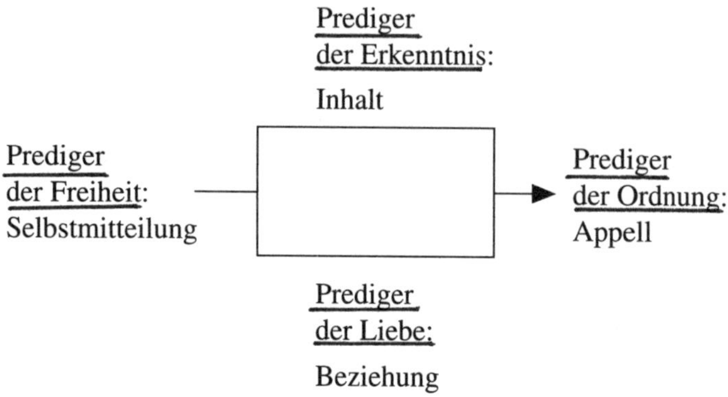

Gewiß könnte man noch andere Typologien von Kommunikationsstilen und entsprechenden Persönlichkeitsprofilen entwerfen. F. Schulz von Thun unterscheidet nicht weniger als acht Kommunikationsstile:[9] den geltenden, den selbst-losen, den aggressiv-entwertenden, den sich-beweisenden, den bestimmend-kontrollierenden, den sich-distanzierenden und den mitteilungsfreudig-dramatisierenden Stil. Wie auch immer man unterscheidet und differenziert: Jeder Mensch wird (meist unbewußt) von den Prämissen solcher Kommunikationsstile bestimmt, d.h. von persönlichen »Axiomen« seines Erlebens und Verhaltens. Der Selbst-lose lebt z.B. nach dem seelischen Axiom »Ich selbst bin unwichtig – nur im Einsatz für dich und für andere kann ich zu etwas nütze sein!«[10] Der Agressiv-Abwertende folgt dem seelischen Axiom: »Ich bin nicht in Ordnung, mache erbärmlich alles falsch. Wehe, jemand merkt es! Dann werde ich untergebuttert und gnadenlos verachtet!«[11] Der Prediger ist ein Mensch wie jeder andere. Er hat seine destruktiven und konstruktiven seelischen Axiome. Jeder ist in seinem eigenen Interesse dazu verpflichtet, die Einseitigkeiten seiner inneren »Programmierung« zu überwinden. Die intensive Beschäftigung mit der biblischen Zeichenwelt kann dabei eine Hilfe sein: Wenn wir sie in meditativer Vertiefung bis in unser Inneres aufnehmen, können wir ihre »Axiome« in uns wirksam werden lassen – in, mit und unter den alten seelischen Axiomen unseres Lebens. Der Selbstlose etwa darf lernen (nicht nur mit dem Kopf, sondern so, daß es sein ganzes Leben durchdringt): Ich bin ein unendlich wertvolles Geschöpf Gottes! Und

9. F. Schulz von Thun, Miteinander reden 2, 61ff.
10. F. Schulz von Thun, Miteinander reden 2, 94.
11. F. Schulz von Thun, Miteinander reden 2, 118.

der Aggressiv-Abwertende darf lernen: Ich bin in Ordnung. Und meine Fehler werden mich nicht erschlagen! Erst durch intensive Durchdringung der biblischen Grundmotive mit den bewußten und unbewußten Motiven des eigenen Lebens wird der Prediger zum glaubhaften Zeugen, auch dadurch, daß er die Spannungen in sich verarbeitet, die sich aus der Begegnung mit der biblischen Glaubenswelt ergeben.

B. Konsequenzen für die Gestaltung der Predigt

Die Predigt ist eine einseitige Form der Kommunikation. Aber sie ist Ausschnitt aus einem umfassenderen Gespräch, das der Prediger mit der Gemeinde führt. Manche Predigt ist Reaktion auf ein Gespräch, das der Prediger vorher gehabt hat. Manches Gespräch in der Gemeinde ist Reaktion auf eine Predigt. Dennoch ist die Predigt eine einseitige Kommunikationsform. Es war unvermeidlich, daß sie als autoritäre Redeform kritisiert wurde. Trotz dieser Kritik haben sich dialogische Formen der Predigt nicht durchsetzen können. Sie sind eine Ausnahme geblieben. Im Gegenteil, die monologische Predigt hat ihren Ort behaupten können, und dafür gibt es gute Gründe – auf allen vier Ebenen der Kommunikation:

a) Was die sachliche Ebene angeht, so geben wir überall im Leben einem sachkundigen Menschen Gelegenheit, seine Gedanken zusammenhängend und differenziert darzulegen. Das ist nur in einer längeren Rede möglich. Auch die Demokratie lebt nicht nur von einer Diskussionskultur, sondern von der Kunst der öffentlichen Rede. Ohne Reden verflacht der öffentliche Diskurs. Ohne Predigt würde auch die theologische Reflexion in der Kirche verflachen.

b) Was die appellative Seite der Kommunikation angeht,[12] so gibt eine öffentliche Rede ohne anschließende Diskussion in gewisser Weise dem Einzelnen eine größere Freiheit, selbst seine Nähe und Ferne zur Sache zu definieren, als ein Gespräch. Denn in einem Gespräch ist er potentiell immer aufgefordert, Stellung zu nehmen und zu sagen, was er meint. Gerade Menschen mit einer distanzierten Kirchlichkeit lassen sich daher manchmal lieber auf eine Predigt als auf ein direktes Gespräch ein.

c) Was die Beziehungsebene angeht, so hat die Predigt auch hier nicht nur Defizite, sondern besondere Chancen. In jeder diskutierenden Grup-

12. Vgl. zu diesem und dem nächsten Punkt bes. K.F. Daiber, Predigt als religiöse Rede. Homiletische Überlegungen im Anschluß an eine empirische Untersuchung. Predigen und Hören 3, München 1991, 201ff.

pe treten Differenzen zutage: Unterschiede in der Stellungnahme zur Sache oder zu Personen. In der Predigt haben alle prinzipiell die gleiche Nähe und Ferne zur Sache und zum Prediger. In gewisser Weise ist sie »egalitärer«, sofern sich der Prediger nicht selbst durch ein überhöhtes Amtsbewußtsein über die Gemeinde stellt.

d) Selbst im Blick auf die expressive Seite zwischenmenschlicher Kommunikation hat die Predigt eine besondere Chance. Selbstmitteilung und Selbstenthüllung machen verletzlich. Den Verlauf eines Gesprächs hat niemand ganz in seiner Hand. Die größere Spontaneität der Selbstmitteilung im Gespräch führt daher zu deren Begrenzung.

Auch wenn die Predigt eine einseitige Kommunikation ist, so gelten für sie doch alle Kriterien einer kommunikativen Ethik: Verständlichkeit, Authentizität, Achtung, Verantwortlichkeit und das Bemühen um Wahrheit. Im Blick auf die Predigt müssen diese Kriterien jedoch spezifiziert werden:

1. Verständlichkeit: Eine Predigt ist eine öffentliche Rede in begrenzter Zeit, aber in einem unbegrenzten Zyklus anderer Predigten. Rhetorisch angemessen ist eine Predigt, wenn in dieser Situation ihre Aussage verstanden wird und »ankommt«. Dazu gehört nicht nur eine klare Sprache, sondern auch ein erfolgreiches Werben um die Aufmerksamkeit der Zuhörer, ein Respekt vor der Grenze ihrer Aufmerksamkeit, eine Steuerung dieser Aufmerksamkeit auf die entscheidenden Punkte hin usw. All das dient der Verständlichkeit im Rahmen einer längeren öffentlichen Rede.

2. Subjektive Authentizität: Der Prediger muß nicht nur aufrichtig meinen, was er sagt – und sagen, was er meint. Vielmehr wird er daran gemessen, ob er mit seinem Leben deckt, was er von der Kanzel her verkündigt, bzw. ob er mit Diskrepanzen zwischen Botschaft und Leben überzeugend umgehen kann.

3. Mitmenschliche Achtung: Man kann nur die Hörer für etwas gewinnen, deren Normen, Wertungen und Traditionen man ernst nimmt – gerade dort, wo man ihnen widersprechen will. Gewiß gibt es Grenzen: Kein Prediger kann und darf den Eindruck erwecken, er akzeptiere, was er als Vorurteil bei seinen Hörern in Wirklichkeit ablehnt. Er verlöre seine Glaubwürdigkeit. Aber eine programmatische Mißachtung des Hörers (wie in einigen Zweigen der dialektischen Theologie) wäre in jedem Fall ein Verstoß gegen jede kommunikative Ethik.

4. Verantwortlichkeit: Jeder Prediger ist für die Folgen seiner Worte mit-verantwortlich, sofern sie auf sein Tun zurückgehen und nicht durch Konstellationen beeinflußt sind, die sich gegen die besten Absichten durch-

setzen können. Es ist unangebracht, die Verantwortung für die Folgen der Predigt ganz an den »Heiligen Geist« zu delegieren oder – in resignierter Variante –, an den »unheiligen Geist« der Zeit, der die besten Worte um ihre Wirkung bringt. Verantwortung kann man freilich nur dort übernehmen, wo man ein realistisches Bild seiner Wirkungsmöglichkeiten hat. Daher hat die empirische Predigtforschung eine große Bedeutung für die Ethik des Predigers. Sie klärt ihn darüber auf, was er bewirken kann. Aber sie erfaßt nicht alle Wirkungen.

5. Bemühen um sachliche Wahrheit: Niemand kommt bei seinen Hörern an, dem man anmerkt, es gehe ihm nur darum, »anzukommen«. Erst die Ausrichtung an einer Sache, deren Kriterien man sich unterordnet, verleiht Glaubwürdigkeit. Predigten sind am allgemeinen und am christlichen Wahrheitsbewußtsein zu messen. Dabei ist für das Urteil über die Predigt nicht die Nähe oder Ferne zu einer objektiven Wahrheit entscheidend, sondern die Intention auf die Wahrheit hin.

Zwischen diesen fünf Kriterien einer Predigt herrscht kein spannungsfreies Verhältnis. Es kann sachliche Probleme geben, die sich in 15 bis 20 Minuten nicht rhetorisch angemessen behandeln lassen. Subjektive Authentizität und mitmenschliche Achtung berühren die Identität von Prediger und Hörern. Es geht um die Selbstachtung des Predigers und um seine Achtung gegenüber anderen. Beides kann in Spannung stehen, wenn z.B. ein liberaler Theologe vor einer fundamentalistisch geprägten Gemeinde predigen soll (oder umgekehrt ein fundamentalistischer Theologe vor einer liberalen Gemeinde). Kann er wirklich alles sagen, was er denkt – ohne Irritationen auszulösen? Darf er um des Taktes und der Achtung willen jene Punkte verschweigen, wo er abweicht – und wo er Ärgernis erregen wird?

Bei der Besprechung der einzelnen Kriterien ist zu bedenken, daß sich die angesprochenen Probleme nie einem Kriterium zuordnen lassen – sonst gäbe es keine möglichen Spannungen zwischen ihnen.

1. Verständlichkeit

Die folgenden Überlegungen sind nur Randbemerkungen zu einem Thema, das gründlichere Untersuchungen verdiente. Das Ziel ist: Verständlichkeit, einschließlich ihrer elementarsten Voraussetzung: der Aufmerksamkeit des Zuhörers. »Unverständlichkeit« in der Predigt (aber nicht nur dort) ist ein schwerer Verstoß gegen eine kommunikative Ethik. Aber wie gelangen wir zu verständlichen Predigten? Zu Predigten, die sowohl luzide sind als auch voll jener Zwischentöne, die mehr anklingen lassen als das, was gerade gesagt wird?

Das Sprechverhalten ist an erster Stelle zu nennen. Wir wünschen uns Predigten in ruhigem Sprechtempo, in denen ein schnelleres Tempo als stilistische Abweichung möglich ist. Wir brauchen Pausen, um Sätze und Worte wirken zu lassen. Wir können leichter zuhören, wenn die Tonführung von Dynamik und Lebendigkeit zeugt, so daß Monotonie ausgeschlossen ist. Vor allem aber wünschen wir uns einen Prediger, der nicht abliest. Die Predigt ist nicht für das Manuskript da, sondern das Manuskript für die Predigt. Es ist gut zu sehen, daß ein Manuskript da ist. Wir wissen so: der Prediger ist vorbereitet. Aber es ist noch besser, wenn wir die Anwesenheit des Manuskripts vergessen, wenn die Predigt so wirkt, als würde sie noch einmal auf der Kanzel neu entstehen, neu durchdacht, neu formuliert – und das alles, während der Prediger uns ansieht. Dann erst sind wir sicher: Er sagt keine vorbereiteten Sprüche auf, er spricht wirklich zu uns – zu den jetzt Anwesenden.[13] Obwohl man solch eine freie Rede üben und lernen kann, trifft man sie selten. Meist wird die Predigt abgelesen. Dabei wird dann auch die Sprache schnell zu einer schriftlichen Sprache, d.h. einer Sprache, die sich im Grunde an Abwesende richtet.

Fragt man Predigthörer nach ihren Vorstellungen von einer angemessenen Sprache, so ruft man sofort Proteste gegen kirchliche Sondersprachen hervor: gegen die altväterliche Sprache Kanaans, gegen den Jargon pastoraler Modernität, gegen die Nebelschwaden akademischer Formulierungen. Mit Recht! Aber trotzdem ist die Forderung nach Alltagssprache in der Predigt einseitig, ja sogar irreführend.[14] Denn jeder gute Stil besteht in dosierten Abweichungen von der Normalsprache. Wir empfin-

13. Noch immer gilt, was A. Tholuck in seiner Vorrede zur 2. Sammlung seiner Predigten 1835 formulierte (in: F. Wintzer, Predigt, 58-66): »Wüßten wir Deutschen auf anderen Gebieten als dem kirchlichen mehr von der Gewalt, welche das unmittelbar aus dem Geist geborene Wort vor dem präservierten auf den Zuhörer ausübt, wir würden uns noch weniger mit der Vorlegung abgestorbener Präparate begnügen! Die Predigt muß eine Tat des Predigers auf seinem Studierzimmer, sie muß abermals eine Tat sein auf der Kanzel, er muß, wenn er herunterkommt, Mutterfreuden fühlen, Freuden der Mutter, die unter Gottes Segen ein Kind geboren hat. Nur wo also die Predigt eine doppelte Tat des Predigers gewesen ist, wird sie auch eine Tat im Zuhörer sein.« (S.63)

14. G. Otto, Handlungsfelder der Praktischen Theologie, München 1988, 273, widerspricht mit Recht der These, »die Alltagssprache müsse die Sprache des Glaubens und der Predigt sein. Die Erfüllung dieser Forderung, so einleuchtend sie im Rahmen eines allzu flachen Begriffs von Verständlichkeit ist, würde dem Hörer notwendig gerade das vorenthalten müssen, was mehr und anders ist als die Wiederholung seines Alltags, die Wiederholung der Festschreibungen und Verengungen, wie sie Alltagssprache transportiert.«

den nur die allzu oft wiederholten und gesuchten Abweichungen von ihr als Manierismen, nur konventionalisierte Abweichungen als Jargon, nur eine für Außenstehende unzugängliche Abweichung als elitär. Wir freuen uns jedoch über die kleinen Abweichungen: über die leichte Verfremdung der Alltagssprache, die uns vertraute Wörter in neuem Licht sehen läßt, über die ungewohnte Verwendung traditioneller biblischer Sprache in neuen Kontexten, über das humorvolle Spielen mit vertrautem Jargon. Deshalb wäre es falsch, bestimmte Wörter auf eine Liste von »bad words« zu setzen. Ein Wort an sich kann nie stilistisch gut oder schlecht sein, sondern immer nur sein Gebrauch. Es gibt daher für die Predigt keine Sprachtabus, wohl aber ist zu fordern, daß alle Abweichungen von der Normalsprache der jeweiligen Gemeinde dosiert sind; sie sollen als Abweichung innerhalb der gemeinsamen Sprache erlebt werden und nicht als Ausweichen in eine andere Sprache – in die Sprache Kanaans, in die Sprache des verwalteten Christentums oder in die Sprache akademischen Tiefsinns. Die Sprache der Predigt wird immer von der Alltagssprache ein wenig abweichen. Sie soll Luzidität und Ambiguität verbinden. Denn man muß sein Alltagsbewußtsein durchlässig für das »Ganz Andere« machen, um Kontakt mit Gott aufzunehmen. Die Sprache der Predigt wird immer ein bestimmter Dialekt sein – oder ein »Soziolekt«, wie man genauer sagen müßte. Wollten wir alle Bestandteile dieses Dialektes ausscheiden, so müßten wir auch auf Wörter wie »Gott«, »Gnade«, »Vergebung«, »Umkehr« verzichten. Das aber ist unmöglich. Die Sprache der Predigt darf ein bestimmter »Dialekt« sein, aber es muß ein »Dialekt« innerhalb der allgemeinen gegenwärtigen Sprache sein. Es soll ein lebendiger »Dialekt«, kein historischer Dialekt sein.

Eine weitere Bedingung für die Verständlichkeit einer Predigt ist ihr nachvollziehbarer Aufbau.[15] Hierbei geht es nicht um raffinierte Strukturmuster, die nur durch akademische Predigtanalysen entdeckt werden können, sondern um den Predigtaufbau als Mittel der Aufmerksamkeitssteuerung. Eine Predigt muß selbst dafür sorgen, daß die zentrale Aussage hervorgehoben wird. Sie muß auf eine Pointe hinauslaufen. Sie soll eine Einheit sein. Viele Predigten, die ich gehört habe, waren in Wirklichkeit ein corpus permixtum aus drei Predigten. Einheit schafft man durch eine Themenangabe und durch die Wiederkehr derselben Bilder, Wen-

15. Grundlegend zum Predigtaufbau sind die Aufsätze von M. Josuttis, Über den Predigtaufbau, MPTh 54 (1965) 480ff = ders., Rhetorik und Theologie in der Predigtarbeit. Homiletische Studien, München 1985, 187-200; Über den Predigtanfang, MPTh 53 (1964) 474ff = Rhetorik und Theologie, 166-186; Über den Predigtschluß, in: Rhetorik und Theologie, 201-215.

dungen und Leitmotive. Die Abschlüsse der einzelnen Teile kann man wie einen Refrain gestalten. Solche Einheit darf jedoch nie so perfekt sein, daß die Predigt voraussagbar wird. Vielmehr besteht die Kunst darin, Erwartungen zu wecken – und sie dort, wo sie erfüllt werden, rückwirkend zu korrigieren. Auch hier gilt das Prinzip der dosierten Abweichung von dem, was die Hörer erwarten. Und auch hier wird durch solche »dosierten Abweichungen« jene Balance zwischen eindeutiger Klarheit und ansprechender Ambiguität geschaffen, die uns fasziniert.

Erwartungen werden u.a. durch formale Gliederungen geweckt. Ein dürres »Erstens, Zweitens, Drittens« ist dazu denkbar ungeeignet. Gesucht sind Gliederungsbilder. Eine Predigt mit dem Leitmotiv der »Wüste« kann man z.B. nach drei (in der Phantasie zu vollziehenden) Exkursionen in die Wüste gliedern. Oder wir künden drei Experten zu einem Problem an. Oder wir fragen nach den drei wichtigsten Dingen, die man auf eine einsame Insel mitnehmen würde.[16] Oder erzählen von den drei größten Unverschämtheiten, die wir in der Kirche erlebt haben. Nicht die Zahl, sondern das Gliederungsbild soll die Aufmerksamkeit fesseln und Erwartungen wecken.

Wer Erwartungen weckt, muß sie im Laufe der Predigt erfüllen. Geschieht dies in überzeugender Weise, so erhält die Predigt einen organischen Abschluß. Er wird dadurch signalisiert, daß man noch einmal auf das am Anfang gebrauchte Bild, die eingangs gestellte Frage zurückkommt, daß man konzentriert verschiedene Bildmotive der Predigt anklingen läßt, um dann den »Skopos« der Predigt noch einmal zu formulieren. Es sollte keine Zusammenfassung sein. Im Gegenteil: Es ist gut, wenn auch in der abschließenden Abrundung der Predigt eine dosierte Abweichung zum bisherigen Gedankengang enthalten ist: eine Pointe, eine kleine überraschende Wendung.

Indirekt wurde schon mehrfach ein weiteres Kriterium für Verständlichkeit angesprochen: *Anschaulichkeit*. Kein Prediger sollte seine Aussage alleine abstrakten Gedanken anvertrauen – so richtig diese sein mögen, so menschlich sie gemeint sind. Was nach einer zwanzigminütigen Rede zurückbleibt, sind vor allem Bilder sowie Erzählungen oder Erzählfragmente. Darum ist die Faustregel richtig: Keine Predigt ohne

16. Das Gliederungsbild von »drei Exkursionen in die Wüste« findet sich in der Predigt über Lk 3,1-14,3 (= Predigtbeispiel 5). Eine Gliederung nach Experten findet sich in: Kain und Abel (1Mos 4,1-16), in: Die offene Tür, 11-18. Die Frage nach den drei Dingen, die man auf eine Insel mitnehmen will, gliedert die Predigt: Vorbereitung auf die Reise in ein unbekanntes Land. Über unsere Auseinandersetzung mit dem Tod, in: Die offene Tür, 160-167.

Bild oder Erzählung! Aber bildliche und erzählerische Elemente garantieren noch nicht den Erfolg. Denn beides muß in den Gedankengang der Predigt integriert sein. Wie viele nur aufgesetzte Erzählungen hat jeder Predigthörer schon anhören müssen, Erzählungen, die gar nicht ausgewertet wurden oder in eine andere Richtung wiesen als die Gedanken der Predigt. Wie viele Bilder blieben bloßes Ornament! Und doch hat jedes Bild auch einen Eigenwert, der über seine rhetorische Funktion hinausweist. Klarheit und Ambiguität verbindet sich in gelungenen Bildern.

Abschließend sei noch ein Desiderat genannt: Eine Predigt soll *Anredecharakter* haben. Es ist eine Rede, in der eine Ich-Du-Beziehung hergestellt wird. Sie will Zuspruch, Ermutigung, Aufforderung, Trost sein. Man sollte keine Glaubensfrage daraus machen, ob »Du« oder »Sie« dafür angemessen ist. Es kann sehr ansprechende Predigten im »Sie-Stil« geben. In der Regel verbindet sich mit dem »Sie« jedoch eine größere Distanz, eine stärkere Nähe zur Reflexion – also zu jener Gefahr, daß der Prediger auf der Kanzel über die Predigt reflektiert, die er halten soll, anstatt diese Predigt zu halten!

2. *Subjektive Authentizität*

Oft wird mit protestantischem Aufrichtigkeitspathos verlangt: Der Prediger soll nur sagen, was er denkt. Er soll nur bezeugen, was er lebt. Unbestreitbar ist: Wir merken als Hörerinnen und Hörer, ob eine Predigt einen Sitz im Leben des Predigers hat oder ob nur die Tradition verwaltet wird. Aber es ist schwer zu sagen, woran wir es merken.

Spüren wir an seiner Sprachgestaltung seine Ich-Beteiligung? Spüren wir, daß sich hier jemand öffnet, daran, daß er konventionelle Muster des Denkens verläßt? Aber irritiert uns nicht manchmal der Gestus pastoraler Selbstergriffenheit? Hält uns nicht gerade die perfekt inszenierte emotionale Beteiligung auf Distanz? Werden wir nicht oft unsicher, ob wir dem Prediger selbst oder seiner Selbststilisierung begegnen? Oder läßt sich beides gar nicht trennen? Denn der Mensch ist (auch) seine Selbstinszenierung. Aber er ist mehr als das!

Oder spüren wir Authentizität dort, wo ein Prediger explizit auf Erlebtes und Erlittenes zurückgreift, wo er von sich erzählt? Aber jeder Predigthörer mit etwas Menschenkenntnis weiß: Wir begegnen hier nicht dem Leben des anderen in unverstellter Offenheit, sondern immer nur in einer bestimmten Stilisierung. Das Predigt-Ich ist mit dem realen biographischen Ich nicht einfach identisch: Es ist das Ich, das der Prediger seiner Gemeinde zumutet: eine Auswahl, eine Vereinseitigung. Und das ist gut so: Es wäre peinlich, wenn die Predigt uns das Psychogramm des Predigers vermittelte anstatt eine Botschaft.

Wir sollten klar erkennen: Das in der Predigt erfahrbare »Ich« des Predigers ist ein stilisiertes Ich.[17] Die Authentizität des Predigers ist eine Balance zwischen Selbstoffenbarung und Selbststilisierung. Nicht die Tatsache seiner Selbststilisierung ist zu kritisieren, sondern das »Wie«. Zu fragen ist: Kann der Prediger sein Leben und seine Ich-Beteiligung so in die Predigt aufnehmen, daß beides exemplarische und stellvertretende Bedeutung erhält? Daß sich andere im Prediger wiedererkennen? Daß allgemeine Strukturen des Lebens und des Glaubens in ihm erkennbar werden? Diese Art von »Selbststilisierung« ist gefordert. Subjektive Authentizität der Predigt besteht nicht in unmittelbarem Niederschlag der »ungewaschenen« Subjektivität des Predigers, sondern in der bewußten Gestaltung des eigenen Denkens, Fühlens und Lebens auf das hin, was auch für andere gültig sein könnte. Das aber ist nie das ganze Leben des Predigers. Die Faustregel lautet daher nicht einfach: Der Prediger solle nur sagen, was er wirklich meint, er solle nur bezeugen, was in seinem Leben Resonanz gefunden hat. Sie muß ergänzt werden durch den Satz: Er muß nicht alles, was er meint, auch sagen. Er muß nicht alles, was ihn bewegt, in die Predigt aufnehmen. Es gibt manchmal Fragen und Probleme, bei denen er noch nicht so weit ist, daß er sie »objektiv« gestalten könnte, um sie über den Dunstkreis seiner beschränkten Subjektivität hinauszuheben.

Was aber soll er zulassen? Keineswegs nur die Probleme und Erfahrungen, die er meint, perfekt im »Griff« zu haben. Sondern auch hier gilt das Prinzip der dosierten Diskrepanz. Es gibt Probleme und Erfahrungen, mit denen wir zwar nie fertig sind, aber mit denen wir dennoch verantwortlich umgehen können. Das sei nach zwei Seiten hin veranschaulicht: Einerseits für den Umgang mit Rollenerwartungen (an den Pastor oder die Pastorin); andererseits am Umgang mit dem unchristlichen »Schatten«, den jeder hat, d.h. mit jenen Bereichen des Lebens, die den üblichen Erwartungen an christlichen Glauben und christliches Leben widersprechen. Authentizität erweist sich im Umgang mit beiden komplementären Seiten: mit der Rolle des Predigers und seinem unchristlichen Schatten.

Es ist ein großer Irrtum zu meinen, Authentizität erweise sich nur im Durchbrechen von Rollenerwartung, das Leben nach vorgeprägten Er-

17. Grundlegend dazu: M. Josuttis, Der Prediger in der Predigt. Sündiger Mensch oder mündiger Zeuge?, in: M. Josuttis, Die Praxis des Evangeliums zwischen Politik und Religion, München 1974, 70-94 (= F. Wintzer, Predigt, 221-234 als Auszug).

wartungen sei schon als solches nicht authentisch. Eine einfache Überlegung widerspricht dem. Die Rolle des Predigers oder der Predigerin haben wir bewußt gewählt. Niemand hat uns dazu gezwungen. Wer sein eigenes Ich nur in Abhebung von dieser Rolle öffentlich stilisieren kann, macht sich unglaubwürdig: Entweder sollte er sich nach einem anderen Beruf umsehen – oder er sollte mit sich ins Reine kommen, warum er sich trotz aller Probleme mit dieser Rolle identifiziert. Dabei erwartet eine individualistische Gesellschaft nirgendwo totale Rollenidentifikation. Diese kann immer nur partiell sein. Ein Stück Rollendistanz gehört heute zur Rollenerwartung: Ein guter Lehrer darf nicht nur ein Lehrer sein, ein guter Politiker nicht nur ein Politiker, ein guter Vorgesetzter nicht nur ein Vorgesetzter, ein guter Pastor nicht nur ein Pastor. Die dosierte Abweichung von Rollenerwartungen wird gewünscht.

Auf der anderen Seite steht der Umgang mit dem Schatten des Predigers. Es gibt in jedem eine Ecke, die nicht nur nicht christianisiert ist, sondern in der ein verborgener Mißmut über das Christentum lebendig ist – eine Ablehnung mancher Dinge, die anderen wert und wichtig sind. Der Prediger darf davon ausgehen, daß es in der Gemeinde vielen so geht. Er kann, wenn er intensiv an diesem Problem arbeitet und daran reift, ein Modell dafür werden, wie auch andere mit ihrem »Schatten« umgehen können.[18] Der Prediger darf zeigen, daß er sich an manchen Bereichen der Tradition und der Kirche innerlich reibt. Aber er sollte bewußt entscheiden, welche Bereiche er wählt. Ich fand jedenfalls einen katholischen Priester sehr glaubwürdig, der bei einer ökumenischen Trauung seufzte: Es gäbe da Kirchengesetze, die hart seien und an denen wir uns alle wund rieben!

Das Problem der Authentizität begegnet uns in veränderter Form bei den anderen Kriterien wieder: Denn die Angst des Predigers besteht ja gerade darin, daß der Respekt vor dem Glauben der Gemeinde ihn in einen unlösbaren Konflikt mit der Pflicht zur Aufrichtigkeit treibt und daß die Spannungen zum allgemeinen christlichen Wahrheits- und Normbewußtsein zu groß werden: etwa zwischen seinem historisch-kritischen Wissen und der traditionellen Dogmatik.

18. H. Chr. Piper, Kommunikation und Kommunikationsstörungen in der Predigt, in: F. Wintzer, Predigt, 235-244 (= H. Chr. Piper, Predigtanalysen, Göttingen 1976, 127-136), hat m.E. sehr aufschlußreich gezeigt, wie unverarbeitete persönliche Probleme des Predigers zu Irritationen in der Predigtkommunikation werden. »Kann er jedoch mit seinen Emotionen umgehen, kommuniziert er mit seinem ›Schatten‹, erkennt er seine eigenen Ambivalenzen, dann wird ihm auch die Kommunikation mit einzelnen (durch das Gespräch) wie mit Gruppen (etwa durch die Predigt) gelingen.« (S.242).

3. Mitmenschliche Achtung

Jede gelungene Kommunikation setzt Achtung vor der Identität des anderen Menschen voraus. Das aber bedeutet, daß wir unser Sprechen und Handeln nicht nur daraufhin prüfen, ob wir mit uns selbst übereinstimmen, sondern wie es sich zu den Normen und Überzeugungen unserer Mitmenschen verhält. Gegebenenfalls können wir den Konflikt mit ihnen riskieren. Aber keiner hat das Recht, ohne vorweg die Reaktionen des anderen zu bedenken, drauflos zu sprechen und zu handeln.

Der Prediger sucht Konsens. Achtung und Wertschätzung sind leichter, wo wir uns in fundamentalen Fragen eins mit unserem Gegenüber wissen. Daher ist es eine wichtige Aufgabe eines jeden Predigers, hinter manifesten Divergenzen tiefer liegende gemeinsame Überzeugungen und Werte aufzuspüren. Die oben zusammengestellte Liste von Basismotiven christlichen Glaubens soll dazu helfen. Sie ist nicht abschließend. Sie kann ergänzt werden. Aber sie greift auf so Elementares zurück, daß es den Gegensatz zwischen liberalen und konservativen Strömungen in Kirche und Theologie »unterwandern« kann. Und eben darin kann sie helfen, gegenseitige Achtung auch über Differenzen hinweg zu bewahren und zu zeigen.

Die in jeder Predigt zu vermittelnde Achtung aber geht darüber hinaus. Sie richtet sich nicht auf das Konsensfähige, sondern auf den ganzen Menschen. Sie hat den Charakter der Liebe.[19] Diese weiß, daß ein geliebter Mensch merkwürdige Seiten hat, schwer vermittelbare Kanten – und trotzdem hält sie an ihm fest. Wie kann der Prediger solche Achtung zeigen?

19. Die Homiletik der dialektischen Theologie hat sich nicht ohne Grund in den Verdacht gebracht, wenig mitmenschliche Achtung vor der Gemeinde zu zeigen. Vgl. E. Thurneysen, Die Aufgabe der Predigt (1921), in: ders., Das Wort Gottes und die Kirche, ThB44, München 1971, 95-106 (Auszug in: F. Wintzer, Predigt, 117-121): »Die Predigt ist nicht der Ort, wo um das Verständnis des Menschen, sondern wo um das Verständnis Gottes gerungen wird. Es handelt sich in der Kirche gerade nicht darum, daß ein Mensch auf andere Menschen eingehe, sondern darum, daß alle Menschen allem Menschlichen den Rücken kehren und auf Gott eingehen ...« (bei F. Wintzer, Predigt, 117). »Der Tod alles Menschlichen ist das Thema der Predigt.« (dort S.118). Mit Recht waren die aus der liberalen Theologie stammenden Homiletiker entsetzt, vgl. F. Niebergall, Eine ›unmenschliche Theorie‹. Zu K. Fezer, Das Wort Gottes und die Predigt, ChW 42 (1928) 59-60 (= F. Wintzer, Predigt, 122-124). Eben deshalb sei an K. Barths Ratschlag in seiner Homiletik erinnert: »Der Prediger muß seine Gemeinde liebhaben. Er darf nicht ohne seine Gemeinde sein wollen, muß wissen: Ich gehöre mit diesen anderen zusammen und möchte mit ihnen teilen, was ich von Gott empfangen habe. Mit Menschen – und Engelzungen reden hilft gar nichts, wenn diese Liebe fehlt.« (Homiletik, 67).

Jede Predigt kann Empathie zum Ausdruck bringen. Das gilt besonders für die Bereiche des Lebens, die aus der öffentlichen Sprache des Alltags ausgeklammert werden. Das gilt für die vielen uneingestandenen Ängste und Sehnsüchte, die den Alltag begleiten, durchdringen und quälen, und die man anderen nicht mitteilt. Da ist z.B. die Sehnsucht nach Liebe und Zärtlichkeit (oft in Gestalt von Phantasien, die nicht dem realen Partner gelten). Da ist die Angst vor Krankheit und Tod. Oder die Angst vor dem Versagen vor Leistungen oder vor der Notwendigkeit, sich gegen Widerstand durchzusetzen. Oder es ist einfach die Scham, in die sich Menschen verschließen, weil sie meinen, nur sie hätten dies oder jenes Problem. Oder der abgrundtiefe Groll auf die Ungerechtigkeit des Schicksals usw. Solche Ängste und Sehnsüchte halten die meisten Menschen im Alltag unter ihrer Kontrolle. Nur bei einem hohen Grad von Neurotizismus wirken sie direkt in den Alltag hinein. Der Prediger darf auch in dieser Hinsicht ein unvollkommener Mensch sein. Wenn er nicht in sich selbst all diese Ängste und Sehnsüchte spürt, wie soll er sie glaubhaft ansprechen? Wenn er nicht in sich offen ist gegenüber dem »ungekonnt gelebten Leben«, wie soll er anderen helfen, sich gegenüber sich selbst zu öffnen? Dem entspricht meine Beobachtung, daß gute Prediger – besonders Prediger, die »emotional« ankommen, oft stark neurotische Menschen sind. In sich ruhende, balancierte und ausgeglichene Menschen leben am diffusen emotionalen Hintergrund des Lebens oft unangefochten vorbei.

Empathie ist mit Akzeptanz verbunden. Aber Akzeptanz geht darüber hinaus. Es geht ja nicht nur darum, die kleinen und doch oft so mächtig wirkenden Sehnsüchte zu verstehen, sondern das tatsächlich gelebte Leben zu akzeptieren. Das entzieht sich den normativen Vorgaben von Kirche und Gesellschaft. Es ist eine wichtige Aufgabe der Predigt, ein Klima der Akzeptanz für die ganze Bandbreite realen Verhaltens zu schaffen. Dazu gehört dann paradoxerweise auch Akzeptanz für den »Normalfall«. Denn in modernen, permissiven Gesellschaften gerät der in »normalen« Bahnen lebende Mensch manchmal in Erklärungsnot: Warum ist er noch immer mit seiner ersten Ehefrau verheiratet? Ist da etwas schief gelaufen – oder hat er irgendwelche Probleme unter den Teppich gekehrt? Es ist keine Frage: Heute bedürfen manchmal gerade die unauffällig Lebenden, denen die Gesellschaft doch so viel verdankt, einiger »Streicheleinheiten«.

Zur Achtung vor der Gemeinde gehört auch, daß man ihre Erwartungen an den Prediger selbst akzeptiert. Denn hier befindet man sich in direkter Interaktion. Die Gemeinde ist gekommen, eine Predigt zu hören. Aber gerade diese Erwartung ist mit Wünschen verbunden, die in sich eine Überforderung sind – und ein großes Konflikt- und Enttäuschungspotential enthalten. Erwartet werden:

Zunächst professionelle Sachkompetenz. Der Prediger hat die Bibel studiert und kennt sich in Kirche und Theologie aus. Dies ist eine gerechtfertigte Erwartung an ihn, auch wenn sie oft wegen vieler Defizite im Studium nicht in Erfüllung geht.

Ferner soll er Repräsentant des Glaubens sein. Wenigstens er, so denkt die Gemeinde, müßte mit all den Aporien und Problemen zurechtkommen, die den christlichen Glauben belasten: die Auseinandersetzung mit seiner ideologiekritischen Abwertung, mit der historischen Kritik an ihm und der naturwissenschaftlichen Skepsis.

Vor allem aber gilt der Prediger noch immer als Träger von Charisma. Von ihm wird eine unerklärliche Ausstrahlungskraft erwartet – und zwar eine Ausstrahlungskraft, in der die Präsenz des Heiligen spürbar ist. Der Prediger ist für viele Transzendenz zum »Anfassen«. Und wer könnte schon dieser Erwartung entsprechen?

Der Respekt vor den Erwartungen der Gemeinde erfordert beides: das Eingehen auf sie, aber auch ihre Korrektur. Kein Prediger ist theologisch allwissend, keiner zu Ende mit Glaubensfragen, keiner hat das Charisma des Heiligen, es sei denn in sehr irdischen und fragwürdigen Gefäßen. Der Respekt vor den Menschen erfordert immer wieder die Erinnerung daran, daß Prediger real existierende Menschen sind.

Mitmenschliche Achtung ist ohne Empathie und Akzeptieren undenkbar. Aber sie geht darin nicht auf. Zur Achtung vor einem anderen Menschen gehört auch, daß ich ihn kritisiere. Zur Achtung vor einer Gemeinde gehört die Freiheit, sie mit einem Gedanken zu konfrontieren, von dem ich weiß: Viele werden ihn ablehnen; manche werde ich wahrscheinlich nie zur Zustimmung bewegen können. Wer grundsätzlich Konfrontationen mit seiner Gemeinde ausweicht, respektiert sie nicht. Je verläßlicher die positive Grundhaltung ist, um so mehr Konfrontation kann der Prediger riskieren. Darin liegt gewiß auch ein aggressives Moment. Takt und Humor können die Aggression akzeptabler machen, aber sie können sie nicht zum Verschwinden bringen. Mitmenschliche Achtung ist daher immer ein Ausbalancieren von Akzeptieren und Konfrontation, von Empathie und distanz-haltender Höflichkeit, von Nähe und Ferne. Zerstörerisch für die Beziehung ist nur abwertende Aggression. Zerstörerisch ist, wenn man ungewollt signalisiert: Ich halte gar nichts von euch, finde euch unerträglich ... Selbst berechtigte Kritik kann dann zu Verhärtungen führen. Und für sie wäre auch der Prediger verantwortlich. Das führt zu unserem letzten kommunikativen Wert: der Verantwortlichkeit.

4. Verantwortlichkeit

Wer wollte bestreiten, daß der Prediger für die Folgen seiner Worte mitverantwortlich ist? Und daß er sie daher bei seiner Predigt immer im Auge haben muß. Und doch stehen uns sowohl vormoderne wie moderne Theorien zur Verfügung, um uns von Verantwortung zu entlasten. Die traditionelle theologische Dogmatik sagt: Der Heilige Geist ist letztlich für die Wirkung der Predigt verantwortlich. Moderne Kommunikationstheorien behaupten: Der Hörer läßt durch viele Filter hindurch ohnehin nur das in sich hinein, was er braucht.[20] Predigen erscheint als eine Art metaphysisches Entsorgungsunternehmen, um das Leben von unlösbaren Restproblemen zu entlasten, damit es so weitergehen kann wie bisher.

Diese Grenze unserer Macht als Prediger ist für viele Theologen ein Ärgernis und eine Anfechtung. Leben nicht gerade die reformatorischen Kirchen von der Überzeugung, daß das Wort Gottes eine das Leben verwandelnde Kraft ist? Aber das Wort Gottes wird wirksam allein durch Glauben, d.h. durch die freie Zustimmung des Einzelnen, ohne jeglichen Zwang – auch ohne psychischen Zwang. In der Reformationszeit drohte psychischer Zwang in Form von Angst vor Höllenstrafen. Indem Wort und Glaube zur entscheidenden Vermittlung des Heils wurden, wurde das spätmittelalterliche System kirchlich verwalteter Lebensangst gesprengt. Die Verkündigung hatte damals befreiende Macht. Aber erleben wir heute nicht vor allem ihre Ohnmacht?

Angesichts der immer wieder erfahrenen Grenzen, die jeder Prediger kennenlernt, mag es paradox erscheinen, für eine Selbstbegrenzung der Predigt zu plädieren. Sie soll ins Leben wirken – aber gleichzeitig die Botschaft vermitteln: Der Hörer und die Hörerin entscheiden letztlich darüber, was in ihrem Leben wirksam wird und was nicht.

Man kann das Problem an ethisch ausgerichteten Predigten veranschaulichen. Sie sind unerläßlich. Wer sie als »gesetzlich« abwertet, argumentiert ebenso an der tatsächlichen Predigt vorbei wie am Leben. Noch heute wird überall über die zehn Gebote gepredigt. Bei einer dieser Reihen fiel mir die Aufgabe zu, über das Gebot »Du sollst nicht ehebrechen!« zu

20. Vgl. K. W. Dahm, Hören und Verstehen. Kommunikationssoziologische Überlegungen zur gegenwärtigen Predigtnot, in: ders., Beruf: Pfarrer. Empirische Aspekte zur Funktion von Kirche und Religion in unserer Gesellschaft, München 1971, 218-244 = A. Beutel u.a. (Hg.), Homiletisches Lesebuch, 242-252; O. Schreuder, Die schweigende Mehrheit, Conc (D) 14 (1978) 18-22 = A. Beutel u.a. (Hg.), Homiletisches Lesebuch, 253-260.

predigen![21] Mir war bewußt: Hier interveniert die Predigt in einen Bereich, den Menschen heute als einen Freiraum für sich beanspruchen und verteidigen. Niemand möchte, daß Nachbarn, Staat oder Kirche in ihn hineinreden. Die Predigt war als Teil der ganzen Reihe in der Stadt plakatiert worden. Ich hörte, wie einige die Parole ausgaben: Da gehen wir nicht hin! Von der Kirche möchten wir zu diesem Thema nichts hören! Trotzdem war die Kirche überdurchschnittlich voll. Meine Predigt war eine Balance zwischen Akzeptieren und Orientieren. Einerseits mußte ich – auch entsprechend meinen eigenen Überzeugungen – die vielfältigen Lebensnormen akzeptieren, die sich herausgebildet haben. Andererseits wollte ich – ebenfalls in Übereinstimmung mit meinen Überzeugungen – deutlich machen, warum für mich die Ehe ein Abbild eines weit über menschliche Dimensionen hinausgehenden Bündnisses mit dem Sein überhaupt ist! Ich hoffe, jeder hat gespürt, daß ich die Entscheidung für andere Lebensformen respektiere. Daß ich in ihnen ein Ringen um menschliche Gestaltung des Lebens spüre, in dem dieselben Normen und Werte wirksam sind, die auch ich teile. Ich bin überzeugt, daß ich auf diese Weise effektiver für die Ehe »geworben« habe als durch eine Predigt, die alternativlos über die Ehe gesprochen hätte. Indiz dafür war für mich, daß sich die Predigt einige besorgten, die erklärten, sie seien bewußt diesmal (aus den eben genannten Gründen) nicht in den Gottesdienst gekommen. Sie wollten die Predigt gewiß nicht lesen, um ihre Entscheidung nachträglich gerechtfertigt zu sehen!

Es ist möglich, daß die Gemeinde in einer Universitätsstadt hier anders reagiert als anderswo. Oft sagt man, einfache Menschen brauchten klare Direktiven. Da müsse man autoritär sagen, wo es lang geht. Ich bin da skeptisch. Schlichte und gebildete Menschen brauchen klare Orientierungen; und beide lassen sich ihre Freiheitsträume nur gegen Protest eingrenzen. Nur sehen diese Freiheitsräume in den verschiedenen sozialen Milieus anders aus. Was in einer Universitätsstadt reale Optionen sind, sind in anderen Lebenswelten weit entfernt liegende Möglichkeiten. Aber innerhalb jeder Lebenswelt gibt es Alternativen. Innerhalb jedes sozial-moralischen Milieus müssen Entscheidungen gefällt werden, auch innerhalb einer begrenzten Lebenswelt.

Hierbei ergibt sich überall dasselbe Problem: Menschen ringen angesichts mehrerer Möglichkeiten auch dann um die Bewahrung ihrer Freiheit, wenn sie innerlich eine Option für eine bestimmte Möglichkeit ha-

21. Vgl. »Du sollst nicht ehebrechen!« Eine moralische Predigt gegen den Moralismus (2 Mos 20,14), in: Lichtspuren, 11-18.

ben. Wer alternativlos eine (von ihnen durchaus bevorzugte) Möglichkeit dekretiert, stößt auf Widerstand. Die Psychologie nennt das »Reaktanz«, Alltagspsychologie »Bockigkeit«. Aber hier wie dort weiß man: Wozu sich ein Mensch einmal hat frei entscheiden können, das wird eher zu einem dauerhaften Element seines Lebens als das, wozu man von außen genötigt wird.

Wir haben das Problem am Beispiel einer ethischen Entscheidung diskutiert. Es gilt aber für alle Entscheidungen. Es gilt ebenso von der Grundentscheidung zum Christentum. Mit psychischem Zwang und sozialem Druck wird hier nichts erreicht. Im Gegenteil: Die Erfahrung, einmal in einem selbstentfremdeten Zustand sich zu nahe in den Raum der Kirche und des Glaubens begeben zu haben, läßt manche Menschen zeitlebens um eine große innere und äußere Distanz kämpfen.

Verantwortlich predigen heißt: seine Wirkungen und ihre Grenzen bedenken. In diesen Grenzen hat der Prediger eine große Verantwortung. Er nimmt sie nicht wahr, wenn er andere zu dem drängt, was ihm wichtig und wertvoll ist. Er nimmt sie wahr, wenn er beides ausbalanciert: eine klare Orientierung – und Respekt vor der Freiheit des anderen. Auch vor der Freiheit des anderen, sich seinem Wort zu entziehen.

Luther hat zu diesem Problem einmal einen nachdenklich machenden Satz gesagt. Er sprach von einem Missionar, der ein Land bekehren wollte, aber keinen einzige Menschen für den christlichen Glauben gewann. Der Missionar haderte mit seinem Schicksal. Luther aber tadelte ihn mit den Worten: »Es ist das sichere Zeichen eines schlechten Willens, daß er nicht leiden kann seine Verhinderung.«

C. Die Voraussetzung gelingender Kommunikation
Das Bemühen um Wahrheit

Kommunikation gelingt nur, wenn alle bereit sind, sich um sachliche Wahrheit zu bemühen. Das gilt für Kommunikation in allen Bereichen. Kommunikation im ökonomischen Bereich muß sich den Kriterien wirtschaftlicher Rationalität stellen, Kommunikation im juristischen Bereich dem Recht, Kommunikation im politischen Bereich kann nur im Rahmen und im Geist der Verfassung gelingen. Auch im Raum der Kirche gibt es eine eigene theologische »Rationalität«. Aber darüber hinaus gilt für alle Bereiche: Es gibt ein allgemeines menschliches Wahrheitsbewußtsein, das nicht regionalisierbar ist. In der Kirche hat es einen besonderen Ort, da sie sich auf Gott bezieht, der in allen Wirklichkeitsbereichen präsent ist.

Dieser Wille zur Wahrheit macht Dissens und Konflikt erträglich. Voraussetzung ist, daß sich beide Seiten im Konflikt zubilligen, vom Bemühen um Wahrheit bestimmt zu sein. Solange dies der Fall ist, gibt es eine Grundlage für zwischenmenschliche Achtung – und ein Gegengewicht gegen alle Verletzungen, die Konflikte mit sich bringen.

Für die Predigt können wir uns hier auf ein besonderes Problem konzentrieren, das in vielen Predigten akut werden kann. Die historische und anthropologische Aufklärung über Bibel und Religion kann in einen tiefen hermeneutischen Konflikt zum christlichen Durchschnittsbewußtsein treten. Nur wenige Gemeindeglieder sind sich dessen bewußt, daß historisch-kritische Forschung viele neutestamentliche Briefe für »unecht« hält. Sie sind Pseudepigraphen, d.h. sie wurden einem falschen Autor zugeschrieben – und das nicht immer nur guten Glaubens, sondern manchmal mit bewußter Echtheitssuggestion (man kann auch sagen: mit Täuschungsabsicht). Nur wenigen ist bewußt, daß der Mythos von der Gesetzgebung am Sinai eine bewundernswerte Fiktion ist, bewundernswert, weil sie dem Gesetz als der Grundlage einer eigenständigen jüdischen Lebensform einen von jeder staatlichen Gesetzgebung unabhängigen Ursprung und eine Legitimation gab, die auch unter den Bedingungen der Fremdherrschaft ein Leben unter der Thora ermöglichte. Das volle Ausmaß der historischen Kritik an den Jesustraditionen ist ebenfalls nicht allen bewußt – unabhängig davon, daß diese Kritik oft die Grenzen des historisch Plausiblen verließ und selbst eine neue Aura wissenschaftlicher Fiktionen um Jesus schuf. Die Aufklärung ist hier innerhalb der Theologie sehr viel weiter als innerhalb der Gemeinde. Und das ist seit 200 Jahren ein notorisches Problem. Der in der Kirche lebendige Wahrheitsimperativ verbietet die Lösung, es bei zwei Wahrheiten bewenden zu lassen: einer eingeschränkten Wahrheit für die Gemeinde, einer aufgeklärten Wahrheit für die Theologen. Die Aufgabe besteht vielmehr darin, Verständnis für die spezifische Wahrheit fiktionaler Sprache in der Bibel (und in allen religiösen Traditionen) zu gewinnen – also ein Verständnis für die biblische Dichtung, einen Sinn für die »Poesie des Heiligen«, die alles in der Bibel mit einem zarten Schleier umgibt – auch die zweifellos historischen Begebenheiten und Ereignisse, von denen die Bibel zeugt.

Die Aufgabe stellt sich hier etwas anders bei genuiner Dichtung und religiöser Überlieferung – auch dort, wo letztere in unseren Augen Dichtung ist. Genuine Dichtung verbirgt ihren fiktionalen Charakter nicht. Jeder nähert sich ihr in der Lese- und Hörererwartung, in eine von Menschen »erdichtete«, d.h. durch Phantasie geschaffene Welt von Bedeutungen einzutreten. Reife im Umgang mit großer Dichtung besteht darin, in diesen fiktionalen Texten die Wirklichkeit neu zu erkennen und die Freude an dichterisch vermittelter Erkenntnis der Lust am Schönen und Gefälligen überzuordnen. Große Dichtung ist schmerzlich, tragisch und gestaltet das Absurde. Sie ist nicht »schön« und »gefällig«.

Bei religiösen Texten ist die Ausgangslage anders. Sie begegnen uns mit dem traditionellen Anspruch, wahr und wirklich zu sein. Sie wollen nicht in eine erdichtete Welt hineinführen, sondern in eine wirkliche Geschichte zwischen Gott und Mensch. Hier besteht der Reifeprozeß des Hörers und Lesers darin, daß er in den Erzählungen und Überlieferungen immer klarer die fast allgegenwärtige fiktionale Aura erkennt und in ihr nicht Lüge, Täuschung und Unsinn sieht, sondern eine Erweiterung der Wirklichkeit, einen Zuwachs an menschlicher Freiheit.

Wie aber kann man das einer durchschnittlichen Gemeinde vermitteln, ohne tiefe Irritationen auszulösen? Es empfiehlt sich die Einsicht in die Wahrheit des Fiktionalen nicht zuerst anhand von Bibeltexten klarzulegen, sondern anhand von Texten, die man selbst schafft. Jeder erlebt hier den Prozeß der »Dichtung« vor seinen eigenen Augen. Danach kann man dann zu Bibeltexten selbst übergehen. Im folgenden können nicht alle Formen von Fiktionalität in der Bibel behandelt werden. Ich begnüge mich mit mythischen, legendarischen und pseudepigraphen Texten.

Um die Funktion mancher Mythen zu veranschaulichen, erzähle ich gerne die (erfundene) Anekdote von Onkel Hubertus und seinem Neffen Hubert. Onkel Hubertus hatte eine auffällig lange Nase, deretwegen er seit Kindheit gehänselt wurde. Sein kleiner Neffe Hubert fragte mit kindlicher Unbefangenheit: Warum hast du so eine große Nase? Warum haben die anderen Menschen andere Nasen – so wie ich? Da antwortete der Onkel: Das war so: Als bei der Schöpfung der Menschen die Nasen verteilt wurden, waren wir beide zuletzt dran. Als ich deine Nase sah, griff ich natürlich gleich nach ihr. Aber da sagte der Schöpfer ganz streng: Laß die Finger von dieser Nase! Das ist eine Rotznase! Ich habe hier eine andere, die paßt zu dir. Die nimm! Es ist die beste Nase der Welt. Was kann man aus diesem kleinen Schöpfungsmythos erkennen? Daß Mythen der Kontingenzbewältigung dienen – hier der Bewältigung einer auffallend großen Nase, die für den Onkel Hubertus fast zum Stigma wurde. Die Geschichte selbst ist Fiktion. Realität aber ist die große Nase, Realität ihre soziale Ablehnung, Realität die Unverfügbarkeit des eigenen Körpers. Aber diese Realität mit ihren Notwendigkeiten und Einschränkungen wird durch den fiktionalen Mythos in Freiheit verwandelt: Der Mensch akzeptiert sein Leben, als hätte er es selbst so und nicht anders gewollt. Die Fiktionalitätsaura schafft Freiheit.

Wir können diese Einsicht auch auf die biblische Schöpfungsgeschichte übertragen. Sie hat mythische Züge, auch wenn sie sich von den im Alten Orient verbreiteten Mythen deutlich unterscheidet. Für uns ist entscheidend: Auch in ihr steht ein Werturteil am Ende der Schöpfung: »Und siehe, es war sehr gut!« Die Erzählung zielt darauf, daß der Hörer dies Urteil nachvollzieht. Die Existenz der Welt und ihre Struktur sind ihm kontingent vorgegeben. Aber die Zustimmung zu ihr ist seine freie Entscheidung.

Als zweites Beispiel sei ein legendarischer Text gewählt – also ein Text, der sich um eine zweifellos historische Gestalt rankt, aber unhistorisch ist. Wenn solch eine Geschichte in einem vorwiegend weltlichen Milieu spielt, sprechen wir von einer Sage. Spielt sie in einem kirchlichen Milieu, so liegt der Begriff »Legende« näher. Aber es kommt uns nicht auf die Unterscheidung an. Ausgangspunkt sei eine Familienlegende aus neuerer Zeit. In einer deutschen Familie ist die Überlieferung lebendig, der Urgroßvater habe sich während des Krieges 1870/71 nach Holland begeben, um nicht am Krieg gegen Frankreich teilnehmen zu müssen. Die Familie ist stolz auf ihren Vorfahren; denn sie lehnt den Krieg ab. Einer der Urenkel studiert Geschichte. Er wendet sein historisch-kritisches Handwerkszeug auf die Familientradition an. Dabei entdeckt er: Zur Zeit des deutsch-französischen Krieges war der Urgroßvater erst 15 Jahre alt. Sein vermeintlicher Hollandaufenthalt kann nicht dadurch motiviert gewesen sein, daß er sich dem Militärdienst entziehen wollte. Ob er damals überhaupt in Holland war, ist nicht sicher. Außerdem entdeckt der Urenkel, daß die Familienlegende über den pazifistischen Urgroßvater erst ab 1919 nachweisbar ist. Vielleicht ist sie eine fiktive Geschichte, mit der die Familie auf die Schrecken des 1. Weltkriegs reagierte. Soll die Familie den Großvater also völlig »entmythologisieren«? Oder soll sie unbeirrt an der eigentlichen Botschaft der Familienlegende festhalten: an der Ablehnung des Krieges? Dies »Kerygma« ist ja unabhängig von der Historizität der Überlieferung. Oder darf sie davon ausgehen, daß diese Ablehnung des Krieges einen Anhalt im historischen Urgroßvater hat? Denn unabhängig davon, ob er nun 1870/71 in Holland war oder nicht – aus späterer Zeit sind Zeugnisse erhalten, die auf eine pazifistische Haltung schließen lassen. Auch hier läßt sich die Fiktionalitätsaura, die sich um den Urgroßvater gelegt hat, in ihrer Funktion verständlich machen: Eine pazifistisch eingestellte Familie sucht unter ihren Vorfahren nach Bundesgenossen. Solche Bundesgenossen sind wichtig, um die eigenen Werte fest in der Identität der Familie zu verankern – und ihnen eine größere Umweltunabhängigkeit zu schaffen: eine Freiheit gegenüber dem militaristischen Klima in großen Teilen der deutschen Gesellschaft zwischen 1914 und 1945. Fiktionale und historische Elemente werden dabei zu einer schwer auflösbaren Einheit verschmolzen. Ähnlich wie diese Familienlegende sind die Kindheitsgeschichten Jesu im Mt- und Lk-Evangelium zu beurteilen. Sie thematisieren das Verhältnis des in Bethlehem geborenen neuen »Königs« zu den damals herrschenden realen Herrschern: zu Herodes (Mt) und Augustus (Lk). Sie zeigen zwei mögliche Reaktionen zu diesen Herrschern: Flucht vor Verfolgung (Mt) und Gehorsam gegenüber ihrer Anweisung, sich schätzen zu lassen (Lk). Beide Kindheitsgeschichten verlegen nun die Geburt Jesu gegen die historische Wirklichkeit nach Bethlehem: Denn aus Bethlehem sollte der zukünftige Herrscher Israels stammen (Mi 5,1ff = Mt 2,6). Dieser Geburtsort ist notwendig, um den Gegensatz zwischen dem wahren Herrscher Israels und den politischen Mächten darstellen zu können. In jedem Fall ist das neu geborene Kind der überlegene Herrscher. In jedem Fall darf sich die christliche Gemeinde an ihm orientieren – und sich frei gegenüber den politischen Herrschern wissen, gleichgültig, ob sie diese als feindselig (Mt) oder neutral (Lk) erlebt. Auch hier gibt es einen historischen Kern: Der historische Jesus verkündete die Gottesherrschaft, die allen politischen Herrschaften überlegen war. Die Fiktionalitätsaura, die seine Geburt umgibt, soll die Freiheit seiner Nachfolger gegenüber der politischen Herrschaft stärken.

Schließlich ein Beispiel für pseudepigraphe Texte. Die Predigt hat viele Chancen, pseudepigraphe Texte zu schaffen. Das geschieht, indem man spielerisch einen homiletischen Kommentar in Form eines fingierten Paulusbriefes formuliert oder urchristliche Antwortschreiben auf die Briefe des Paulus erfindet. Warum ist es homiletisch so fruchtbar, in die Rolle eines fiktiven anderen zu schlüpfen? Die Antwort liegt nahe: man kann auf diesem indirekten Wege die Gemeinde mit sehr viel kühneren Aussagen konfrontieren als mit direkten Aussagen! Die Gemeinde hat die Freiheit, die Aussage des fiktiven Autors abzulehnen. Sie kann sagen: Der Prediger treibt nur ein Spiel. Aber seine Aussagen können ihr auch einleuchten. Sie macht sie sich dann frei zu eigen. Sie stimmt ihrem Inhalt zu – obwohl sie das fiktive Spiel mit dem erfundenen Autor durchschaut, also trotz einer plausiblen Chance, sich vom Inhalt des Gesagten distanzieren zu können. Nun könnte man bei den biblischen pseudepigraphen Schriften argumentieren: Diese legen ihren fiktionalen Charakter nicht offen dar. Sie verbergen ihn. In einigen Schriften wie z.B. den Pastoralbriefen wird auf eine fast raffinierte Weise Echtheit suggeriert (so daß historisch-kritische Forscher bis in die Gegenwart immer wieder deren Echtheit vertreten). Dennoch war der Rezeptionsprozeß im Urchristentum vergleichbar der Rezeption einer Predigt, die mit pseudepigraphen Texten spielt. Entscheidend war der Inhalt. Wurde er positiv akzeptiert, so war man in der Antike in Echtheitsfragen erstaunlich weitherzig. Wurde der Inhalt jedoch abgelehnt, so wurde gerne die Echtheit des entsprechenden Schreibens in Frage gestellt.[22] So war beim Hebräerbrief lange umstritten, ob er wirklich von Paulus stammt. Das hat seine Aufnahme in den Kanon nicht verhindert. Sein Inhalt war akzeptiert. Umgekehrt war das Johannesevangelium weithin akzeptiert. Erst als sich die Montanisten auf es beriefen, wurde seine apostolische Herkunft in Frage gestellt: Plötzlich galt es als Schöpfung des Häretikers Kerinth.

Es gehört eine gewisse Reife des Urteils dazu, die Fiktionalitätsaura anzuerkennen, die in der ganzen Bibel – in sehr verschiedener Weise – die Geschichte umgibt. Wenn man sie erkannt hat, hat man die Pflicht, sie für einfache Menschen transparent zu machen. Das ist nicht ganz leicht. Ein Hindernis dabei sei zuletzt genannt: Menschen, die nicht unmittelbar im Wissenschaftsprozeß selbst stehen, neigen oft zu einer naiven Antithese von »zuverlässiger Wissenschaft« und »fiktionalen Zeugnissen«. Sie verkennen, daß die Wissenschaft nicht zur reinen historischen Wahrheit vordringt. Vielmehr produziert sie mit ihren vielen Hypothesen und perspektivischen Bildern im Grunde eine neue moderne »Fiktionalitätsaura« um die vergangene Geschichte. Die historische Jesusforschung ist dafür ein gutes Beispiel.[23] Und doch ist die Wissenschaft deswegen keineswegs wertlos. Vielmehr ist unbestreitbar: Durch die moderne Fiktionalitätsaura hindurch begegnet uns ein und dieselbe Gestalt.

Man kann sich das an folgendem Gedankentest klarmachen: Man nehme alle wissenschaftlichen Bücher über Jesus. Sie enthalten alle perspektivisch einseitige Bilder von ihm. Dann aber tilge man alle Eigennamen aus den Büchern, so daß sie anonym werden. Ein unvorbelasteter Leser weiß nicht, von wem sie handeln, wo sie handeln, wann sie handeln. Trotzdem bin ich sicher, daß unter allen Büchern sich eine Gruppe von Büchern als zusammengehörig zu erkennen gibt, die sich auf die Gestalt Jesu beziehen. Denn alle benutzen dieselben Quellen, verwenden dieselben Überlieferungen, reagieren auf dieselben »Widersprüche« in ihnen.

Wir können vorläufig zusammenfassen: Wir schulden es unserem modernen Wahrheitsbewußtsein, daß wir die Fiktionalitätsaura in den bibli-

22. Vgl. N. Brox, Falsche Verfasserangaben. Zur Erklärung der frühchristlichen Pseudepigraphie, SBS 79, Stuttgart 1975.
23. Vgl. A. Schweitzer, Geschichte der Leben-Jesu-Forschung, (1906/1913) = 2 Bde, Tübingen 1966.

schen Texten transparent machen. Wir schulden es aber diesem Wahrheitsbewußtsein auch, daß wir durchsichtig machen, inwiefern Fiktionalität der Wahrheit dient.

Mit all dem aber haben wir die Predigt erst einem allgemeinen Wahrheitsbewußtsein unterworfen. Gibt es darüber hinaus nicht im Bereich der Kirche spezifische Wahrheitsnormen – eine Wahrheit, die sich aus ihrem besonderen Gegenstand ergibt? Damit ist kein Plädoyer für eine doppelte Wahrheit in und außerhalb der Kirche gemeint, sondern die Anerkennung der Tatsache, daß in einer modernen Gesellschaft alle Lebensbereiche spezifische Normen entwickelt haben: In der Wissenschaft gelten die strengen Kriterien von wahr und falsch, in der Wirtschaft die Kriterien von Profit und Verlust, in der Kunst die Kriterien des Ästhetischen und Unästhetischen. Jeder Lebensbereich organisiert sich selbst nach ihm eigenen Gesetzen.

Die Religion ist eine Zeichensprache, die menschlichen Gruppen das Bewußtsein ermöglicht, durch Übereinstimmung mit einer letztgültigen Realität Lebensgewinn zu erzielen. Im Laufe der Geschichte hat sie immer deutlicher eine Tendenz entwickelt, sich aus ihrem eigenen Bezugspunkt heraus selbst zu organisieren. Ursprünglich war sie unlösbar in die gesamte Kultur eingebunden. Religionen waren Zeichensprachen, in denen sich Stämme und Völker ihrer Identität vergewisserten. Aber mit der Entstehung von Hochreligionen verselbständigten sie sich. Sie lösten sich von bestimmten Gruppen, die sie geschaffen hatten. Sie gewannen vielmehr neue Gruppen für sich, ja sie schufen neue Gruppen. Das urchristliche Zeichensystem löste sich so aus dem Judentum. Es integrierte Menschen ganz verschiedener kultureller und nationaler Herkunft. Es brachte eine neue Form menschlicher Gemeinschaft hervor: die Kirche, die nicht identisch mit der Gesellschaft war. Vor allem aber erhob dies neue Zeichensystem immer deutlicher den Anspruch, daß es sich von einem eigenen Zentrum her organisierte. Alles was in ihr Geltung hat, versteht sich als Ausdruck seiner Beziehung zu Gott: als Folge einer »Offenbarung«.

In der modernen Gesellschaft mußte sich das christliche Zeichensystem erneut aus der selbstverständlichen Einbettung in das Leben der Gesamtgesellschaft herauslösen. Seitdem ringen Theologie und Kirche um ihre Autonomie. Was in der Kirche Raum beansprucht, kann sich schon lange nicht mehr allein durch Tradition und Herkommen legitimieren. Es kann sich – innerhalb des Protestantismus – nur durch das »Wort Gottes« rechtfertigen, d.h. durch eine Zeichensprache des Glaubens, die Kontakt mit einer letztgültigen Wirklichkeit schafft. Daher gibt es einen spezifisch theologischen Wahrheitsanspruch an jede Predigt: Sie verfehlt ihr

Ziel, wenn sie noch so gute pädagogische, psychotherapeutische oder sozialethische Überlegungen anbietet. Diese gehören gewiß zur Predigt. Aber die Predigt bezieht ihre eigene Dynamik aus ihrem Gegenstand: Sie will dazu führen, daß der Dialog mit Gott sich in den Dialog der Menschen einmischt – auch in den Dialog über pädagogische, psychotherapeutische und sozialethische Probleme. Nur so wird die Predigt zur Zeichensprache des Glaubens. Die Wahrheit einer solchen Zeichensprache aber liegt in ihren Grundmotiven – in erlernten Mustern des Erlebens und Verhaltens, die apriorisch in unserem Leben wirksam sind und in deren Licht die Wirklichkeit für eine letzte Wirklichkeit transparent wird. Wahrheit ist Übereinstimmung mit ihr. Wahrheit ist die adaequatio vitae ad deum. Ihr dienen Mythen und Legenden, Fiktionales und Historisches, Gleichnisse und Bilder, pädagogische und sozialethische Überlegungen, therapeutische und kosmische Meditationen. Und ihr wollen auch diese homiletischen Reflexionen dienen.

VI. Predigtbeispiele

Predigtbeispiel Nr. 1

Simon der Gerber und Simon Petrus
Eine Predigt über Apg 10,1-35
von Petra v. Gemünden

Der Hauptmann Kornelius

Es lebte ein Mann in Cäsarea mit Namen Kornelius, ein Hauptmann der Abteilung, die die italische genannt wurde. Der war fromm und gottesfürchtig mit seinem ganzen Hause und gab dem Volk viele Almosen und betete immer zu Gott. Er hatte eine Erscheinung um die neunte Stunde am Tage und sah deutlich den Engel Gottes zu sich eintreten; der rief ihn: Kornelius! Er aber sah ihn an, erschrak und fragte: Herr, was ist? Der antwortete ihm: Deine Gebete und deine Almosen sind vor Gott gekommen, und er hat an sie gedacht. Und nun sende Männer nach Joppe und laß Simon holen, der den Beinamen Petrus hat. Er ist zu Gast bei einem Gerber Simon, dessen Haus am Meer liegt. Und als der Engel, der mit ihm geredet hatte, hinweggegangen war, rief Kornelius zwei seiner Diener und einen frommen Soldaten aus seiner nächsten Umgebung und erzählte ihnen alles und sandte sie nach Joppe.

Am nächsten Tag, als diese auf dem Wege waren und in die Nähe der Stadt kamen, stieg Petrus um die sechste Stunde auf das Dach hinauf, um zu beten. Und er wurde hungrig und wollte essen. Während sie ihm aber etwas zubereiteten, geriet er in Verzückung und sah den Himmel offen und etwas wie ein großes leinenes Tuch herabkommen, das an vier Zipfeln auf die Erde niedergelassen wurde. Darin waren alle Arten von Tieren: vierfüßige und kriechende Tiere der Erde und Vögel des Himmels. Und eine Stimme sprach zu ihm: Steh auf, Petrus, schlachte und iß! Petrus aber antwortete: O nein, Herr; denn ich habe noch nie etwas Verbotenes und Unreines gegessen. Doch die Stimme sprach zum zweiten Mal zu ihm: Was Gott für rein erklärt hat, das nenne du nicht unrein. Und das geschah dreimal; dann wurde das Tuch sogleich wieder in den Himmel hinaufgenommen.

Als aber Petrus sich noch nicht im klaren war, was die Erscheinung bedeutete, die er gesehen hatte, siehe, da hatten sich die Männer, die von Kornelius gesandt waren, zum Haus Simons durchgefragt und standen an der Tür, riefen und fragten, ob Simon mit dem Beinamen Petrus hier zu Gast wäre. Während aber Petrus noch über die Erscheinung nachsann, sprach der Geist zu ihm: Siehe, drei Männer suchen dich; steh auf, steig hinab und folge ihnen ohne Bedenken; denn ich habe sie gesandt.

Da stieg Petrus hinab zu den Männern und sagte: Siehe, ich bin der, den ihr sucht; warum seid ihr hier? Sie aber antworteten: Der Hauptmann Kornelius, ein gerechter und gottesfürchtiger Mann mit einem guten Ruf bei dem ganzen Volk der Juden, hat vom heiligen Engel den Befehl empfangen, dich in sein Haus holen zu lassen und zu hören, was du zu sagen hast. Da rief er sie herein und beherbergte sie.

Am nächsten Tag machte er sich mit ihnen auf den Weg, und einige Brüder aus Joppe gingen mit ihm. Und am folgenden Tag kam er nach Cäsarea. Kornelius aber wartete auf sie und hatte seine Verwandten und nächsten Freunde zusammengerufen. Als Petrus eintrat, ging ihm Kornelius entgegen, fiel ihm zu Füßen und betete ihn an. Petrus aber richtete ihn auf und sagte: Steh auf, ich bin auch nur ein Mensch. Und während er mit ihm redete, ging er hinein und fand viele, die zusammengekommen waren. Und er sagte zu ihnen: Ihr wißt, daß es einem jüdischen Mann nicht erlaubt ist, mit einem Nichtjuden Umgang zu haben oder zu ihm zu kommen; aber Gott hat mir gezeigt, daß ich keinen Menschen für unheilig oder unrein halten darf. Darum habe ich mich nicht geweigert zu kommen, als ich geholt wurde. So frage ich euch nun, warum ihr mich habt holen lassen. Kornelius sagte: Vor vier Tagen um diese Zeit, um die neunte Stunde, betete ich in meinem Hause. Und sieh, da stand ein Mann vor mir in einem glänzenden Gewand und sagte: Kornelius, dein Gebet ist erhört worden, und Gott hat an deine Almosen gedacht. So sende nun nach Joppe und laß Simon mit dem Beinamen Petrus herbeirufen, der zu Gast ist im Hause des Gerbers Simon am Meer. Da sandte ich sogleich zu dir; und du hast recht getan, daß du gekommen bist. Nun sind wir alle hier vor Gott versammelt, um alles zu hören, was dir vom Herrn befohlen worden ist.

Petrus aber fing an zu reden: Wahrhaftig, jetzt begreife ich, daß Gott die Person nicht ansieht; sondern wer ihn fürchtet und recht tut, der ist ihm angenehm, gleich welchem Volk er angehört.
(Übersetzung nach M. Luther)

Einem anderen möchte ich heute die Stimme geben. Einem anderen, der die Geschichte mit dem Hauptmann Kornelius ganz anders erzählen kann als ich. Bekannt ist er nicht gerade, denn er kommt in nur drei Versen im Neuen Testament vor: ich meine Simon den Gerber. Zuerst hatte er Bedenken, heute zu uns zu sprechen, weil er ein einfacher Mann aus Palästina ist, aber ich meine: Es ist gut, wenn er zu uns spricht. Denn das Urchristentum war eine Bewegung einfacher, kleiner Leute, und es entspricht dem christlichen Glauben, die Perspektive der Kleinen, der Außenseiter und Zu-kurz-gekommenen einzunehmen. Darum will ich jetzt zurücktreten und Simon dem Gerber das Wort geben:

Liebe Coburger, aufregend war das schon für mich! Wann kriegt unsereins schon so wichtige Änderungen aus der Nähe mit? Ihr müßt wissen – ich bin nur ein kleiner Handwerker. Ja, noch weniger: ich bin nur ein Gerber. Und Gerber meidet jeder Mensch. »Die stinken!« sagen die Leute und machen einen Bogen um uns. »Die sind unrein!« sagen die Juden und behandeln uns wie Zöllner. Dabei sind wir doch auch Juden. Im Gegensatz zu unsereins verdienen die Zöllner wenigstens besser – die können sich mit ihrem Geld leicht mal jemanden einladen. Unsereins dagegen muß sich für einen Hungerlohn tagaus tagein abarbeiten mit Tierkadavern und Urin. Ihr müßt wissen: Allein Urin macht das Leder weich. »Totes macht unrein!« »Tierkadaver und Fäkalien stinken entsetzlich!« sagen die Leute, und eigentlich haben sie recht. Aber wie soll ich denn sonst Leder herstellen? Eigentlich war ich durch meinen Beruf ganz schön isoliert in der Stadt. Keiner wollte mit mir zu tun haben. Ich hatte mit meinen Verwandten kaum Kontakte. Das änderte sich erst, als eine christliche Gemeinde in unserer Stadt entstand. »Kommt her zu mir alle!« soll er gesagt haben, dieser Jesus, ihr Herr. Und um Außenseiter und Kranke soll er sich gekümmert haben. Und darum haben sie mir auch Platz gemacht, als ich gekommen bin. Obwohl ich den beißenden Geruch nie ganz wegbekommen habe, waren sie freundlich zu mir. Keiner hat über mich die Nase gerümpft. Nicht einmal die reichen Damen und die angesehenen Kaufleute, die es auch unter ihnen gab. So etwas habe ich vorher nie erlebt. Es war so, als gäbe es keine Grenzen mehr zwischen den Menschen aus Ober- und Unterschicht, es war so, als wären alle Berufe gleich wertvoll und wichtig. Könnt Ihr Euch vorstellen, was das für mich bedeutete? Ich, der von allen verachtete Gerber gehörte endlich dazu, ich war wieder wer, obwohl ich bei der Kollekte nicht viel geben konnte. So blieb ich bei der Gemeinde und fing an, zu dem zu beten, der so wunderbare Umwälzungen herbeiführen kann. Ich betete zu dem, der vor keiner Grenze haltmachte, nicht einmal vor der Grenze des Todes.

Und eines Tages – stellt Euch vor, eines Tages kam der große Apostel Petrus aus Jerusalem in unsere Stadt Joppe am Mittelmeer. Ihr wißt wahrscheinlich: Petrus ist der, der mit unserem Herrn Jesus durchs Land zog. Und später habe ich einmal gehört, daß in der Gemeinde des Matthäus erzählt wird, Jesus habe zu ihm gesagt: »Auf diesen Stein werde ich meine Kirche bauen«. Und in der Gemeinde des Johannes erzählte man, daß Jesus zu diesem Petrus gesagt hat: »Weide meine Schafe«. Wie dem auch sei: dieser Petrus kam zu uns. Und wißt ihr, bei wem er gewohnt hat? Bei mir! Bei dem stinkenden Gerber ist er eingekehrt! Der bekannte Missionar war Gast bei mir, den früher jeder gemieden hat! Als er meine sorgenvolle Miene bemerkte, hat er nur gelacht und gesagt: Simon, mein Bruder, du weißt doch, ich war einmal Fischer, und jetzt bin ich Menschenfischer, da darf mich doch Geruch nicht stören! Und dann war er einfach da. So kam es, daß ich damals die Geschichte mit dem römischen Hauptmann Kornelius mitbekam, der unseren hochverehrten Missionar Petrus bekehrte. Ja, so kann man es wohl nennen – dieser Kornelius, der nicht einmal Jude oder Christ war, bekehrte unseren Apostel Petrus. Damals kam es zu so einer Kehrtwendung, die man revolutionär nennen kann –

ich glaube, noch revolutionärer als das, was Ihr Coburger in den letzten Monaten hier an der Grenze erlebt habt. Ja, ich möchte behaupten, wenn es diesen Ausländer Kornelius nicht gegeben hätte, dann wärt Ihr heute morgen nicht hier zusammen in der Morizkirche, ganz einfach, weil dann die frohe Botschaft von Jesus Christus über einen kleinen Kreis von Judenchristen nicht hinausgelangt wäre. Und wenn ich recht sehe, seid Ihr ja alle keine Juden.

Aber zurück zu der Geschichte mit Kornelius. Ich habe mich damals ziemlich aufgeregt. Denn eines Tages kurz vor dem Mittagessen klopfte es bei mir an die Tür. Ich öffnete und war bis in die Knochen erschrocken: da draußen standen drei Männer, ein römischer Soldat und zwei Sklaven. Die fragten: »Ist Simon mit dem Beinamen Petrus hier zu Gast?« Ich mußte sofort an die Verfolgung einzelner Christen in Jerusalem denken, die die Christen vor gar nicht langer Zeit in den Westen, auch nach Joppe, getrieben hatte. Gerade als ich sagen wollte: »Tut mir leid, ein Simon Petrus ist hier nicht zu Gast«, kommt Petrus zu allem Unglück die Treppe herunter. Ich dachte: »Jetzt ist alles aus!« und hörte gleich darauf hinter mir die Stimme des Petrus: »Ich bin der, den ihr sucht. Aus welchem Grunde seid ihr hier?« Was sie dann sagten, schien mir reichlich obskur. Sie erzählten, ein römischer Offizier in der Garnisonsstadt Cäsarea mit dem Namen Kornelius schicke sie und lasse den großen Missionar und Apostel Petrus bitten, in sein Haus zu kommen. War das ein leicht durchschaubarer Trick? Eine freundliche Verhaftung? Ein Mitglied der römischen Besatzungsmacht – genau der Besatzungsmacht, die Jesus hingerichtet hat – will einen Juden wie Petrus in sein Haus bitten?! Und wenn er wirklich fromm und gottesfürchtig lebte, regelmäßig betete und Almosen gab und deshalb bei den Juden seiner Stadt angesehen war, wie sie sagten, wußte er dann nicht, daß ein frommer Jude nie das Haus eines Heiden betreten würde, weil er sich dadurch verunreinigte? Und als Offizier konnte er sich auch nicht beschneiden lassen und zum Judentum und von daher auch nicht zum Christentum überwechseln, weil er da ja – wie jedes Kind weiß – den Kaiser als seinen Herrn anerkennen und verehren muß. Außerdem ist Offizier ein militärischer Beruf. Ein Beruf, in dem man auch einmal töten muß. Und solche Berufe sind für uns Christen verboten. Darum kann ein Christ z.B. kein Henker und kein Soldat sein. Später soll das einmal anders geworden sein. Damals im 3. Jh. unter Kaiser Konstantin. Da haben sie auf einmal das Kreuz auf ihre Standarten gemalt und geglaubt: »In diesem Zeichen wirst du siegen«. Und selbst in Eurem Jahrhundert soll es das noch gegeben haben, daß auf den Koppelschlössern der Soldaten stand: »Gott mit uns«. Also wißt Ihr, bei uns damals ganz am Anfang, da war das ganz anders. Ganz rigoros. Da war klar: ein Christ kann mit dem Militär nichts zu tun haben. Und nun sollten wir gerade in das Haus eines heidnischen Militärs?! Eine Zumutung für einen Christen! Oder wahrscheinlicher: eine Falle!

Um so verwunderter war ich, daß Petrus die drei freundlich hereinbat und bewirtete. Und am Abend schaffte er es doch, einige Brüder aus der Gemeinde zu überreden, am nächsten Tag mit ihm zu gehen. Er sprach davon, daß Gott kurz vor Mittag auf dem Dach durch ein Traumbild zu ihm gesprochen habe. Gott habe ihm reine und unreine Tiere in einem Gefäß gezeigt und gesagt: »Iß!« Und als er eingewandt habe: »Noch nie habe ich etwas Unheiliges und Unreines gegessen« habe Gottes Stimme ihm geantwortet: »Was Gott für rein erklärt, nenne du nicht unrein!« Und als die Männer dann ans Tor klopften, habe die Stimme zu ihm gesagt: »Steh auf, geh hinunter, und zieh ohne Bedenken mit ihnen, denn ich habe sie geschickt«. Und, ich weiß nicht warum, – war es die Überzeugungskraft des Petrus, waren es die Pflichten des Gastgebers – auch ich ging mit. Tja und dann in Cäsarea, da überstürzte sich fast alles: Kornelius und sein Haus waren überaus zuvorkommend. So wie er redete, spürten wir auf einmal alle: Gott ist auch hier bei diesem Heiden. Er ist auch hier bei diesem römischen Offizier. Bei diesem Ausländer, der in einer ganz anderen Kultur aufgewachsen ist und so ganz anders redet und lebt als wir. Und auf einmal ging Petrus auf, was Gott ihm durch Kornelius, durch diesen Hauptmann, der weder Jude noch Christ war, deutlich machen will. Nämlich: Gott ist sehr viel größer als wir sehen und begreifen können. Seine Liebe will keine Grenzen anerkennen. Soziale, berufliche, ideologische Grenzen anerkennt er nicht. Auch nicht die Grenzen der Volkszugehörigkeit. Denn Er ist der Herr aller Menschen, sein Evangelium gilt allen, denn Gott »sieht nicht auf die Person«. Dann mußte ich, der verachtete Gerber, an mich und mein Leben denken. Und dann verstand ich: Gottes Geist will die Grenzen, die uns Menschen so schmerzlich trennen, überwinden. Auf dem Hintergrund der Heidenmission, die damals begann, kann ich heute sagen: wir Judenchristen wollten das Evangelium bewahren, indem wir es ängstlich vor Überfremdung und Verunreinigung hüteten. Dabei konnte das Evangelium seine Kraft gar nicht entfalten, weil es darin besteht, durch Liebe die Grenzen der Person, der Schicht, des Berufs, des Volkes zu überwinden und so Leben zu ermöglichen. Ein ausländischer Heide mußte uns das zeigen. Ich kenn' mich ja bei euch nicht so aus, liebe Coburger, aber vielleicht überlegt ihr euch einmal, ob Ihr nicht auch manchmal Gott in Euren Kirchenmauern einmauert, ob Ihr manchmal in Versuchung seid, einen Christen mit einem bestimmten

Äußeren oder einer bestimmten politischen oder sonstwie gearteten Einstellung in Verbindung zu bringen. Ich möchte Euch die frohe Botschaft bringen: Gott ist größer, unendlich größer! Vielleicht könnt Ihr das auch einmal so entdecken, wie wir: im Gespräch mit einem Atheisten oder mit einem Buddhisten, im Gespräch mit einem Asylanten, einem Asozialen oder einem erfolgreichen Unternehmer, im Gespräch mit einem alten Menschen oder mit einem Kind. Ich sage euch: Der Geist weht, wo er will. Und es kann sein, daß er ein neues Verstehen Gottes eröffnet, wo keiner es erwartet. Denn die Liebe Gottes anerkennt keine Grenzen. Sie will alle Menschen erfassen. Darum möchte ich jetzt mit einem Wunsch schließen, mit dem wir alle unsere Gottesdienste in Joppe geschlossen haben: Der Friede Gottes, der höher ist als all unsere Vernunft, bewahre unsere Herzen und Sinne in Christus Jesus.
Diesem Wunsch möchte ich mich anschließen. Amen.

Predigt am 21.1.1990 in Coburg. Die Predigt wurde angeregt durch eine Idee von Ernst Öffner vgl. Gottesdienstpraxis, 6. Perikopenreihe, Bd. 1, Gütersloh 1983, 89-97. Das Leben in Coburg wurde durch die Öffnung der DDR-Grenze im November 1989 grundlegend verändert. Aus einer Stadt in einem »toten Winkel« unmittelbar an der Grenze wurde eine stark von Ostdeutschen frequentierte Stadt – mit einschneidenden Folgen für das Geschäftsleben, das soziale System, den Arbeitsmarkt und die Ausbildungsinstitutionen.

Predigtbeispiel Nr. 2

Der Weltenrichter ganz unten
Eine Predigt am Volkstrauertag über Mt 25,31-46
von Petra v. Gemünden

Wenn aber der Menschensohn in seiner Herrlichkeit kommen wird und alle Engel mit ihm, dann wird er auf dem Thron seiner Herrlichkeit sitzen, und alle Völker werden vor ihm versammelt werden. Und er wird sie voneinander scheiden, so wie ein Hirt die Schafe von den Böcken scheidet, und wird die Schafe zu seiner Rechten stellen und die Böcke zur Linken. Da wird dann der König zu denen zu seiner Rechten sagen: Kommt her, ihr Gesegneten meines Vaters, erbt das Reich, das euch von Anfang der Welt bereitet ist! Denn ich bin hungrig gewesen, und ihr habt mir zu essen gegeben. Ich bin durstig gewesen, und ihr habt mir zu trinken gegeben. Ich bin ein Fremder gewesen, und ihr habt mich aufgenommen. Ich bin nackt gewesen, und ihr habt mich gekleidet. Ich bin krank gewesen, und ihr habt mich besucht. Ich bin im Gefängnis gewesen, und ihr seid zu mir gekommen. Dann werden ihm die Gerechten antworten: Herr, wann haben wir dich hungrig gesehen und haben dir zu essen gegeben? oder durstig und haben dir zu trinken gegeben? Wann haben wir dich als Fremden gesehen und haben dich aufgenommen? oder nackt und haben dich gekleidet? Wann haben wir dich krank oder im Gefängnis gesehen und haben dich besucht? Und der König wird ihnen antworten: Wahrlich, ich sage euch: Was ihr einem von diesen meinen geringsten Brüdern getan habt, das habt ihr mir getan.

Dann wird er auch zu denen zur Linken sagen: Geht weg von mir, ihr Verfluchten, in das ewige Feuer, das dem Teufel und seinen Engeln bereitet ist! Denn ich bin hungrig gewesen, und ihr habt mir nichts zu essen gegeben. Ich bin durstig gewesen, und ihr habt mir nichts zu trinken gegeben. Ich bin ein Fremder gewesen, und ihr habt mich nicht aufgenommen. Ich bin nackt gewesen, und ihr habt mich nicht gekleidet. Ich bin krank und im Gefängnis gewesen, und ihr habt mich nicht besucht. Dann werden auch sie ihm antworten: Herr, wann haben wir dich hungrig oder durstig oder als Fremden oder nackt oder krank oder im Gefängnis gesehen und haben dir nicht gedient? Dann wird er ihnen antworten: Wahrlich, ich sage euch: Was ihr einem von diesen Geringsten nicht getan habt, das habt ihr auch mir nicht getan. Und sie werden hingehen: diese zur ewigen Strafe, aber die Gerechten in das ewige Leben.
(Übersetzung nach M. Luther)

Als ich das Gleichnis vom großen Weltgericht las, durchfuhr mich ein kalter Schauer: da traf mich der durchdringende Blick eines strengen Richtergottes, in dessen Augen sich tausendfache Not, tausendfaches Entsetzen bricht. In seinen scharfen Augen spiegelte sich die Welt und ich erkannte:

Das Weltgericht, die ewige Pein, von der Matthäus in seinem Gleichnis vom Weltgericht spricht, ist schon längst im Gange. Die prophetisch klingenden Worte des Weltenrichters: Geht weg von mir, ihr Verfluchten, in das ewige Feuer, sind schon längst Realität geworden im Feuer der Kanonen von Stalingrad, im Atomblitz von Hiroshima und Nagasaki, im lodernden Haß, der in Nordirland, im Libanon und an vielen Stellen dieser Erde aufflackert.

Gerade heute am Volkstrauertrag und angesichts der Feiern zum 30jährigen Bestehen der Bundeswehr in dieser Woche bekommt die apokalyptische Prophezeiung des Weltenrichters »und sie werden in die ewige Pein gehen« einen ganz eigenen Klang für mich: Ich sehe die jungen Soldaten vor mir, die im Ersten Weltkrieg begeistert hinter den Fahnen hermarschiert sind. Das ›Gott mit uns‹ blitzte siegessicher auf den Koppelschlössern. Und so sind sie ins höllische Feuer explodierender Minen und brennender Granaten marschiert. Eifrig haben sie Gräben ausgehoben: Gräben, die sie schützen sollten, Gräben, in denen sie sich verstecken konnten, Gräben, von denen aus sie den Angriff wagen konnten: Gräben, die für Tausende und Abertausende zu Gräbern wurden. Ich weiß noch, wie mich ohnmächtige Fassungslosigkeit packte, als ich mit französischen Freunden über die zerfurchte Erde von Verdun ging, über der ein kalter Nebel des Grauens lag. Erschrocken stellte ich fest: Wie eng waren die Gräben beieinander und wie weit mußten die Menschen voneinander entfernt gewesen sein! Was wußten sie von den Freuden und Ängsten, den Hoffnungen und Enttäuschungen des anderen? Sie sahen den anderen oft überhaupt nicht. Oder nur ganz entfernt – als den schemenhaften, bedrohlichen Fremden, den Feind, der Tod und Verderben brachte. Tod und Verderben überall. Sinnlos. Leer. Und nicht nur hier. Wenige Jahre später starben sie in der eisigen Wüste Sibiriens und in der höllisch-heißen Wüste Afrikas zu Tausenden und Abertausenden. Sinnlos und überflüssig. Und jeder Tod riß ein schmerzhaft brennendes Loch in Familien und Freundschaften. Das alles sehe ich in den Augen des Weltenrichters: Gräben, sie überziehen die Erde: Gräben, die Menschen trennen in Schwarz und Weiß, Nord und Süd, Reich und Arm, Freund und Feind, Gute und Böse. Ich sehe Gräben zwischen uns und der Dritten Welt, zwischen uns und den Gastarbeitern: Gräben, die wir ausheben und vertiefen, um unseren Wohlstand und unsere Sicherheit zu zementieren. Ich sehe Gräben, die befestigt werden mit Vorurteilen und Unverständnis: Gräben zwischen Erfolgreichen und Erfolglosen, zwischen Arbeitsplatzbesitzern und Arbeitslosen.

Ich sehe Gräben, die leicht zu Gräbern werden: zu Gräbern des Menschlichen, Gräbern der Menschheit. Ich sehe, wie die Welt einem Inferno höllisch brennender Flammen zutreibt und mir entringt sich die Frage: Wo ist Gott? Wo ist der Gott, der mit mächtiger Hand eingreift? Mein Schrei verhallt ohne Antwort. Wo ist Gott? Das war der verzweifelte Schrei in Verdun, vor Stalingrad und in Dachau. Wo ist Gott? Ich sehe ihn nicht. Ich sehe das Entsetzen, die Not, die Pein: Aber den helfenden Gott – ich kann ihn nicht sehen – nicht erkennen – nicht spüren: zu weit entfernt ist er da oben von mir. Ich fühle mich verlassen und einsam. Getrennt durch einen tiefen garstigen Graben von dem da oben. Gibt es ihn überhaupt, frage ich mich: den Gewaltigen, den Allmächtigen da über den Wolken?

Ich sehe ihn nicht. Ich höre ihn nicht.

Ich spüre nur unendlich lastendes Schweigen.

Noch einmal hineinhören will ich in die Geschichte vom großen Weltgericht. Da höre ich die Stimme des strengen Richtergottes da oben, der die Gräben zwischen den Menschen aufdeckt. Da höre ich aber auch eine andere Stimme: Die Stimme dessen, der die Distanz zwischen Gott und den Menschen überwunden hat, der Mensch geworden ist, um den Menschen zum Bruder zu werden. Die Gräben des Hasses und der Gleichgültigkeit, der Vorurteile und Ängste, die zwischen den Menschen klaffen, hat er überwunden: Aufgemacht hat er sich zu den Zöllnern und Sündern, zu den Ausgestoßenen und Verachteten. Er wurde ihnen – den Fremden – zum Bruder, um in ihnen den Bruder zu entdecken.

So und nicht anders hat Gott die Gräben zwischen den Menschen zugrundegerichtet:

Er hat Gräben nicht zugrundegerichtet, indem er von oben aus sicherer Distanz dreinschlug mit den Waffen seiner Allmacht und Gewalt – nein, er hat die Gräben der Welt zugrundegerichtet, indem er sich ihnen aussetzte, sich über sie hinwegsetzte, ganz einfach, indem er den Menschen jenseits des Grabens suchte. So ging er gerade dorthin, wo die Menschenwürde stirbt im Grabenkampf der Weltanschauungen und Machtinteressen, dorthin, wo das Leben und die Liebe begraben wurden unter Gleichgültigkeit und Blindheit. So konsequent schlug er sich auf die Seite der Opfer dieser Gräben, daß die, die glaubten, nur im Schutz dieser tiefen Gräben existieren zu können, es nicht aushielten und ihn ans Kreuz schlugen. Ans Kreuz, wo er aufschrie: »Mein Gott, mein Gott, warum hast du mich verlassen«. Da, am Kreuz, ist Gott nicht stumm geblieben, da schrie er seine Antwort hinaus, seine Antwort auf alle Klagen, alle Nöte, alle Gräben dieser Welt. Nicht von oben herab antwortet Gott, nicht mit gewaltiger Stimme, nein, aus tiefster Not heraus antwortet er, indem er den Schrei der gequälten Menschheit aufnimmt: Da stellt er sich ganz auf die Seite der leidenden Menschen. Da, in seinem Leiden am Kreuz, wurde

Gott dem Menschen ganz und gar zum Bruder. Und so bricht sich gerade da, im Leiden des Gottes, der tödliche Gräben überwunden hat, eine hoffnungsvolle Ahnung Bahn: Die Ahnung vom Bruder in jedem Menschen. Die Ahnung vom brüderlichen Gott, der einem im Menschen begegnen will über alle Gräben hinweg:

- die Ahnung vom Bruder in der abgerissenen Gestalt, die mir mit einer Alkoholfahne gegenübertritt.
- die Ahnung vom Bruder im Gastarbeiter, der mir in seiner Eigenart fremd ist und Angst macht.
- Die Ahnung vom Bruder, oder besser: der Schwester, in der Frau nebenan, die so wunderlich und unzugänglich geworden ist im Gefängnis ihrer Schmerzen und ihrer Einsamkeit.

Ich denke: Da wo die Ahnung aufsteigt vom Bruder im anderen, da werden Gräben überwunden von Bruder zu Bruder oder von Schwester zu Schwester. Ganz einfach. Ohne große Anstrengungen und Leistungen.

Das will ich an einem Beispiel verdeutlichen: Vor Jahren hatte ich in einem Krankenhaus eine Frau zu pflegen. Regungslos lag sie da. Auf ihrem Gesicht lag ausdruckslos die Maske des Todes. Weit weg war sie von mir. Obwohl ich sie täglich anfaßte, war sie getrennt von mir durch eine unfaßbare Distanz. Einmal jedoch, als ich sie wie so oft schon mit Franzbranntwein einrieb, wachte sie für den Bruchteil einer Sekunde auf. Da fiel die ausdruckslose Maske ihres Gesichts für einen winzigen Augenblick von ihr und ich ahnte auf einmal etwas von ihr, von ihrem Leben, von ihrer Eigenart: die Barrieren zwischen uns waren gefallen. Von da an pflegte ich die Frau anders: ich pflegte nicht nur eine Patientin, sondern eine Frau, die mir zur Schwester geworden war.

Ich glaube: da wo diese Ahnung aufblitzt, die Ahnung vom Bruder, die Ahnung von der Schwester im Menschen, da verändert sich unversehens die Welt. Ohne außergewöhnliche Anstrengungen und Leistungen. Die verlangt der Gott, der uns zum Bruder geworden ist, nicht von uns.

In unserer Geschichte ist weder von heroischen Taten die Rede, noch von Menschen, die besondere Glaubensleistungen vollbracht haben: Ich lese von Menschen, die Hungernden zu essen gegeben haben, Durstigen zu trinken gegeben haben und Kranke besucht haben. Da ist weder die Rede von Trägern des Bundesverdienstkreuzes noch von Christen, die besonders eifrig den Gottesdienst besuchen und das Glaubensbekenntnis aufsagen können, ohne ins Stocken zu kommen. Nein, die Menschen in unserer Geschichte haben ganz einfach menschlich gehandelt, sie haben elementarste Bedürfnisse erfüllt: Essen, Trinken, Besuchen. Ohne große Worte. Nicht mehr und nicht weniger. Ich sehe diese Menschen vor mir und denke mir: Wahres Christsein besteht im wahren Menschsein. Über die Grenzen von Nationalität und Ideologien, Geschlecht und Konfessionen hinweg. Nicht mehr und nicht weniger. Und dazu fällt mir eine Begebenheit aus dem Leben meines Vaters ein, die er immer wieder erzählt hat: Einmal, mitten im Krieg, im tiefsten Rußland, da gab ihm eine einfache russische Bäuerin ihre letzten Eier: »Moi sin«, mein Sohn, sagte sie zu dem deutschen Soldaten und erzählte ihm von ihrem Sohn, der im Krieg umgekommen war – getroffen von deutschen Kugeln. Ein paar Eier, ein paar Worte, das ist wenig und doch sehr viel: denn da erkannte eine einfache Bäuerin im fremden feindlichen Soldaten den hungrigen Menschen, den Bruder, ja: den Sohn, und da fand ein junger Soldat unverhofft für einen Augenblick eine Mutter ... Ein paar Eier, ein paar Worte – das ist sehr wenig und doch unendlich viel: sie überbrücken unversehens tiefe Gräben.

Mitten in der dunklen Nacht des Krieges, zwischen Gräben und Grenzen, wird es auf einmal hell. Da begegnet Gott den Menschen.

So birgt das Gleichnis vom großen Weltgericht gerade heute am Volkstrauertag eine hoffnungsvolle Botschaft: Wenn wir im Spiegel der Augen des Weltenrichters die Gräben sehen und erschrecken, wenn wir über alle Grenzen hinweg im anderen den Bruder und die Schwester ahnen und entdecken, dann fallen Grenzen. Dann eröffnet sich Zukunft. Dann ereignet sich das Reich Gottes. Hier und jetzt. Leise und unversehens und doch: unheimlich hoffnungsvoll. Denn da – im Angesicht des Bruders und der Schwester – will uns Jesus begegnen und uns befreien aus trennenden Gräben. Aus Gräben, die zum Grab der Menschheit, zum Grab seiner seufzenden Kreatur zu werden drohen.

Der gestrenge Richtergott ist unser Bruder geworden.

Denn: durch das Gericht hindurch, aus diesem Gericht heraus will er uns retten zu einer Zukunft als seine Schwestern und Brüder. Das ist unsere Hoffnung. Amen.

Predigt am 17.11.1985 in München. Das Risiko dieser Predigt bestand darin, daß manche Hörer und Hörerinnen von den Aporien der ersten Predigthälfte so gefesselt werden, daß sie den Weg zu einer positiven Auseinandersetzung mit diesen Aporien in der zweiten Predigthälfte nicht mehr während der Predigt gehen können. Bezeichnend dafür war der Kommentar eines Theologen zu dieser Predigt: »Man darf doch Gott auf der Kanzel nicht sterben lassen!« Problematisch wäre es zweifellos aber auch, Aporien auszuklammern: Die Predigt hat die Aufgabe, im geschützten Raum des Gottesdienstes und im Kontext des christlichen Glaubens Grenzsituationen des Lebens zu evozieren und zu bearbeiten. Das gilt besonders für eine Predigt am Volkstrauertag.

Predigtbeispiel Nr. 3

Das Haus der Trauer und das Haus des Lebens
Eine Predigt am Ewigkeitssonntag über Mk 13,31-37
von Petra v. Gemünden

Himmel und Erde werden vergehen; meine Worte aber werden nicht vergehen. Von dem Tage aber und der Stunde weiß niemand, auch die Engel im Himmel nicht, auch der Sohn nicht, sondern allein der Vater.

Gebt acht, seid wachsam! denn ihr wißt nicht, wann die Zeit da ist. So wie ein Mensch, der über Land zog und sein Haus verließ und seinen Knechten ihre Arbeit zuwies, für die sie Vollmacht bekamen, und dem Türhüter gebot, er sollte wachen: so seid nun wachsam; denn ihr wißt nicht, wann der Herr des Hauses kommt, ob am Abend oder zu Mitternacht oder um den Hahnenschrei oder am Morgen, damit er euch nicht schlafend findet, wenn er plötzlich kommt. Was ich aber euch sage, das sage ich allen: Seid wachsam!
(Übersetzung nach M. Luther)

»Himmel und Erde werden vergehen – meine Worte aber werden nicht vergehen« – beruhigend und trostvoll klingt das für mich. Wie ein ruhender Fels in wild anstürmender Brandung, wie ein Fels im tobenden Chaos, so ist für mich die Zusage: »Meine Worte werden nicht vergehen«. Halt und Hoffnung – das brauchen wir in unserem Leben, gerade, wenn wir den Boden unter den Füßen verlieren, gerade, wenn Trauer, Angst und Leere uns zu verschlingen drohen. »Meine Worte werden nicht vergehen« – diese Zusage Gottes will uns trösten und ermutigen an diesem Sonntag, den wir den »Totensonntag« oder – hoffnungsvoller – den »Ewigkeitssonntag« nennen. Die Zusage Jesu will uns Halt geben, wenn wir heute der Toten und unserer vergänglichen Existenz gedenken. Mut will sie uns machen, das Geschenk des Lebens, das der Vater uns anvertraut, als unwiederbringliche Gabe Gottes täglich neu zu empfangen und sorgsam zu nutzen. Nicht umsonst folgt in unserem Predigttext auf Gottes Zusage: »Meine Worte werden nicht vergehen!« die Mahnung: »Seid wachsam!«, die ich übersetzen möchte: ›Lebt aufmerksam!‹

Nun, ich denke, der Weg aus dem dunklen Chaos der Gefühle, aus der dumpfen Leere der Trauer zum auf-merksamen Leben kann ein langer

Weg sein, ein Weg, zu dem wir uns immer wieder unter dem verheißungsvollen Stern der Treue Gottes aufmachen können und an dessen Ziel die letzte Zusage Gottes bestehen bleibt: »Himmel und Erde werden vergehen, meine Worte aber werden nicht vergehen«.

Ich stelle mir vor: Lange und beschwerlich war dieser Weg auch für die Jünger. Alles hatten sie aufgegeben für Jesus. Ihren Beruf und ihre Familie hatten sie verlassen und nur für ihn gelebt. Alles hatten sie mit ihm geteilt: ihr Brot, ihren Fisch, ihre Gedanken. Und nun war er plötzlich nicht mehr da. Unbegreiflich war das für sie. Ein schneller, grausamer, unverständlicher Tod hatte ihn dahingerafft. Unendlich verlassen und allein fühlten sie sich. Verraten und ausgesetzt. Verletzlich und schlimm verletzt. Wie konnte er sie nur so einfach verlassen, wo er doch so wichtig für sie war? Wie konnte Gott das nur zulassen? Der Gott, den er seinen Vater genannt hatte? – Da waren Wut und Zorn und Aggressionen. Manchmal richteten sie sich gegen den Verstorbenen, der sie so elendiglich allein gelassen hatte, manchmal gegen Gott, der ihn so elend hatte zugrundegehen lassen, dann wieder gegen sich selbst, da sie ihm nicht immer gerecht geworden waren. Das, was sie ihm schuldig geblieben waren, drückte sie nun. Und er konnte sie nicht mehr mit seiner warmen Stimme trösten. Sie suchten ihn und seine Nähe. Ihre Liebe und Zuneigung zu ihm wurde noch intensiver. Er wurde noch idealer. Das Band zu ihm noch stärker. Liebe und Haß, bittere Tränen und tränenlose Leere: manchmal kam das nacheinander, manchmal ineinander: Ja, es war eben mit einem Schlag vieles durcheinander geraten in ihrem Leben. Und das nicht nur in ihrem Inneren, sondern auch in ihrem äußeren Leben. Ihr bisheriges Leben war ja jäh zerstört. War es umsonst? Sinnlos? Durch das Ende im nachhinein entwertet? Viel ging bei ihnen durcheinander! Alles war plötzlich verändert. Wie sollte es weitergehen? Sollten sie alles hinschmeißen? Resignieren? Sich gehenlassen? Sich der Trauer hingeben? Ihm in den Tod folgen? Manchmal schossen ihnen solche Gedanken durch den Kopf. Manchmal wollten sie einfach aufgeben. Dann wieder zwangen sie sich, sich aufzuraffen. Sich dem Leben und seinen lauten Anforderungen zuzuwenden. Mühsam war das manchmal. Aber manchmal war es auch heilsam, denn es lenkte ab. Lange, sehr lange waren ihr Herz und ihre Gedanken trotzdem nicht wirklich bei ihrer Arbeit. Nicht wirklich in der Gegenwart und bei ihren Mitmenschen. Zu sehr waren sie gefangen in der Vergangenheit oder schweiften sie ab in das Reich der Phantasie, in ein Land, wo möglich war, was ihnen die Welt versagte.

Ein Bild haben die Jünger gefunden für ihre Situation. Ein Bild, das uns unser heutiger Bibeltext vermittelt: die Jünger fühlen sich wie Knechte in einem großen, verlassenen, herrenlosen Haus. Ein Haus, das mit einem Schlag trostlos und leer geworden ist. Ein Haus, das widerhallt von Erinnerungen und in dem Einsamkeit, Trauer und die Sinnlosigkeit wohnen und alles Leben erstickt. Aber das ist nicht alles. Das sind nur die ersten Bleistiftstriche. Denn die Jünger haben weitergemalt – und zwar weitergemalt mit bunten, leuchtenden Farben, Farben, die von einer tiefgreifenden Erfahrung, einer neuen Entdeckung zeugen. Gewiß, das Haus ist verlassen – daran gibt es nichts zu deuteln. Es ist von seinem Herrn verlassen – aber der ist gar nicht tot, nein; den Jüngern ist zur Sicherheit geworden: Er lebt! Der Herr hat sich aufgemacht zu einer großen Reise, so erzählen die Jünger in ihrem Bild. Und nicht nur das: er hat uns zu seinen Stellvertretern eingesetzt. Die Liebe, die Wärme und das Verständnis, die wir so reichlich von ihm empfangen haben – sie sollen nun weitergegeben werden durch uns. Seine Freundlichkeit und Aufmerksamkeit sollen das Haus erfüllen. Und die Jünger sind füreinander da im Geiste Jesu. Seine Worte und Taten geben ihnen Halt und Orientierung. Sie nehmen einander und ihre Mitmenschen an. Sie dienen einander. Ein jeder mit seiner Gabe: Der eine kann gut den Ofen anschüren, der nächste kann gut zuhören, der dritte, der krank darniederliegt, wird ganz besonders zum Träger christlicher Hoffnung – einfach durch die Art, wie er sein Leiden auf sich nimmt. Und auf einmal strahlen nicht mehr Leere und Trostlosigkeit von den Wänden zurück, sondern Lachen und Hoffnung bricht sich in vielzähligen Stimmen zu einem freudigen Gesang. Der Herr ist nicht mehr da – aber sein Geist erfüllt das Haus. Der Herr ist nicht mehr da – aber seine warme Stimme, sie schwingt mit in der Stimme der Seinen. Der Herr ist nicht mehr da – aber seine Liebe ist zu erspüren in der Liebe der Jünger.

Und noch etwas erzählt das Bild: eine faszinierende Kehrtwendung. Die Jünger, sie blicken nicht mehr zurück – nein, ihr Blick hat sich gewandt: in freudiger Erwartung sehen sie nach vorn: sie sehen dem entgegen, der wiederkommen wird: der wiederkommen wird in sein Haus. Und dann, so erzählt später der Apokalyptiker Johannes, dann wird Gott alle Tränen abwischen, dann wird der Tod nicht mehr sein und nicht mehr Leid noch Geschrei noch Schmerz. Dann ist das Alte vergangen. Dann bleibt nur eins: Gottes Beständigkeit und Treue, Gottes Liebe und Fürsorge für uns, kurz: alles was er uns in Wort und Tat durch seinen Sohn zugesprochen hat: das gilt schon jetzt und wird sich am Ende eines jeden Lebens und am Ende der Welt, dann, wenn Himmel und Erde vergehen, als Wahrheit und Wirklichkeit herausstellen.

Und noch etwas lese ich heraus aus dem Bild der Jünger: ihre Angst und Sorge, daß das Haus verstaubt und kalt, trostlos und stockdunkel ist, wenn der Herr zurückkommt. Daß den Herrn Spinnweben empfangen, die von Nachlässigkeit und Resignation erzählen, daß das Eis kalter Berechnung und engstirniger Selbstbezogenheit die Wände überzieht und ein modriger Geruch des Todes die Luft erfüllt. Nicht auszudenken, wie der Herr dann reagieren wird! Nicht auszudenken, wie das Leben in einem solchen Totenhaus aussieht! Oder doch? Gleicht unsere Welt nicht schon in manchem einem Totenhaus? ›Seid wachsam!‹ So rufen uns die Jünger zu! Lebt aufmerksam! Laßt den Geist der Hoffnung durch das Haus unseres Herrn wehen! Laßt die Wärme seiner Liebe durch sein Haus strömen, daß nicht der Moder der Trostlosigkeit die Wände emporkriecht und die Kälte einem jeden Menschen eisig ins Gesicht schlägt. Seid wachsam! Denn: in jedem Menschen blickt euch Christus an, der Herr, dessen Worte nicht vergehen. Und seine Worte, was sind das anderes als Worte der Liebe, der Vergebung und der Hoffnung, die er uns aufgetragen hat: »Liebe deinen Nächsten wie dich selbst!« »Segnet die, die euch verfluchen!« »Alles, worum ihr im Gebet bittet, werdet ihr empfangen, wenn ihr nur glaubt.« Worte, die er am Kreuz in seinem Leiden und Sterben noch einmal durchbuchstabiert hat: »Frau, sieh, das ist dein Sohn!« sagt er zu Maria im Johannesevangelium und zum Lieblingsjünger: »Sieh, das ist deine Mutter«. Bei Lukas sagt er: »Vater vergib ihnen, denn sie wissen nicht, was sie tun!« Und: »Vater, in deine Hände befehle ich meinen Geist!« – Christi Worte der Liebe, der Vergebung und der Hoffnung – sie bleiben bestehen über den Tod, ja über den Untergang der Welt hinaus: »Himmel und Erde werden vergehen, meine Worte aber werden nicht vergehen«, so lesen wir im heutigen Predigttext. Das soll uns Trost und Halt sein, wenn das Leben für uns trostlos und chaotisch ist. »Meine Worte – Worte der Liebe, der Vergebung und der Hoffnung – werden nicht vergehen«: Das soll uns Licht und Hoffnung sein, wenn wir jetzt weitergehen zu den Gräbern, hinein in den Alltag, ins Leben hinein. Das soll uns helfen, das Leben wachsamer und aufmerksamer zu leben. Und der Friede Gottes, der höher ist als alle unsere Vernunft, bewahre unsere Herzen und Sinne in Christus Jesus. Amen.

Predigt am 26.11.1989 in Coburg. Zur Beschreibung des Verlaufs der Trauer vgl. Y. Spiegel, Der Prozeß des Trauerns. Analyse und Beratung, München 1977.

Predigtbeispiel Nr. 4

Jesus und die Grenzen staatlicher Macht
Eine Predigt über Mt 22,15-22
von Petra v. Gemünden

Die Frage nach der Steuer
(»Der Zinsgroschen«)

Da gingen die Pharisäer hin und hielten eine Beratung ab, wie sie ihn mit seinen Worten fangen könnten, und sandten ihre Jünger zusammen mit den Leuten des Herodes zu ihm. Die sagten: Meister, wir wissen, daß du wahrhaftig bist und den Weg Gottes in aller Wahrheit lehrst und nach niemand fragst; denn du achtest nicht auf das Ansehen der Menschen. Darum sage uns, was meinst du: Ist's recht, daß man dem Kaiser Steuern zahlt oder nicht? Als nun Jesus ihre Bosheit merkte, antwortete er: Ihr Heuchler, was stellt ihr mich auf die Probe? Zeigt mir die Steuermünze! Und sie reichten ihm einen Silbergroschen. Und er fragte sie: Wen zeigen Bild und Aufschrift? Sie antworteten ihm: Den Kaiser. Da sagte er zu ihnen: So gebt dem Kaiser, was dem Kaiser gehört, und Gott, was Gott gehört! Als sie das hörten, wunderten sie sich, ließen von ihm ab und ging davon.
(Übersetzung nach M. Luther)

»Gebt dem Kaiser, was des Kaisers ist und Gott, was Gottes ist« – dieser kleine Satz hat Geschichte gemacht. Nicht nur gute Geschichte, sondern auch äußerst problematische Geschichte. Von einer der problematischen Wirkungen dieses Satzes war letzte Woche in einer Coburger Zeitung zu lesen. Sie hat mich in ohnmächtige Trauer versetzt, obwohl ich den Sachverhalt schon kannte: »Behinderte an Nazi-Mörder ausgeliefert« – so lautete die Überschrift. Und darunter stand: Diakoniewerk Neuendettelsau veröffentlicht nach 50 Jahren Schweigen Euthanasie-Vergangenheit. Hunderte geistig behinderter Heimbewohner, so war in dem Artikel zu lesen, wurden in den Jahren 1940/41 im Rahmen von Hitlers Aktion Gnadentod abgeholt und schließlich ermordet. Der Rektor der Diakonissenanstalt hatte in einer Dienstanweisung angeordnet, die Transportkommandos in korrekter Form nach ihrer Legitimation zu fragen, sonst aber alles zu tun, damit eine Verlegung reibungslos vonstatten gehe. Der Mitarbeiter des evangelischen Pressedienstes schrieb in dem Artikel über den Rektor: »Das

Dilemma zwischen der Gefolgschaft zu einem unmenschlichen Staat und dem Gebot christlicher Nächstenliebe löste Rektor Lauerer mit einer bis zum Exzeß getriebenen lutherischen Zwei-Reiche-Lehre. Er gab dem Staat, was er für des Staates hielt und predigte unschuldig Barmherzigkeit«. Da hallt es wider, Jesu Wort: »Gebt dem Kaiser, was des Kaisers ist und Gott was Gottes ist«. – Traurige Geschichte hat es allzuoft gemacht – und doch, so glaube ich, spiegelt diese traurige Wirkungsgeschichte nicht die Intention von Jesu Wort. Es ist, so bin ich überzeugt, befreiendes, hilfreiches Evangelium für das Leben in unserer Welt. Auf der Suche nach seiner Botschaft möchte ich Sie einladen, sich mit mir aufzumachen in Jesu Zeit und Umgebung, um die Geschichte vom Zinsgroschen näher mit mir zu bedenken.

Die Geschichte handelt in Jerusalem, das kurz vor dem Passahfest von Menschen brodelt. Diese Tage sind immer hoch angespannt: es braucht nur ein kleines Fünkchen, um einen verheerenden Brand entstehen zu lassen. Darum sind die Römer in höchster Alarmbereitschaft. Pilatus begibt sich zu dieser Zeit jedes Jahr vorsichtshalber mit seinen Truppen in die Heilige Stadt. Und nun kommt es – vielleicht auf dem Tempelvorhof, im Schatten der Burg Antonia, in der Pilatus residiert und die Soldaten untergebracht sind – zu jenem hinterlistigen Versuch, Jesus in eine Falle laufen zu lassen und kaltzustellen. Das damals brisanteste politische Thema haben sich seine Gegner dafür rausgesucht: die Frage nach der verhaßten Kopfsteuer. Während unsere Steuern auf die Allgemeinheit umgelegte Ausgaben für das Gemeinwesen sind, war die Kopfsteuer damals faktisch ein Tribut an die römische Besatzungsmacht. Dieser Tribut wurde mit grausamsten Methoden eingetrieben, wie wir von dem Römer Laktanz wissen, der unter anderem schreibt: Man »folterte ... die Steuerpflichtigen, bis sie gegen sich selbst aussagten, und wenn der Schmerz gesiegt hatte, schrieb man steuerpflichtigen Besitz auf, der gar nicht existierte. Es gab keine Rücksichtnahme bei Alter und Gesundheitszustand.«

Wie hoch die Wellen damals beim Thema »Steuern« schlugen, kann man sich leicht vorstellen. Und nun kommen da Pharisäer und Herodianer und fragen Jesus unter den Augen der Tempelpolizei und der römischen Legionäre: »Sage uns, was meinst du: Ist's recht, daß man dem Kaiser Steuer zahle oder nicht?« Und dabei schwingt unüberhörbar die Frage mit: »Sag, wie hältst du's mit dem römischen Staat?« Die Falle ist klar. Antwortet Jesus: »Ja, man soll Steuern zahlen«, dann ist er beim Volk als Volksverräter unten durch, antwortet er: »Nein!«, dann ist er ein Rebell, den man leicht bei den Römern denunzieren kann. Doch Jesus tappt nicht in die vorbereitete Falle, sondern entlarvt seine Fragesteller als Heuchler. Er fordert sie nämlich auf: »Zeigt mir die Steuermünze!« Und siehe da: sie reichen ihm einen Denar. Sie tragen die Steuermünzen also in ihren Taschen. Das beweist: Sie haben die Frage in ihrem Leben längst beantwortet. Mit Jesu Aufforderung: zeigt mir die Münze! macht Jesus aus ihrer Frage eine An-frage an ihr Leben nach dem Motto: Da, wo du den anderen reinreiten willst, da schau zuerst einmal dich und dein Leben an! Und als ob er noch nie einen Denar gesehen hätte, fragt Jesus: »Wessen Bildnis ist dies und die Aufschrift?« Die Frage nach dem Bildnis ist für jeden Juden eine entlarvende Frage, denn sie läßt ihn sofort an das zweite Gebot denken: »Du sollst dir kein Bildnis machen – weder von dem, was oben im Himmel, noch von dem, was unten auf Erden, noch von dem, was im Wasser unter der Erde ist.« Und wenn wir das Beweisstück der Argumentation Jesu, nämlich den Tiberiusdenar, näher betrachten, wird noch deutlicher, worauf Jesus hinaus will. Denn auf dem Denar ist der Kaiser als olympische Gottheit dargestellt und darunter steht: Kaiser Tiberius, des göttlichen Augustus anbetungswürdiger Sohn. Und auf der Rückseite des Denars thront die Kaiserinmutter als Friedensgöttin. Das ist für jeden Juden ein Affront gegen das erste Gebot und Gotteslästerung. Jesu Kritik an der Verehrung und Vergöttlichung des Herrschers ist deutlich aus seiner Frage herauszuhören: »Wessen Bildnis ist dies und die Aufschrift?« Seine Widersacher können nur kleinlaut mit: »Des Kaisers« antworten. Daraus folgert Jesus: »Gebt dem Kaiser, was des Kaisers ist.« Und das meint hier: gebt dem Kaiser sein gotteslästerliches Geld zurück! Gebt die Steuermünzen dem, der sie geprägt hat! Doch das ist nicht alles. Denn Jesus fügt an das »Gebt dem Kaiser, was des Kaiser ist« ungefragt noch an: »Und gebt Gott, was Gottes ist«. Das ist es, worauf seiner Meinung nach alles ankommt: »Gebt Gott, was Gottes ist«. Das mag besagen: Denkt doch nach, was sind schon die Prägemünzen des Kaisers?! Nichts als abgegriffenes Silber! Was ist das Bildnis des Kaisers? Nichts als ein in Metall erstarrtes Konterfei eines Sterblichen! Und was ist dagegen das Bildnis, das Ebenbild des lebendigen, ewigen Gottes?! Schon im ersten Buch der Bibel steht geschrieben: das bist Du, das bist Du und ich. Ein jeder Mensch ist Gottes Ebenbild. Die Frage: Sollen wir dem Kaiser Steuern zahlen oder nicht, ist zu kurz gegriffen. Die eigentliche Frage lautet: Willst Du Dich und Dein Leben prägen lassen von totem Gold und irdischer Macht, die oft genug auf tönernen Füßen steht und manchmal unerwartet schnell zusammenbricht, wie schon der Prophet Daniel geschrieben hat?! Willst Du Dein Leben ausverkaufen an irdischen Erfolg, an Karriere und Macht, dich einpassen in vorgebliche Sachzwänge und Notwendigkeiten und dabei Gefahr laufen, Deine Seele preiszugeben, zu verhärten und zu erstarren in toten, wenn auch glänzenden Werten? Willst Du das wirklich? Oder willst Du Ebenbild Deines Schöpfers sein, ein Spiegel, der versucht, etwas zu reflektieren von seiner Hingabe und Liebe, seiner Freundlichkeit und seinem Willen zum Leben? Willst Du Deine Mitmenschen nach Status und Macht, nach Volkszugehörigkeit und Hautfarbe taxieren oder willst Du in Deinen Mitmenschen das Ebenbild Gottes suchen? Erst dann, wenn Du zuerst nach Gott fragst und nach seinem Abbild im Menschen – erst dann rückt die Frage nach dem Kaiser ins rechte Licht.

Das ist mir deutlich geworden, als ich einmal ein Gemeindepraktikum auf dem Plateau in Südfrankreich gemacht habe. Einfache Leute leben dort, Bauern zumeist, denen die Bibel kostbar ist. Vor mehreren Generationen, in der Reformationszeit, hatten ihre Vorfahren die Bibel als befreiende Quelle ihres Lebens entdeckt und extra lesen und schreiben gelernt, um sie sorgsam studieren zu können. Verfolgt wurden sie wegen ihres Glaubens. Doch gestützt auf die Bibel erkannten sie allein Gott als ihren Herrn an und widersetzten sich beharrlich den Soldaten des französischen Königs. In abgelegenen Tälern feierten sie heimlich ihre Gottesdienste, immer wieder mußten sie in die Wälder flüchten und wenn sie geschnappt wurden, gingen viele lieber auf die Galeere oder ins Gefängnis als ihrem Glauben an Gott abzuschwören und ihre Bibel abzuliefern. Und auch in diesem Jahrhundert haben die Nachfahren jener Protestanten wieder ihre persönliche Interpretation des Gebotes »Gebt ... Gott, was Gottes ist« gelebt. Unter Lebensgefahr haben sie während des Dritten Reiches Juden in ihren Häusern versteckt, auf dem Bürgermeisteramt Ausweise und Essensgutscheine gefälscht, Juden auf abgelegenen Wegen in die Schweiz geschmuggelt – und dabei vielen das Leben gerettet. Als man den Pfarrer des Ortes einmal zwingen wollte, die Juden und ihre Verstecke zu verraten, antwortete er nur: »Wir wissen nicht, was ein Jude ist. Wir kennen nur Menschen«. Ebenbilder Gottes.

Diese französischen Protestanten haben für mich den Satz beleuchtet: Erst dann, wenn Du zuerst nach Gott fragst und nach seinem Abbild im Menschen – erst dann rückt die Frage nach dem Kaiser ins rechte Licht.

Heute leben wir nicht mehr im Dritten Reich. Wir haben weder einen Kaiser noch einen Gottkönig. Unsere Steuern sind keine ausbeuterischen Tributzahlungen an eine fremde Besatzungsmacht. Was der Satz »Gebt dem Kaiser, was des Kaiser ist« bedeutet, müssen wir, so denke ich, von Situation zu Situation neu durchbuchstabieren. Jesu Wort legt nicht fest, was nun genau des Kaisers und was Gottes ist. Das müssen wir, jeder für sich, immer wieder neu herausfinden, denn: die Situationen verändern sich. Der Leitfaden aber bleibt: Gott will mit seiner Liebe unser Leben prägen. Jeder Mensch ist Gottes Geschöpf – unendlich wertvoll und Abbild, Ebenbild des lebendigen Gottes. Ebenbild Gottes, auch wenn er behindert ist, wie es die abtransportierten Kranken in Neuendettelsau waren. Ebenbild Gottes, auch wenn er einem anderen Volk und einer anderen Religion angehört wie die Juden. Ebenbild Gottes, auch wenn er verfolgt wird und Asyl unter uns sucht. Gegen unmenschliches Ansinnen können wir Christen uns frei wenden, denn: wir sind hier nicht gebunden. Wir sind unabhängig von den versklavenden Mächten dieser Welt. Unsere Würde liegt nicht in äußerer Anerkennung sondern in dem Bild dessen, der uns geschaffen hat und sich in unserem Leben spiegeln will. Amen.

Predigt am 3.11.1991 in Coburg. Der Zeitungsartikel »Behinderte an Nazi-Mörder ausgeliefert« bezieht sich auf einen epd-Bericht zu dem Buch von Christine-Ruth Müller und Hans-Ludwig Siemen, Warum sie sterben mußten. Leidensweg und Vernichtung von Behinderten aus den Neuendettelsauer Pflegeanstalten im »Dritten Reich«, Einzelarbeiten aus der Kirchengeschichte Bayerns 66, Neustadt a.d. Aisch 1991. Die Geschichte der französischen Protestanten, die im Dritten Reich auf dem Plateau Juden versteckt und gerettet haben, kann nachgelesen werden bei Philip P. Hallie, ... Daß nicht unschuldig Blut vergossen werde. Die Geschichte des Dorfes Le Chambon und wie dort Gutes geschah, Neukirchen-Vluyn 1983 ³1990. Zu den historischen und exegetischen Fragen der ganzen Perikope vgl. K. Wengst, Pax romana. Anspruch und Wirklichkeit. Erfahrungen und Wahrnehmungen des Friedens bei Jesus und im Urchristentum, München 1986, 76-80 und P. Lapide, Er predigte in ihren Synagogen. Jüdische Evangelienauslegung, Gütersloh ⁴1984, 34-55. Dort findet sich auch das Zitat aus Laktanz, De mortibus persecutorum 23,1ff (vgl. S. 37f).

Predigtbeispiel Nr. 5

Gott erwarten in der Wüste des Lebens
Eine Predigt über Lk 3,1-14
von Gerd Theißen

Im fünfzehnten Jahr der Regierung des Kaisers Tiberius aber, als Pontius Pilatus Statthalter von Judäa war und Herodes Fürst von Galiläa, sein Bruder Philippus aber Fürst der Landschaft Ituräa und Trachonitis und Lysanias Fürst von Abilene, unter dem Hohenpriester Hannas und Kajaphas, da erging das Wort Gottes an Johannes, den Sohn des Zacharias, in der Wüste. Und er begab sich in die ganze Landschaft am Jordan und predigte, man solle sich taufen lassen auf Grund der Buße zur Vergebung der Sünden, wie im Buch der Reden des Propheten Jesaja geschrieben steht: [Es erschallt] »die Stimme eines Rufers in der Wüste: Bereitet den Weg des Herrn, machet seine Straßen gerade! Jedes Tal soll ausgefüllt und jeder Berg und Hügel niedrig gemacht werden, und das Krumme soll zu geraden Wegen und die rauhen sollen zu ebenen Wegen werden, und alles Fleisch soll das Heil Gottes sehen.«

Er sprach nun zu der Volksmenge, die hinausging, um sich von ihm taufen zu lassen: Ihr Natterngezücht, wer hat euch unterwiesen, daß ihr dem zukünftigen Zorn entrinnen werdet? Bringet darum Früchte, die der Buße gemäß sind, und fanget nicht an, bei euch selber zu sagen: Wir haben Abraham zum Vater. Denn ich sage euch: Gott vermag dem Abraham aus diesen Steinen Kinder zu erwecken. Schon ist aber auch die Axt den Bäumen an die Wurzel gelegt. Jeder Baum nun, der nicht gute Frucht bringt, wird umgehauen und ins Feuer geworfen.

Und die Volksmenge fragte ihn: Was sollen wir nun tun? Er antwortete und sprach zu ihnen: Wer zwei Röcke hat, gebe [einen] dem, der keinen hat; und wer Speise hat, tue ebenso! Es kamen aber auch Zöllner, um sich taufen zu lassen, und sagten zu ihm: Meister, was sollen wir tun? Er sprach zu ihnen: Fordert nicht mehr, als was euch verordnet ist! Es fragten ihn aber auch Soldaten: Und was sollen wir tun? Und er sprach zu ihnen: Begeht gegen niemand Gewalttat noch Erpressung und begnüget euch mit eurem Solde!
(Zürcher Übersetzung)

Advent ist Erwartungszeit. Die Bibel wird in ihr zum Lehrbuch der Erwartung. Sie lehrt: Was dürfen wir im Leben erwarten? Was kommt auf uns zu? Und sie sagt: Nicht dies oder das kommt im Leben auf uns zu, sondern Gott selbst. Wir erwarten zu wenig, wenn wir nicht auf ihn warten. Wir haben noch nicht die rechte Erwartung, wenn wir nicht merken, daß wir ihn in den dunklen Stunden unseres Lebens entbehren. Wir liegen falsch, wenn wir in der Freude nicht spüren, daß seine Gegenwart uns berührt hat. Vor allem aber haben wir Illusionen, wenn wir meinen, diese Erwartung sei risikolos. Im Gegenteil: Sie führt uns in die Wüste – in eine Wüste jenseits des Lebens, jenseits der Gesellschaft, jenseits unseres vertrauten Selbst.

Der große Lehrer dieser Erwartung ist Johannes der Täufer. Er ruft in die Wüste, um dort Gott zu erwarten. Und auch meine Aufgabe wird es heute sein, eure Gedanken und Phantasien in die Wüste zu rufen – zu drei Exkursionen.

Die erste Exkursion führt uns an die Grenze des Lebens. Nur einmal in meinem Leben habe ich die Wüste gesehen! In Syrien. Wohin man schaut: Sand, Steine, ein unendlich weiter Horizont, tote Materie, an der ein glühender Wind nagt, aber in der Leben verborgen ist. Wenn man wieder in Dörfer und Städte kommt, mit Grün, Menschen und Häusern – dann wird einem bewußt: Unsere menschliche Lebenswelt besteht nur aus kleinen Inseln in einem riesigen Kosmos ohne Leben. Aber in diese Inseln ist eine ungeheure Energie investiert. Und auf ihnen bilden die Moscheen wiederum kleine Inseln in der Insel: Orte der Kühle und Klarheit mitten in der Hitze des Tages. Ich liebe diese Moscheen. Sie erinnern mich in ihrer Strenge, Einfachheit und Bilderlosigkeit an reformierte Kirchen, wie sie mir von meiner Herkunft her vertraut sind. Ich habe gern in Moscheen auf dem Boden gesessen und nachgedacht. Dabei ging mir auf: Die Menschen, die hier Gott verehren, vereinen sich in ihren Gebeten immer wieder mit jener ungeheuren Energie, die menschliches Leben will – Leben mitten in der Wüste, Leben bedroht von der Wüste. Und sie strahlen die Gewißheit aus, daß der Schöpfer all das will: die Wüste und das Leben, und vor allem das Leben in der Wüste und trotz der Wüste.

Nun erlebte ich in Syrien nicht nur die Wüste, sondern zum ersten Mal in meinem Leben auch Schießereien, kleine politische Unruhen, die wahrscheinlich in keine Nachrichtensendung gedrungen sind. Sunniten kämpften gegen Schiiten und umgekehrt. Es war unheimlich. Als die ersten Schüsse fielen, flüchteten die Menschen in die Häuser. Die Straßen waren im Nu leergefegt. Die Spannung war noch lange in der Stadt zu spüren: in verstärkten Kontrollen von Militär und Polizei. Und ich hatte ein neues Thema, um darüber in den Moscheen zu meditieren: Ist diese kleine Lebenswelt der Menschen nicht von innen noch mehr gefährdet als von außen – gefährdet durch unsere Unfähigkeit zum Zusammenleben. Durch religiösen Fanatismus. Durch Nationalismen. Durch die dumpfe Ablehnung dessen, der anders ist?

Und ich hörte die Stimme Johannes des Täufers in mir. Der sagt: Bildet euch nicht ein, euch könnte nichts passieren, weil ihr vom homo sapiens abstammt und andere Kreaturen um ein Großhirn überragt. Vielleicht seid ihr nur ein toter Ast im verzweigten Baum der Evolution. Vielleicht muß man ihn bald abhauen, weil er faule Früchte bringt, weil er eine Fehlkonstruktion ist. Ist nicht die Axt schon an die Wurzel des Baumes gelegt? Warum sollte die Schöpfung nicht noch einmal mit vorlebendigen Strukturen neu beginnen? Warum nicht aus Steinen und toter Materie neues Leben entwickeln?

Es fällt mir nicht schwer, mir unser Verhältnis zur Gesamtwirklichkeit im Bilde eines Gerichts vorzustellen, so, wie Johannes der Täufer es tat. Wir leben wie unter einer harten Strafandrohung: Wenn wir Lebensformen entwickeln, die den Grundbedingungen der Realität widersprechen, wenn wir nicht rechtzeitig umkehren – dann wird uns ein unbarmherziges Gericht treffen. Johannes der Täufer und verwandte apokalyptische Seher haben das schon vor Jahrhunderten in ihren Visionen geschaut – aber sie haben auch Hoffnung in ihre Bilder hineingelegt: Die Hoffnung, daß das Scheitern abwendbar ist.

Wenn man so am Rande der Wüste meditiert – auf der Grenze zwischen Tod und Leben – und das Leben als Insel in einem leblosen Kosmos bejaht, dann hat man eine erste Grundentscheidung getroffen: eine Entscheidung für das Experiment menschlicher Kultur – für das riskante Leben in der Wüste des Kosmos und trotz dieser Wüste. Und wenn einem angesichts betender Menschen in Moscheen, Synagogen und Kirchen aufgeht: Diese Grundentscheidung ist Echo einer vorgegebenen Entscheidung zum Leben – dann ist Gott angekommen. Dann hat sein Wille zur Schöpfung auch dich erfaßt. Dann hast du seine Stimme gehört. Dann wird dir wichtiger, was er von dir erwartet – als alles, was du von ihm erwartet hast. Aber die Stimme sagt noch mehr.

Dazu muß ich Gedanken und Phantasien noch einmal zu einer zweiten Exkursion in die Wüste locken. Diesmal in die Wüste von Judäa, wo der Täufer wirkte, ein merkwürdiger Vogel, so merkwürdig, daß Lukas die Beschreibung seines exotischen Auftretens bei Markus ausläßt:

Seine Kleidung: Kamelhaare und Ledergürtel – Protestkleidung gegen die, die feine Kleider in den Palästen der Herrschenden tragen.

Seine Nahrung: Heuschrecken und wilder Honig – Protestnahrung gegen die Banketts, wie sie sein Landesherr Herodes feierte (wobei hinzuzufügen ist: Unter manchen Neutestamentlern gelten in Butter gebratene Heuschrecken als Delikatesse).

Sein Wohnort: die Wüste, die im Jordantal trostlos aussieht, aber durch den Jordan und dessen schmale Flußaue durchbrochen wird.

Solche Gestalten kennen wir alle: Sympathische Kerle mit Bart, Schlotterhemd, Jesuslatschen, Ökokost. Schon das Outfit übermittelt die Botschaft: Ihr lebt falsch! Mit sanftmütiger moralischer Aggression stellen sie unseren Lebensstil in Frage.

Sollen wir vom Täufer lernen, in solchen Außenseitern Gottes Ruf zu hören? Sollen wir dort auf Gott warten: bei abseitigen Gestalten am Rande der Gesellschaft? Aber wie unterscheiden wir sie von Spinnern, Demagogen und Verführern? Die gab es schon damals. Es gab Propheten, die Zeichen und Wunder in der Wüste versprachen und viele ins Verderben führten. Es gab die Qumrangemeinde, die sich auf denselben Jesajatext wie der Täufer berief: »In der Wüste bereitet den Weg des Herrn«, und die sich von der bösen Welt zurückzog, um auf das große Gemetzel am Ende der Tage zu warten, dann, wenn mit ihrer und Gottes Hilfe alle Kinder der Finsternis dahingeschlachtet würden.

Hätte Lukas prophetische Gaben gehabt, so hätte er noch andere Verführer vorausgesehen: Menschen mit Krawatte und guten Manieren, die im ausgehenden 20. Jahrhundert vor laufender Kamera die Botschaft verbreiten:

> Stimmen von Rufern im Wohlstand!
> Versperrt den Weg in unser Land,
> damit die anderen in der Wüste bleiben!
> Macht tief die Gräben und hoch die Barrieren,
> damit sich keiner zu euch durchschlägt,
> wenn er vor Verfolgung und Bedrohung flieht.
> Weist die Zöllner an, sie abzuweisen,
> und die Soldaten, sie aufzuspüren,
> damit das ganze Menschengeschlecht sehe,
> was für ein humanes Land wir sind –
> wir, die wir jedem wirklich Verfolgten Asyl gewähren –
> in unseren Nachbarländern.

Hätte Lukas in prophetischer Voraussicht schon solche zutiefst problematischen Parolen gekannt, so hätte er einen Grund mehr gehabt, den Bericht des Markus über den Täufer an einem entscheidenden Punkt zu ergänzen. Schon bei Markus hatte der Täufer das Jesajawort auf sich bezogen:

> Stimme eines Rufers in der Wüste,
> bereitet dem Herrn den Weg,
> macht gerade seine Straße!

Lukas zitiert dies Jesajawort vollständiger: Er fügt hinzu:

> Jedes Tal wird ausgefüllt,
> und jeder Berg und Hügel niedrig gemacht werden
> und das Krumme soll zu geraden Wegen
> und die rauhen sollen zu ebenen Wegen werden,
> *und alles Fleisch soll das Heil Gottes sehen.*

Mit diesem Satz des Jesajawortes bricht Lukas ab. Denn hier steht für ihn das Entscheidende – das, was Propheten von Demagogen und Verführern unterscheidet. Das Heil, von dem der wahre Prophet redet, gilt der ganzen Welt. Es gilt »allem Fleisch«, d.h. dem ganzen Menschengeschlecht. Es gilt nicht nur dem eigenen Volk, sondern allen Völkern. Jeder Prophet, der nur Heil für sein eigenes Volk verspricht – gegen die anderen Völker und zu deren Unheil, ist kein wahrer Prophet. Gottes Heil gilt allen, oder es ist nicht Gottes Heil.

Nun könnte man sagen: Das gilt von Gottes Heil. Unseren religiösen Glauben teilen wir gern mit allen Menschen, nicht aber Brot und Butter. Das Heil, von dem Lukas spricht, ist ein geistliches Heil. Es hat mit Politik und sozialem Ausgleich nichts zu tun.

Man könnte meinen, Lukas habe solche Einwände vorausgesehen. Denn – anders als Markus – bettet er seinen Bericht vom Täufer in einen politischen Rahmen ein. Er beginnt damit, daß er das Auftreten des Täufers mit Hilfe von fünf Herrschern und zwei Kirchenpolitikern datiert. Nacheinander nennt er:

- den Kaiser Tiberius,
- Pontius Pilatus, den Präfekten von Judäa,
- Herodes, den römischen Klientelfürsten über Galiläa,
- Philippus, der über Teile des heutigen Jordanien regierte,
- Lysanias, einen weiteren Klientelfürsten, der Teile des heutigen Libanon beherrschte.

Dazu die beiden Hohepriester Hannas und Kaiphas. Deutlicher kann man nicht zum Ausdruck bringen: Achtung, liebe Leser und Hörer, jetzt tritt eine Gestalt auf, die etwas mit Politik zu tun hat!

Dazu paßt, daß Lukas am Ende über Markus hinaus den Täufer praktische Konsequenzen fordern läßt, Konsequenzen der Umkehr:

> Erstens: Das Volk soll teilen! Wer zwei Kleidungstücke hat, soll eins abgeben. Dasselbe gilt für Butter und Brot.
> Zweitens: Die Zöllner, die damals nicht nur den Zoll, sondern auch die Steuern einzogen, sollen nicht korrupt sein.
> Drittens: Die Soldaten (und die waren damals gleichzeitig Polizei) sollen nicht plündern und erpressen.

Mit anderen Worten: Wer fiskalische und militärische Macht hat, soll sie nicht gegen Schwächere ausnutzen. Hier begegnet sie uns wieder: die Politik, jetzt nicht auf der obersten Ebene, sondern unten in Gestalt von Zöllnern und Soldaten, in Gestalt der Menschen, die Herrschaft konkret durchsetzten – die Herrschaft des Kaisers Tiberius, des Pontius Pilatus, des Herodes.

Lukas hat übrigens kein positives Bild von diesen Herrschern. Den Herodes hält er für einen Schurken. Denn er schreibt kurz nach unserem Predigttext: »Zu allem Bösen, das Herodes getan hatte, fügte er noch dies hinzu: Er ließ den Johannes ins Gefängnis werfen.« Der Ausgang dieser Geschichte ist bekannt.

Zu diesem Propheten also sollen wir in die Wüste ziehen, um Gott zu erwarten. Und das verstehe ich so: Wir sollen dort Distanz zu unserer Gesellschaft gewinnen, zu der uns vertrauten Verteilung der Lebenschancen. Solange wir in unserer Gesellschaft leben, erscheint sie uns als normal. Wenn wir aber unsere Gesellschaft von außen betrachten, aus der Wüstenperspektive, dann können wir nur erschrecken angesichts der großen Unterschiede an Lebenschancen – schon in unserem eigenen Land zwischen Ost und West, erst recht aber zwischen den entwickelten Staaten und der übrigen Welt. Niemand hat Patentrezepte, um solche Ungleichheit in der Welt wirksam zu bekämpfen. Aber es wäre Zynismus, wenn man sie als unvermeidlich akzeptiert. Es wäre Zynismus, wenn wir den Hunger weiter morden lassen, nicht nur in Somalia, sondern an vielen Orten.

Hier ist nun eine zweite Grundentscheidung von uns gefordert. Die erste war die Entscheidung zur menschlichen Kultur überhaupt. Die zweite fällt mitten in ihr: die Entscheidung für die Schwächeren und Zukurzgekommenen. Wenn wir erkennen, daß auch diese Entscheidung nur Echo eines größeren Willens ist, dann ist Gott bei uns angekommen. Dann hat sein Wille für die Armen und Schwachen auch uns erfaßt. Dann wird uns wichtiger, was er von uns erwartet, als alles, was wir von ihm erwarten. Aber sein Wille verlangt noch mehr von uns.

Noch ein drittes Mal möchte ich eure Gedanken in die Wüste führen, oder genauer: zum Jordan – mitten durch die Wüste hindurch. Dort ruft der Täufer zur Umkehr, zur Taufe. Jeden ruft er dazu. Jeden ruft er einzeln. Jeden ruft er dazu, anders zu werden.

Aber können Menschen anders werden? Der Täufer benutzt hier eine kühne Metapher, die wir gar nicht mehr als solche empfinden: Er verlangt Früchte der Umkehr. Er verlangt sie von Menschen, die er mit Bäumen vergleicht, die abgehauen werden sollen – weil sie keine Frucht bringen. Aber wie soll ein Baum umkehren? Wie soll er bessere Früchte bringen? Die Bibel denkt an anderer Stelle hier skeptischer! Ein guter Baum bringt gute Frucht, ein schlechter schlechte. So ist das. Und so bleibt das. Oder habt ihr schon einmal einen Baum umkehren gesehen? Kann er sein Verhalten ändern? Solcher Skepsis widerspricht der Täufer: Wenn Gott aus Steinen Kinder machen kann, dann kann er auch aus alten neue Menschen machen. Und dafür bietet er die Taufe an – als unauslöschliches Siegel dafür, daß wir dazu geboren sind, um neu geboren zu werden. Daß wir nicht fertig sind. Daß wir anders werden können und anders werden dürfen.

Und eben dazu ruft er uns in die Wüste, damit wir unser Leben neu beginnen – dorthin, wo wir aus den vertrauten Rollen entlassen sind, aus allem, was uns zugewachsen ist: aus unseren Kompetenzen, aus unserem Status, aus festen Erwartungen und auch aus verfestigten Enttäuschungen. Aus dem heraus, was wir geworden sind. Dafür, für das Erwachsenwerden, zahlt jeder einen Preis. Als ich vor kurzem in den Kladden blätterte, die ich im Alter zwischen 15 und 20 Jahren mit allerhand Tiefsinn gefüllt hatte – was nach 30 Jahren zu lesen einem viel Empathie gegenüber sich selbst abverlangt –, da stieß ich auch auf eine Notiz, die mir gefiel: Ein Charakter werden heißt wahrscheinlich, von zehn Charakteren, die in einem sind, neun hinauswerfen. Ein Charakter werden geht nie ohne Verluste ab. Jeder hat eine innere Rumpelkammer, wo das liegt, was unentfaltet blieb – ein Stück Wüste in uns selbst. Aber in die müssen wir hinein, wenn wir mitten im Leben neu beginnen. Es könnte ein Gedanke Gottes dort bereitliegen, den wir noch zu Ende denken dürfen.

Aber vielleicht muß ich dich gar nicht in diese private Wüste locken. Vielleicht bist du schon mitten in ihr.

Vielleicht hat dich eine Krankheit aus dem normalen Leben geworfen.

Vielleicht hat dich eine Trennung in Depression versinken lassen.

Vielleicht hat dich eine Unrechtserfahrung verletzt und verstört.

Vielleicht lebst du im Bewußtsein, daß deine besten Pläne gescheitert sind.

Vielleicht verachtest du dich selbst, weil du nicht mehr das bist, was du einmal sein wolltest.

Vielleicht bist du ans Ende des Lebens gelangt und mit dem Tod kommt das schale Gefühl: Ach, war das alles!

Dann braucht dich niemand mehr in die Wüste zu rufen. Dann bist du schon mitten in ihr.

Dann aber höre die Botschaft des Täufers als Trost! Als eine Stimme mitten in der Wüste deines Lebens: Dort, in der Wüste, bereite dem Herrn den Weg. Dort kommt er! Dort sucht er dich! Und selbst wenn du meinst, daß die Wurzeln deines Lebens schon verdorrt sind und alles wankt, wenn du spürst, daß die Axt schon an ihnen liegt, selbst dann gilt dir, und gerade dann, die Botschaft des Täufers: Du kannst frei werden von der Last der Vergangenheit, kannst neu werden. Gott ist immer bereit, in dir den neuen Menschen zu sehen. Er ist bereit, einen kleinen Teil des Neuen für das Ganze zu nehmen. Er ist bereit, was in deinem Leben verfehlt war, zu einem guten Ende weiterzudenken.

Dann hast du eine dritte Grundentscheidung getroffen. Nicht nur die Entscheidung für eine schwache und fragwürdige Kultur in der Wüste des Kosmos, nicht nur den Entschluß für die Schwachen und Fragwürdigen in dieser Kultur – sondern die Entscheidung für das Schwache und Fragwürdige in dir selbst. Wenn dir bewußt wird, daß du auch damit einen größeren Willen zu Ende führst, dann bist du kein armes Wurm mehr, dann bist du erwählt, Gedanken Gottes in deinem Leben zu Ende zu denken! Seine Suche nach dem Verlorenen zu Ende zu führen, auch nach dem, was in dir verlorenging.

Advent ist Erwartungszeit. Wir werden in ihr in die Wüste gerufen, um Gott neu zu erwarten. Wir zogen in der Erwartung los, daß Gott unserem Leben den Weg bahnen wird. Er aber will, daß wir ihm den Weg bereiten. Wenn wir uns ganz von dieser Erwartung an uns in Beschlag nehmen lassen, von seinem Willen zum menschlichen Leben, zu den Schwachen unter uns und dem Schwachen in uns – dann bereiten wir ihm den Weg in diese Welt. Zusammen mit Johannes dem Täufer. Der war ein Jude. Er war kein Christ. Alles was er sagte, könnte ein Moslem auch sagen. Und deshalb sollten wir Gott den Weg in diese Welt zusammen mit Moslems und Juden bereiten, zusammen mit ihnen, zusammen mit dem Täufer, nicht gegen sie. Und wenn uns dieser Weg über Nazareth führt, so sollten wir Jesus als unseren Bruder aufnehmen, als einen Bruder, der uns lehrt, mit andern Brüdern und Schwestern im Haus des Vaters zu leben – auch mit Moslems und Juden: hier in der Bundesrepublik und in Bosnien, in Syrien, in Israel, und auf der ganzen Welt.

Und der Friede Gottes, welcher höher ist als alle unsere Vernunft, bewahre unsere Herzen und Sinne in Christo Jesu. Amen.

Predigt vom 13.12.1992 im Universitätsgottesdienst in der Heidelberger Peterskirche. In der Woche zuvor hatten die Fraktionsführer der beiden größten deutschen Parteien, W. Schäuble und U. Klose, den »Asylkompromiß« ausgehandelt und mit großer Selbstzufriedenheit im Fernsehen vorgestellt. Danach blieb das Asylrecht im Wortlaut unangetastet, das Asylrecht aber wurde solchen Asylanten verweigert, die durch sichere Drittländer in die Bundesrepublik Deutschland kamen – in der

Erwartung, daß sie in diesen Drittländern Asyl erhalten könnten. Da die Bundesrepublik nur von »sicheren Drittländern« umgeben ist, kam dieser Asylkompromiß einer weitgehenden Aufhebung des Asylrechts gleich. Gleichzeitig verstärkte der mörderische Bürgerkrieg zwischen Moslems und Serben in Bosnien die Ströme von Flüchtlingen, die über das Asylrecht in Deutschland Schutz suchten. Das Zusammenleben von Moslems und Christen war daher ein Thema, das alle beschäftigte. Daher der Rückgriff auf eine Reise durch Jordanien, Syrien und Israel, die ich im Jahr 1980 gemacht hatte.

Literaturverzeichnis

Ahn, B.-M., Jesus und das Minjung im Markusevangelium, in: J. Moltmann (Hg.), Minjung. Theologie des Volkes Gottes in Südkorea, Neukirchen-Vluyn 1984, 110-132.

–, Das Subjekt der Geschichte im Markusevangelium, ebd., 134-169.

Aland, B., Art. Marcion/Marcioniten, TRE 22 (1992) 89-101.

Albert, H., Traktat über kritische Vernunft, Tübingen 1968 [4]1980.

Anderson, J.C./Moore, S.D. (Hg.), Mark and Method. New Approaches in Biblical Studies, Minneapolis 1992.

Barth, H./Schramm, T., Selbsterfahrung mit der Bibel. Ein Schlüssel zum Leben und Verstehen, München/Göttingen 1977.

Barth, K., Menschenwort und Gotteswort in der christlichen Predigt, ZZ 3 (1925) 119-140 = F. Wintzer (Hg.), Predigt, 95-116.

–, Ein Briefwechsel mit Adolf von Harnack, in: Theologische Fragen und Antworten, Ges. Vorträge Bd. III, Zürich 1957 [2]1986, 7-31.

–, Die Kirchliche Dogmatik IV,3, Zürich 1959.

–, Homiletik. Wesen und Vorbereitung der Predigt, Zürich 1966.

Benesch, H., »Und wenn ich wüßte, daß morgen die Welt unterginge ...«. Zur Psychologie der Weltanschauungen, Weinheim/Basel 1984.

Berg, H.K., Ein Wort wie Feuer. Wege lebendiger Bibelauslegung, München/Stuttgart 1991.

Berg, S./Berg, H.K., Biblische Texte verfremdet Bd. 1-12, Stuttgart/München 1986ff.

Berger, K., Exegese des Neuen Testaments, UTB 658, Stuttgart 1977, [2]1984.

–, Hermeneutik des Neuen Testaments, Gütersloh 1988.

–, Historische Psychologie des Neuen Testaments, SBS 146/7, Stuttgart 1991.

Beutel, A./Drehsen, V./Müller, H.M. (Hg.), Homiletisches Lesebuch. Texte zur heutigen Predigtlehre, Tübingen 1986.

Bohren, R., Predigtlehre, München 1971 [5]1986.

Broich, U./Pfister, M. (Hg.), Intertextualität. Formen, Funktionen, anglistische Fallstudien, Tübingen 1985.

Brox, N., Falsche Verfasserangaben. Zur Erklärung der frühchristlichen Pseudepigraphie, SBS 79, Stuttgart 1975.

Bucher, A., Bibel-Psychologie. Psychologische Zugänge zu den biblischen Texten, Stuttgart/Berlin/Köln 1992.

Bultmann, R., Neues Testament und Mythologie (1941), BevTh 96, München 1988.

Burrhoe, R.W., Toward a Scientific Theology, Belfast/Dublin/Ottawa 1981.

Callan, T., Psychological Perspectives on the Life of Paul. An Application of the Methodology of Gerd Theissen, Lewiston/Queenston/Lampeter 1990.

Cassirer, E., Was ist der Mensch? Versuch einer Philosophie der menschlichen Kultur, Stuttgart 1960.

Crüsemann, F., Die Tora. Theologie und Sozialgeschichte des alttestamentlichen Gesetzes, München 1992.

Dahm, K.-W., Hören und Verstehen. Kommunikationssoziologische Überlegungen zur gegenwärtigen Predigtnot, in: ders., Beruf: Pfarrer. Empirische Aspekte zur Funktion von Kirche und Religion in unserer Gesellschaft, München 1971, 218-244 = A. Beutel u.a. (Hg.), Homiletisches Lesebuch, 242-252.

Daiber, K.F., Predigt als religiöse Rede. Homiletische Überlegungen im Anschluß an eine empirische Untersuchung. Predigen und Hören 3, München 1991.

Dannowski, H.W., Kompendium der Predigtlehre, Gütersloh 1985.

Das Buch Gottes. Elf Zugänge zur Bibel. Ein Votum des Theologischen Ausschusses der Arnoldshainer Konferenz. Neukirchen-Vluyn 1992.

Davidson, O., The Narrative Jesus. A Semiotic Reading of Mark's Gospel, Aarhus 1993.

Denecke, A., Persönlich Predigen, Gütesloh 1979.

Dibelius, M., Die Formgeschichte des Evangeliums. Tübingen 1919 ^{2}1933.

Dohmen, Ch./Jacob, Ch./Söding, Th., Neue Formen der Schriftauslegung, QD 140, Freiburg/Basel/Wien 1992.

Drewermann, E., Tiefenpsychologie und Exegese, Bd.1/2, Olten 1984/85.

Eckstein, H.J., Erfreuliche Nachricht – traurige Hörer? Gedanken zu einem ganzheitlichen Glauben. Neuhausen-Stuttgart 1986.

Egger, W., Methodenlehre zum Neuen Testament. Einführung in linguistische und historisch-kritische Methoden, Freiburg/Basel/Wien 1987 ^{3}1993.

Engemann, W., Semiotische Homiletik, THLI 5, Tübingen/Basel 1993.

Fander, M., Die Stellung der Frau im Markusevangelium. Unter besonderer Berücksichtigung kultur- und religionsgeschichtlicher Hintergründe, MThA 8, Altenberge 1989.

Fischer, H. (Hg.), Sprachwissen für Theologen, Hamburg 1974.

Fowler, R.M., Reader-Response Criticism: Figuring Mark's Reader, in: J.C. Anderson/S.D. Moore (Hg.), Mark and Method, 50-83.

Fuchs, O., Von Gott predigen, Gütersloh 1984.

Gemünden, P. von, Vegetationsmetaphorik im Neuen Testament und in seiner Umwelt. Eine Bildfelduntersuchung, NTOA 18, Fribourg/Göttingen 1993.

–, Art. Pflanzensymbolik, TRE (im Erscheinen).

Glebe-Moeller, J., Politisk Dogmatik, Aarhus 1982.

Graf, F.W./Tanner, K., Protestantische Staatsgesinnung. Zwischen Innerlichkeitsanarchie und Obrigkeitshörigkeit, EvKom 20 (1987) 699-704.

Grözinger, A., Praktische Theologie und Ästhetik, München 1987 ^{2}1991.

–, Die Sprache des Menschen. Ein Handbuch. Grundwissen für Theologinnen und Theologen, München 1991.

Güttgemanns, E., Offene Fragen zur Formgeschichte des Evangeliums, BEvTh 54, München 1970.

–, »Generative Poetik« – Was ist das?, in: H. Fischer (Hg.), Sprachwissen für Theologen, Hamburg 1974, 97-113.

Hallie, P.P., ... Daß nicht unschuldig Blut vergossen werde. Die Geschichte des Dorfes Le Chambon und wie dort Gutes geschah, Neukirchen-Vluyn 1983 ^{3}1990.

Harnack, A.v., Fünfzehn Fragen an die Verächter der wissenschaftlichen Theologie unter den Theologen, ChW 37 (1923) Sp. 6-8.

Hefner, Ph., The Human Factor. Evolution, Culture, and Religion in Theological Perspective, Minneapolis 1993.

Hessen, J., Religionsphilosophie Bd 2, München/Basel ^{2}1955.

Hezser, C., Lohnmetaphorik und Arbeitswelt in Mt 20,1-16. Das Gleichnis von den Arbeitern im Weinberg im Rahmen rabbinischer Lohngleichnisse, NTOA 15, Fribourg/Göttingen 1990.

Hirschler, H., Biblisch predigen, Hannover [2]1988.

Hochschild, R., Sozialgeschichtliche Exegese. Zur Entwicklung, Geschichte und Methodik einer neutestamentlichen Forschungsrichtung, Diss. theol. Heidelberg 1993 (erscheint ca. 1995).

Hoffsümmer, W., Kurzgeschichten. Kurzgeschichten für Gottesdienst, Schule und Gruppe, 4 Bde, Mainz 1981-1991.

Hollenweger, W.J., Konflikt in Korinth/Memoiren eines alten Mannes. Zwei narrative Exegesen, München 1978 [6]1990.

Huber, W./Petzold, E./Sundermeier, Th. (Hg.), Implizite Axiome. Tiefenstrukturen des Denkens und Handelns, München 1990.

Hübner, K., Kritik der wissenschaftlichen Vernunft, Freiburg/München 1978 [3]1986.

Jaschke, H.-J., Art. Irenäus von Lyon, TRE 16 (1987) 258-268.

Jeanrond, W.G., Text und Interpretation als Kategorien theologischen Denkens, Tübingen 1986.

–, Theological Hermeneutics. Development and Significance, New York 1991.

Josuttis, M., Über den Predigtanfang, MPTh 53 (1964) 474ff = Rhetorik und Theologie, 166-186.

–, Über den Predigtaufbau, MPTh 54 (1965) 480ff = Rhetorik und Theologie, 187-200.

–, Der Prediger in der Predigt. Sündiger Mensch oder mündiger Zeuge?, in: M. Josuttis, Die Praxis des Evangeliums zwischen Politik und Religion, München 1974, 70-94 (= F. Wintzer (Hg.), Predigt, 221-234 als Auszug).

–, Rhetorik und Theologie in der Predigtarbeit. Homiletische Studien, München 1985.

–, Über den Predigtschluß, in: Rhetorik und Theologie, 201-215.

Jüttemann, G. (Hg.), Wegbereiter der Historischen Psychologie, München/Weinheim 1988.

Keller, C.-A., Die Komplementarität von Leben und Tod im hinduistischen und im mesopotamischen Mythus, in: G. Stephenson (Hg.), Leben und Tod in den Religionen. Symbol und Wirklichkeit, Darmstadt 1985, 17-35.

Langer, W. (Hg.), Handbuch der Bibelarbeit, München 1987.

Langer, S.K., Philosophie auf neuem Wege. Das Symbol im Denken, im Ritus und in der Kunst, Frankfurt 1965.

Lapide, P., Er predigte in ihren Synagogen. Jüdische Evangelienauslegung, Gütersloh [4]1984.

Leiner, M., Grundfragen einer textpsychologischen Exegese des Neuen Testaments, Diss. theol. Heidelberg 1993 (erscheint ca. 1995).

Lips, H. von, Weisheitliche Traditionen im Neuen Testament, WMANT 64, Neukirchen 1990.

–, Christus als Sophia. Weisheitliche Traditionen in der urchristlichen Christologie, in: Anfänge der Christologie, FS F. Hahn, Göttingen 1991, 75-95.

Lübbe, H., Religion nach der Aufklärung (1978), in: W. Oelmüller, R. Dölle, J. Ebach, H. Przybylski (Hg.), Diskurs: Religion, UTB 895, Paderborn/München/Wien/Zürich 1979 [2]1982, 315-333.

–, Religion nach der Aufklärung, Graz/Wien/Köln 1986.

Lüdemann, G., Texte und Träume. Ein Gang durch das Markusevangelium in Auseinandersetzung mit Eugen Drewermann, Bensheimer Hefte 71, Göttingen 1992.

Luz, U. (Hg.), Zankapfel Bibel. Eine Bibel – viele Zugänge, Zürich 1992.

Luz, U., Das Evangelium nach Matthäus EKK I,1, Zürich/Neukirchen 1985.

Mahlmann, Th., Art. Kritischer Rationalismus, TRE 20 (1990) 97-121.

Martin, G.M., Predigt als »offenes Kunstwerk«? Zum Dialog zwischen Homiletik und Rezeptionsästhetik, EvTh 44 (1984) 46-58.

–, Bibliodrama, in: W. Langer (Hg.), Handbuch der Bibelarbeit, München 1987, 305-310.

McFague, S., Metaphorical Theology. Models of God in Religious Language, London 1982.

–, Models of God. Theology for an Ecological, Nuclear Age, Philadelphia 1987 ^{3}1989.

Meyer zu Uptrup, K., Gestalthomiletik. Wie wir heute predigen können, Stuttgart 1986.

Mieth, D., Narrative Ethik, in: ders., Moral und Erfahrung, Fribourg 1977, 60-90.

Mieth, I./Mieth, D., Vorbild oder Modell? Geschichten und Überlegungen zur narrativen Ethik, in: G. Stachel/D. Mieth, Ethisch handeln lernen, Einsiedeln 1978, 106-116.

Möller, Ch., Seelsorglich predigen. Die parakletische Dimension von Predigt, Seelsorge und Gemeinde, Göttingen 1983.

Morgan, R., (with J. Barton), Biblical Interpretation, Oxford 1988.

Müller, C.-R./Siemen, H.-L., Warum sie sterben mußten. Leidensweg und Vernichtung von Behinderten aus den Neuendettelsauer Pflegeanstalten im »Dritten Reich«, Einzelarbeiten aus der Kirchengeschichte Bayerns 66, Neustadt a.d. Aisch 1991.

Mußner, F., Traktat über die Juden, München 1979.

Niebergall, F., Eine ›unmenschliche Theorie‹. Zu K. Fezer, Das Wort Gottes und die Predigt, ChW 42 (1928) 59-60 (= F. Wintzer (Hg.), Predigt, 122-124).

Noppen, J.P. van (Hg.), Erinnern, um Neues zu sagen. Die Bedeutung der Metapher für die religiöse Sprache, Frankfurt 1988.

Osten-Sacken, P. von der, Grundzüge einer Theologie im christlich-jüdischen Gespräch, München 1982.

Otto, G., Grundlegung der Praktischen Theologie, München 1986.

–, Handlungsfelder der Praktischen Theologie, München 1988.

Pfister, M., Konzepte der Intertextualität, in: U. Broich/M. Pfister (Hg.), Intertextualität. Formen, Funktionen, anglistische Fallstudien, Tübingen 1985, 1-30.

Piper, H. Chr., Kommunikation und Kommunikationsstörungen in der Predigt, in: F. Wintzer, Predigt (Hg.), 235-244 (= H. Chr. Piper, Predigtanalysen, Göttingen 1976, 127-136).

Raguse, H., Psychoanalyse und biblische Interpretation. Eine Auseinandersetzung mit Eugen Drewermanns Auslegung der Johannes-Apokalypse, Stuttgart/Berlin/Köln 1993.

Ramsay, I.T., Religious Language. An Empirical Placing of Theological Phrases, New York ^{3}1969.

Reich, H., Kann Denken in Komplementarität die religiöse Entwicklung im Erwachsenenalter fördern? Überlegungen am Beispiel der Lehrformel von Chalkedon und weiterer theologischer Paradoxe, in: M. Böhnke/K. H. Reich/L. Rivez (Hg.), Erwachsen im Glauben, Stuttgart/Berlin/Köln 1992, 127-154.

Riches, J., Jesus and the Transformation of Judaism, London 1980.

Ricoeur, P., Hermeneutik und Strukturalismus: Der Konflikt der Interpretationen I, München 1973

–, Hermeneutik und Psychoanalyse: Der Konflikt der Interpretationen II, München 1974.

–, Die Interpretation: Ein Versuch über Freud, Frankfurt 1974.

–, Philosophische und theologische Hermeneutik, in: P. Ricoeur/E. Jüngel, Metapher, München 1974, 24-45.

–, Die lebendige Metapher, München 1986.

Riemann, F., Die Persönlichkeit des Predigers in tiefenpsychologischer Sicht, in: R. Riess (Hg.), Perspektiven der Pastoralpsychologie, Göttingen 1974, 152-166.

Ritschl, D., Die Erfahrung der Wahrheit. Die Steuerung von Denken und Handeln durch implizite Axiome, in: ders., Konzepte. Ökumene, Medizin, Ethik. Ges. Aufsätze, München 1986, 147-166.

Ritschl, D./Jones, H.O., »Story« als Rohmaterial der Theologie, TEH 192, München 1976.

Rößler, D., Grundriß der Praktischen Theologie, Berlin 1986.

Sauter, G., Was heißt nach Sinn fragen? München 1982.

Schaeffler, R., Fähigkeit zur Erfahrung. Zur transzendentalen Hermeneutik des Sprechens von Gott, QD 94, Freiburg/Basel/Wien 1982.

Scharfenberg, J./Kämpfer, H., Mit Symbolen leben, Olten 1980.

Schottroff, L., Gewaltverzicht und Feindesliebe in der urchristlichen Jesustradition. Mt 5,38-48/Lk 6,27-36, in: Jesus in Historie und Theologie, FS H. Conzelmann, Tübingen 1975, 197-221 = Befreiungserfahrungen, 12-35.

–, Befreiungserfahrungen. Studien zur Sozialgeschichte des Neuen Testaments, ThB 82, München 1990.

Schottroff, L./Stegemann, W., Jesus von Nazareth – Hoffnung der Armen, Stuttgart 1978 ²1981.

Schottroff, L./Stegemann W. (Hg.), Der Gott der kleinen Leute. Sozialgeschichtliche Auslegungen. 2 Bde, München/Gelnhausen 1979.

Schreuder, O., Die schweigende Mehrheit, Conc (D) 14 (1978) 18-22 = A. Beutel u.a. (Hg.), Homiletisches Lesebuch, 253-260.

Schroer, H., Umberto Eco als Predigthelfer? Fragen an Gerhard Marcel Martin, EvTh 44 (1984) 58-63.

Schulz von Thun, F., Miteinander reden 1 – Störungen und Klärungen, Reinbek bei Hamburg 1981.

–, Miteinander reden 2 – Stile, Werte und Persönlichkeitsentwicklung, Reinbek bei Hamburg 1989.

Schüssler-Fiorenza, E., Zu ihrem Gedächtnis. Eine feministisch-theologische Rekonstruktion der christlichen Ursprünge, München/Mainz 1988, Gütersloh ²1993 (engl.: In Memory of Her, 1983).

Schweitzer, A., Geschichte der Leben-Jesu-Forschung, (1906/1913) = 2 Bde, Tübingen 1966.

Spaemann, R., Die Frage nach der Bedeutung des Wortes ›Gott‹, in: ders., Einsprüche. Christliche Reden, Einsiedeln 1977, 13-35.

–, Über den Sinn des Leidens, ebd., 116-133.

Sparn, W., Leiden – Erfahrung und Denken. Materialien zum Theodizeeproblem, ThB 67, München 1980.

Spiegel, Y., Der Prozeß des Trauerns. Analyse und Beratung, München 1977 ⁷1989.

Stock, A., Umgang mit theologischen Texten. Methoden, Analysen, Vorschläge, Zürich/Einsiedeln/Köln 1974.

Stolz, F., Grundzüge der Religionswissenschaft, KVR 1527, Göttingen 1988.

Struthers-Malbon, E., Narrative Criticism: How Does the Story Mean?, in: J.C. Anderson/S.D. Moore, Mark and Method, 23-49.

Sunden, H., Gott erfahren. Das Rollenangebot der Religionen, GTB 98, Gütersloh 1975.

Theißen, G., Urchristliche Wundergeschichten. Ein Beitrag zur formgeschichtlichen Erforschung der synoptischen Evangelien, StNT 8, Gütersloh 1974 ⁶1990.

–, Synoptische Wundergeschichten im Lichte unseres Sprachverständnisses. Hermeneutische und didaktische Überlegungen, WPKG 65 (1976) 289-308.

–, Argumente für einen kritischen Glauben oder: Was hält der Religionskritik stand? TEH 202, München 1978 [3]1988.
–, Psychologische Aspekte paulinischer Theologie, FRLANT 131, Göttingen 1983, [2]1993.
–, Biblischer Glaube in evolutionärer Sicht, München 1984.
–, Evolutionäre Religionstheorie und biblische Hermeneutik, WzM 37 (1985) 107-118.
–, Der Schatten des Galiläers, 1986 [13]1993.
–, Aporien im Umgang mit den Antijudaismen des Neuen Testaments, in: Die Hebräische Bibel und ihre zweifache Nachgeschichte. FS R. Rendtorff, Neukirchen 1990, 535-553.
–, Die offene Tür. Biblische Variationen zu Predigttexten. München 1990 [2]1992.
–, L'herméneutique biblique et la recherche de la vérité religieuse, RThP 122 (1990) 485-503 = P. Bühler/C. Karakash (Hg.), Science et foi font système. Une approche herméneutique, Lieux Théologiques 21, Genève 1992, 135-154.
–, Die Bibel an der Schwelle des dritten Jahrtausend. Überlegungen zu einer Bibeldidaktik für das Jahr 1992, ThPr 27 (1992) 4-23.
–, Identité et expérience de l'angoisse dans le christianisme primitif. Une contribution à la psychologie de la religion des premiers chrétiens, ETR 68 (1993) 161-183.
–, Sociological Research into the New Testament. Some Ideas Offered by the Sociology of Knowledge for a New Exegetical Approach, in: ders., Social Reality and the Early Christians, Minneapolis 1993, 1-29.
–, Methodenkonkurrenz und hermeneutischer Konflikt. Pluralismus in Exegese und Lektüre der Bibel, in: Pluralismus und Identität. VIII. Europäischer Theologenkongreß Wien 1993, Gütersloh 1995.
–, Lichtspuren. Predigten und Bibelarbeiten, Gütersloh 1994.
Theissen, G. et alii, Le défi homilétique. Exégèse au service de la prédication, Genève 1994
Tholuck, A., Einige Worte über die Predigt für die Gebildeten in unseren Tagen. Vorrede zur 2. Sammlung der Predigten (1835), in: F. Wintzer (Hg.), Predigt, 58-66.
Thurneysen, E., Die Aufgabe der Predigt (1921), in: ders., Das Wort Gottes und die Kirche, ThB 44, München 1971, 95-106 (Auszug in: F. Wintzer (Hg.), Predigt, 117-121).
Tillich, P., Systematische Theologie Bd.I, Stuttgart 1956.
Trobisch, D., Die Entstehung der Paulusbriefsammlung. Studien zu den Anfängen christlicher Publizistik, NTOA 10, Fribourg/Göttingen 1989.
Vogt, Th., Angst und Identität im Markusevangelium. Ein textpsychologischer und sozialgeschichtlicher Beitrag, NTOA 26, Fribourg/Göttingen 1993.
Watson, F. (Hg.), The Open Text. New Directions for Biblical Studies? London 1993.
Welker, M., Gottes Geist. Theologie des Heiligen Geistes, Neukirchen-Vluyn 1992.
Wengst, K., Pax romana. Anspruch und Wirklichkeit. Erfahrungen und Wahrnehmungen des Friedens bei Jesus und im Urchristentum, München 1986.
Wink, W., Bibelauslegung als Interaktion. Über die Grenze historisch-kritischer Methode, Urban-Tb 622, Stuttgart 1976.
Wintzer, F. (Hg.), Predigt. Texte zum Verständnis und zur Praxis der Predigt in der Neuzeit, ThB 80, München 1989.